KB022009

지방자치 가슴으로 해야 한다

지방자치 가슴으로 해야 한다

발로 뛴 일본의 지방자치 현장보고서

강형기 저

比峰出版社

머리말

21세기의 분턱에서 우리가 체감할 수 있는 분명한 사실은 이제 '희망은 지방에 있다'는 것이다. 이제는 지방의 활력이 국가의 활력이며, 지방의 경쟁력이 곧 국가의 경쟁력이다. 21세기에 있어서 새로운 가능성은 지방의 도전적인 발상에서 비롯하는 것이기 때문이다.

우리가 '희망은 지방에 있다'는 말을 외치고 지방에서 새로운 가능성을 실현하기 위해서는 우리의 자세를 새롭게 해야 한다. 중앙행정은 냉철한 머리만으로도 할 수 있을지 모른다. 그러나 지방에서는 뜨거운 가슴이 뒷받침되지 않은 냉철한 머리란 소용이 없다. 주민의 말을 가슴으로 듣고 현장을 마음으로 볼 수 있어야 한다는 말이다. 지방자치란 가슴으로 연주하는 오케스트라이기 때문이다.

저자는 2년 동안 일본 국립 이바라키(茨城)대학에서 지방자치를 강의하면서, 그리고 일본의 지방공무원들에게 주민참여를 강의하는 기회를 통하여, 시간나는 대로 일본의 지방자치 현장을 방문하고 조사했었다.

그런데 저자의 가슴을 찡하게 울리는 곳, 그리고 지방자치란 바로 이렇게 하는 것이구나 하는 교훈을 준 곳은 중앙정부의 혜택을 입은 곳도, 입지가 유리했던 곳도 아니었다. 중앙정부가 포기한 곳을 주민들이 애착으로 붙잡고, 불리한 입지적 역경을 오히려 자원으로 활용한 '인간'이 있는 곳이었다.

그래서 다음과 같은 교훈을 가슴에 새기게 되었다. 즉, 지역개발의 핵심은 '인간'이라는 것이다. 지역개발은 인간개발에서 시작하여 인간개발로 끝난다는 것이다. 지역의 입지조건이나 자연조건의 유리함보다는 그곳에 살고 있는 주민들의 열의와 노력이 지역개발에 있어서 가장 중요한 기반이라는 것이다.

사실 주체적 조건이 지역 내부에 없는 곳은 아무리 자연조건이나 물질적 조건이 뛰어나도 정체될 수밖에 없다. 이렇게 볼 때, 지역개발도 지방자치도 제도나 돈으로 하는 것이 아니다. 그것은 제도와 자원의 한계를 뛰어넘는 지혜와 애착 그리고 열정으로 하는 것이다.

그러나 미성숙한 공무원에게 일을 시키면 '돈이 없다', '권한이 없다'는 말부터 한다. 마찬가지로 그 주민들이 주인의식을 결여하고 있는 곳을 개발하려고 하면, 그곳의 주민참여란 단지 '돈을 내라', '시설을 해 달라'는 요구부터 시작한다.

그런데 지방자치의 현장을 다니다 보면 스스로의 가슴에 씨를 뿌리고 그 정열로 파문을 일으키는 지도자가 있다. '불씨'와도 같은 지도자가 있는 것이다. 그의 옆에 있으면 불꽃이 번져오고 열기가 전달되는 느낌을 받는다. 불씨와 같은 부하는 상관도 감동시킨다. 그래서 상관에게 동기를 부여하고 새로운 아이디어를 제공한다. 진정한 리더십이란 부하만을 대상으로 하는 것이 아니다.

저자는 일본 전국을 누비며 '불씨'를 찾아 나섰다. 그래서 훌륭한 지휘자와 연주자 그리고 세련된 청중으로 구성된 선진 자치단체의 불씨를 소재로 저자가 가슴으로 쓴 교향곡을 소개할까 한다. 현지 시찰에서 훌륭한 시설이 있는 경우에도 그 시설을 만든 사람의 마음을 만나지 않으면 그 시찰은 의미가 없다. 보이지 않는 것이 보이는 것을 결정하기 때문이다. 저자는 가슴으로 듣고 마음으로 보려는 사람들을 위해 이 글을 쓴다.

　지방자치는 주민들이 더불어 살아가는 하나의 생활양식이다. 따라서 뛰어난 한 사람의 일백 보만큼이나 일백 명의 한 보도 중요한 것이다. 본서는 지역주민과 그 리더들이 읽어 주길 기대하면서 쓴 것이다. 따라서 종래의 저서들과는 그 스타일을 달리한다. 솜에 물을 적시듯 철학과 이론을 사례 속에 적셨다. 저자는 이러한 12테마의 이야기를 통해 스스로 불씨가 될 독자를 기대한다.

　끝으로, 본서는 실로 많은 분의 은혜로 이루어졌다. 필자를 길러 주신 은사님, 일본의 현장을 동행하면서 도움을 주신 이바라키대학의 다테와키(帶刀治) 교수와 센슈대학의 고바야시(小林弘和) 교수, 자료조사에 성의를 다 해 주신 홋카이도 교육대학의 시미즈(淸水敏行) 교수와 무사시노시의 곤도(近藤弘志) 선생, 기타 이 글에 등장하는 수많은 자치지도자들의 은혜로 쓴 것이다. 또한 일본 전역을 떠돌아 다닌 저자를 헌신적으로 뒷바라지한 아내와 이 원고를 끝까지 읽어 준 후배 허훈 박사 그리고 제자 김보흠 군에게도 감사를 드린다.

1999. 7
저자

차례

테마1 주민에게 꿈을 심은 지도자의 비전
매실 · 밤나무 심어 하와이에 가자!

오전 10시 30분.

후쿠오카시(福岡市)에 있는 슈퍼마켓 '써니마쯔사키점.' 오오이타로부터 들어오는 농산물을 사러 주부들이 모여든다.

꼬부라진 오이, 가지, 새빨갛게 익은 토마토, 말린 죽순, 하브케이크, 그리고 매실로 만든 각종의 가공식품. 보통 상품과 다른 것은 모든 제품에 생산자의 이름이 적힌 씰이 붙어 있고 생산자가 스스로 정한 가격을 써서 붙여 놓고 있다는 것이다. 같은 오이라도 가격이 가지 각색.

그러나 두 시간 정도 지나면 모든 물건은 동이난다. 오오이타현 오오야마(大山)의 농협이 지역 내의 400여 농가에서 가져온 농산품이기 때문이다.

원조(元祖) 일촌일품 운동

우리나라의 공무원 중에서 일촌일품 운동이 무엇인지 모르는 사람은 거의 없는 것 같다. 그리고 일촌일품 운동은 일본의 오오이타현(大分縣)이 그 발상지라는 것도 모두 알고 있다.

그러나 1979년 오오이타현의 지사가 되었던 히라마쯔(平松) 씨가 오오야마마찌(大山町)의 지역개발 방식에 감화를 받아 일종의 문화운동으로서 일촌일품 운동을 제창하게 되었다는 사실을 아는 공무원은 그리 많지 않다. 그리고 일촌일품 운동하면 상품을 만들어서 지역을 활성화시키려는 운동쯤으로 생각하는 것이 대부분인 것 같다.

히라마쯔 지사가 외쳤던 일촌일품 운동은 물건을 만드는 것만이 아니었다. 인재를 키우고, 지역의 가치를 높이며, 새로운 것에 도전하는 의욕을 북돋우는 하나의 문화운동으로서 제창했던 것이다. 말하자면, 지역에 긍지를 갖고 지역을 아끼며 지역의 자원을 최대한 가치 있게 하려는 인재를 키우는 문화운동의 결과로서 지역의 특산품도 개발하게 하고 지역간에 선의의 경쟁을 하게 하는 문화운동이었던 것이다.

그런데 이러한 운동의 싹은 오오이타현 내 58개의 시·정·촌(市·町·村) 중에서 여덟 번째로 작은 마을, 그 넓이가 45.7 km²에 인구라고는 고작 4,500여 명에 불과했던 오오야마마찌에서 싹트기 시작했다.

지금으로부터 35년 전인 1961년의 일이다. 해발 100미터에서 600미터의 지형에다가 또한 그 대부분이 급경사지로 되어 있으며 밤낮의 기온차가 심한 오오야마는 그야말로 가난에 찌든 농촌이었다. 당시 이께다(池田) 내각은 일본의 식량부족을 해결하기 위해 농업기본법을 제정하고 쌀 증산정책을 추진했지만, 산간 구릉지인 오오야마로서는 원천적으로 경작면적이 협소한 탓에 쌀농사로는 배불리 먹을 형편도 못 되었다. 또한 오오야마는 토지조건이 나쁘고 돈이 없는 것만이 아니라 주민들이 지역에 대한 애착을 잃고 있어 지혜가 모일 수도 없었다. 주민들은 장래에 대한 꿈과 희망을 잃어가고 있었고, 젊은 사람들은 하나 둘씩 도쿄와 오사카 등의 도회지로 떠나고 있었다. 당시 오오야마마찌의 호당 평균소득은 19만 엔이었으니, 오오이타현 내 58개 시·정·촌 중 58위를 기록하고 있었다. 이제 마을에 남은 것이라고는 노인들과 가난뿐이었다.

이처럼 벼랑 끝에 선 상황에서 지역의 주민들에게 어떻게 하든 꿈과 희망을 갖게 하지 않으면 안 된다는 절박감을 누구보다도 먼저 느낀 사람은 당시 농협조합장직을 겸직하고 있던 야와다 하루미(失幡治美) 촌장이었다 (당시는 무라였었다).

지도자란, 특히 지역의 지도자란, 무언가를 계기로 해서 주민들의 눈을 지역사회로 돌리게 하는 그러한 계기포착 능력을 가지고 있어야 한다. 지역에 관심을 갖는 주민을 많이 만드는 것이야말로 지역개발의 첫걸음이기 때문이다. 그런데 야와다 촌장은 이러한 능력에 있어서 탁월한 지도자였다.

촌장은 먼저 농업개혁에 착수했던 것이다. 당시(1961년) 주민의 70%가 농업에 종사하고 있던 터라 살길이란 농업의 생산성을 늘리는 길밖에 없었다. 그리고 '농사는 싫다,' '도시의 샐러리맨처럼 살아보고 싶다'며 떠나는 주민들을 붙잡아 놓기 위해서는 무언가 새로운 것을 연출하지 않으면 안 되었다.

그러나 산으로 꽁꽁 둘러쌓여 있고 경작지라고는 산비탈 땅이 전부였던 오오야마무라의 농업은 가혹할 정도로 악조건이었다. 도시의 샐러리맨처럼 안정된 수입과 여가시간을 갖고 싶다는 농민들의 꿈을 현실로 바꾸기 위해서는 무언가 획기적인 정책이 필요했다.

이러한 상황에서 야와다 촌장이 생각했던 것이 일촌일품 운동의 원조인 소위 NPC운동이었다.

촌장은 농민의 희망을 실현하기 위해서는 무엇보다도 농업조건을 개선해야 한다고 생각하고, 노동의 3대 조건을 설정했다.

그것은 첫째, 노동절약적이고 둘째, 경노동이어야 하며, 셋째는 고통을 수반하지 않아야 한다는 것이다.

경노동, 쾌적노동을 기본으로 일주일에 3일을 쉴 수 있는 농업을 실현하는 것이 목표였다. 그러나 농가가 연속해서 3일 휴가를 취하는 것은 꿈같은 소리였다. 따라서 하루의 노동시간을 짧게 하는 것으로 방향을 잡았다. 구체적으로는 하루에 4시간, 일주일에 28시간의 노동으로 작업이 끝나는 농업을 실현해야겠다고 생각했다.

> "노동시간을 획기적으로 단축하면서도 반면에 수입은 두 배로, 네 배로 올리지 않으면 안 된다……. 그러니 호당 19만 엔의 소득을 5년 이내에는 40만 엔으로, 그리고 10년 내에는 100만 엔의 수입을 올릴 수 있는 농업을 실현해야 한다……."

운명을 건 촌민운동(村民運動)

촌장의 가슴은 짓눌려 왔다. 그러나 이러한 조건을 실현하기 위해서 그는 이미 2년간에 걸쳐서 일본 국내의 농산물 생산·유통·소비동향을 면밀히 조사했다. 그 결과 오오야마무라가 잘 살기 위해서는 벼농사도 축산도 포기하지 않으면 안 된다는 결론이 내려졌다. 벼농사도 축산도 산촌의 노동력을 가혹하게만 할 뿐 이러한 노동에 비례하는 대가가 없었다. 또한 소나 말을 키우면 휴일이 없다. 특히 오오야마처럼 방목지가 없는 곳에는 대량사육이 불가능했고, 따라서 채산이 맞을 만큼의 규모있는 경영도 불가능했기 때문이다.

오오야마에는 이밖에도 마(麻), 곤약, 차(茶) 등도 재배하고 있었지만, 그 어느 것도 야와다 촌장이 꿈꾸는 그러한 농업을 실현시킬 잠재력을 갖고 있지 못했다.

그렇다면 문제는 이러한 것을 대체하는 무언가를 도입하지 않으면 안 되었다. 그런데 이러한 요구에 촌장이 내놓은 것이 매실(Plum)과 밤나무(Chestnut)였다. 매실과 밤나무는 산등성이의 비탈진 곳에도 심을 수 있고, 또 경제성장과 식생활의 변화로 육류소비가 늘어나면 매실과 같은 알칼리성 식품의 수요가 증가할 것이라 예상했기 때문이다. 새로운(New) 산업으로서 매실(P)과 밤나무(C)를 심자는 NPC운동의 구상은 이러한 배경에서 시작했다.

매실·밤나무(NPC) 심기운동은 지금까지의 영농방식을 180도로 바꾸는 것이었다. 또한 같은 해에 쌀과 보리의 증산을 목표로 일본 정부가 제정했던 농업기본법의 내용과도 정면으로 배치된 것이었다. 당연히 일본의 기본농업정책에 배치된 이 운동은 정부로부터, 오오이타현으로부터, 그리고 연세가 지긋한 농가들로부터도 우려와 저항을 동시에 분출시켰다.

논에는 매실나무를, 밭과 산에는 밤나무를 심자니, 도대체 말이나 될 법한 소리인가!

나이든 농사꾼들은 이해가 가질 않았다. 촌의회(村議會)도 규탄의 목청을 높였다. 농가에 쌀 추방 운동, 소 추방 운동을 부르짖는 촌장을 규탄했던 것이다. 일본에서의 미곡생산은 말하자면 국영산업이었다. 생산만 하면 전량을 정부가 수매했고, 더욱이 '생산자 소득보상 방식'에 의해서 매년 대폭적으로 수매가도 인상되고 있는 상황이었다. 농림성도 오오이타현도 미곡증산을 독려하고 있었고, 농촌에서

쌀은 부(富) 그 자체였던 시대였다.

그러나 촌장은 물러서지 않았다. 촌장은 촌(村)의 젊은 농민 후계자를 중심으로 이해의 폭을 넓혀 가면서 이를 실행에 옮기기 시작했던 것이다.

일찌기 일본 야마가현(山形縣) 요네자와(米澤)의 성주였던 우에스기 요잔공(上杉鷹山公)이 한 "물 길어 도랑만든다"는 말이 생각난다. 그렇다. 지도자가 도랑이라면 추종자는 물이다. 물이 흐르지 않는 도랑은 더이상 도랑이 아니다. 큰 도랑에는 큰 물이, 작은 도랑에는 작은 물이 흐른다. 그러므로 지도자는 '물 길어 도랑 만든다'는 말처럼 물을 길어 들어야 한다.

주민이라는 물을 어떻게 길어 들여야 하는가? 그것은 지도자가 진정으로 지역을 사랑하고 진심으로 일을 다하면 많은 말을 하지 않아도 알아 주게 되어 있다. 주민들에게 행정을 믿어 달라고 신뢰를 구걸하기 전에 사랑으로 베풀면 신뢰는 간밤에 눈내리듯 쌓여 가게 되어 있다. 신뢰는 약속을 지키는 것으로 갑절로 커진다.

사실 오오야마의 농업정책 전환에는 행정과 농협에 대한 농민의 신뢰가 절대적으로 필요했다. NPC 운동을 시작하기 몇년 전 농협조합장을 겸하고 있던 야와다 촌장은 농협의 예금 목표액을 2천만 엔으로 내걸고, 이 목표액을 달성하면 전화 기능을 겸비한 유선방송을 각 가정에 설치하겠다고 약속했다. 그런데 그는 목표를 달성한 즉시로 이를 실행에 옮겼다. 정보화에 의한 지역개발을 전국에서 처음으로 시도했던 것이다. 이것이 발전하여 1987년에는 농촌형 CATV인 오오야마텔레비전방송국(OYT)이 개국하게 된다.

시대를 뛰어넘어 현재 오오야마마찌의 정보화를 잠시 살펴보자. 오오야마마찌는 마찌 운영(町營)의 TV방송국을 마찌(町)의 청사 내에 설치하고 있는데, 행정고지, 오락, 농업, 기상자료 등의 정보를 24

시간 언제든지 화면을 통해서 입수할 수 있도록 한 쌍방향의 CATV 까지 도입하고 있다.

쌍방향 CATV란 무엇인가? 가입자가 단말기(전화)를 조작함으로써 필요한 정보를 선택하여 TV화면에 나타나게 하는 장치이다. 오오야마에서는 전 세대에 단말기인 전화기와 방송을 수신하는 장치(홈터미널)를 무료로 설치하고 있다. 따라서 주민은 전화로 마찌 사무소의 데이터베이스에 접속하면 24시간 언제든지 필요한 때에 농산품의 수집·출하, 시장사정, 기상정보, 그리고 오오야마 텔레비전방송국의 자체 프로그램을 볼 수 있을 뿐만 아니라 휴일날 안방에서 당직의사의 진찰도 받을 수 있다. 팩스와 전화를 이용하면 문서정보도 입수할 수 있는데, 앞으로는 복지·의료·교육 등은 물론 생산자와 소비자를 직결하는 통신서비스도 추진할 계획으로 있다.

다시 1961년도로 돌아가 보자.

이처럼 사랑과 실천으로 신뢰를 쌓은 야와다 촌장의 진심에 포로가 된 젊은 청년들은 '오오야마 청년농업연구회'를 결성하여 '야와다식' 농업개혁을 위한 전위부대가 되었고, 이들은 촌의회의 분위기를 바꾸어 놓았다.

그러나 문제는 매실과 밤나무의 묘목을 대량으로 확보하는 것에 있었다. 따라서 오오야마무라의 공무원들은 촌장의 명령을 받아 후꾸오까현(福岡縣)의 묘목단지를 찾아가 있는 대로 묘목을 모두 구입했다.

무라 정부(村政府)는 촌 예산의 3분의 1을 투입하여 묘목대와 농약대에 대해 보조를 하고, 개간지 보조와 아울러 기술지도에 총력을 기울이는 등 무라의 운명을 걸고 정력적으로 대응해 나가기로 했다.

매실·밤나무 심어 하와이에 가자!

해가 바뀌어 1962년 1월 4일 시무식날.
모인 간부직원들에게 촌장은 다음과 같은 훈시를 했다.

> "이 운동은 농가의 개별적인 사업이 아닙니다. 촌의 운명을
> 걸고 하는 일대 촌민운동(村民運動)입니다. 그런데 이 운동의 성
> 패는 농가의 참여 정도에 달려 있습니다. 그러므로 지체없이 마
> 을회의를 개최하겠습니다. 오전, 오후, 야간으로 나누어 하루 세
> 개의 마을을 순회하면 2주일에 우리 자치단체를 한 바퀴 돌 수
> 있습니다. 여러분 전원이 가지고 있는 모든 힘을 모아 이 사업에
> 투자해 주길 부탁드립니다."

마을 회의가 순차적으로 개최되고, 벼농사와 축산을 추방하는 대
신 매실과 밤나무를 심어 풍요로운 오오야마를 만들자는 이야기가 시
작되었다. 동시에 촌의회도 임시회를 개최하여 매실과 밤으로의 전환
을 목표로, 3년간은 신규 사업을 멈추고 NPC운동에만 예산을 투입하
기로 결의했다. 그리고 논에 매실과 밤나무를 심을 경우 그 감수(減
收)대책으로서 중기 저리의 생활자금을 융자해 주는 제도도 만들었다.
　의회도 더이상 수장(首長)의 발을 걸지 않았던 것이다. 정치적으
로는 반대편의 의원일지라도 정책에 따라서는 하나가 될 수 있었던
것이다. 오히려 의회가 발벗고 나섰다. 반대편인 의원에게는 그 시
장·군수가 더이상 시장도 군수도 아닌 우리의 환경과는 달랐던 것
이다. 여기에서 촌장 그 자체는 주민총의(住民總意)의 결정(結晶)이었
다. 반대표를 던진 의원에게도 주민들에게도 마찬가지의 촌장이었다.
따라서 이 운동은 촌민의 운동으로 승화될 수 있었다.

운동의 슬로건은 '매실·밤나무 심어 하와이에 가자!'로 정했다. 1959년도에 촌장이 의사인 친구와 함께 하와이 여행을 하면서 어떻게 하면 우리 농민들도 1년에 한 번쯤은 이런 곳에 와서 즐길 수가 있을까 하는 생각에 잠긴 적이 있었다. 그는 이러한 소망을 슬로건에 담은 것이다.

슬로건은 절묘했다.

그들은 테마가 있는 노동, 행동목표가 있는 노동, 그리고 희망이 있는 농업의 미래상을 '매실·밤나무 심어 하와이에 가자!'라고 표현했던 것이다. 어린아이든 어른이든 누구나 느낌으로 알 수 있는 목표를 세운 것이다. 입장과 경험 그리고 생각과 역할이 다른 많은 사람들이 함께사는 지역에는 모두가 함께 할 수 있는 테마가 필요하다.

인생에도 테마가 필요하다. 훌륭한 사람은 분명한 인생 테마를 가지고 있다. 마찬가지로 테마가 있는 지역은 성장하게 되어 있다.

사실 35년 전만 하더라도 일본의 농민들이 해외여행을 한다는 것은 꿈같은 소리였다. 더군다나 하와이 여행은 도시에서도 굉장히 윤택한 사람들도 드물게 갈 수 있는 곳이었다. 그럼에도 그들은 꿈같은 미래를 현실 속에서 일구려고 했던 것이다.

그런데 NPC운동은 기대한 이상으로 성공을 거두었다. 5년 후에는 호당 소득이 목표액이었던 40만 엔을 초과달성하여 50만 엔을 돌파했다. 그리고 드디어 이 운동을 시작한 지 5년이 지난 1966년, 15인의 농민이 제1진으로 하와이를 향해 출발했다. 사실 아직 매실과 밤으로부터 얻은 수입이 그렇게 많지는 않았기 때문에 참가자 중에는 여비를 농협으로부터 빌린 사람도 있었다. 그러나 여가를 하와이에서 즐기는 농업이 조성되었다는 실감이 마을에 퍼져나갔고 새로운 자신감도 생기고 있었다.

한편, 이러한 하와이 여행이 매스컴에 의하여 전국적으로 보도

NPC운동은 오오야마마찌의 모두를 묶어 주는 지도이념이요 또한 테마이다. 사진은 쓰레기 수거 차량에도 'NPC'운동의 실천을 홍보하고 있는 모습.

된 것은 매실과 밤의 산지로서 오오야마의 이미지 형성에 결정적 역할을 하게 되었다.

지역개발은 인재개발

1965년, 제1차 NPC운동의 목표였던 경제적인 풍요가 어느 정도 달성됨에 따라 오오야마마찌는 지역개발의 제2차 목표로서 '인재개발'에 주력하기 시작했다. 인재가 지역을 개발하고, 또한 지역이 인재를 개발한다는 것을 주민 한 사람 한 사람이 자각한다면 지역은 전체적으로 향상된다고 생각했던 것이다.

커뮤니티활동의 활성화와 사회교육의 충실을 기본으로 한 소위 인재개발 운동은 새로운 개성결합(New Personality Combination)운동으로서 다음과 같은 방식으로 전개되었다.

첫째, 무슨 일에 있어서나 소극적·폐쇄적인 주민의 기질을 타파하기 위해 매월 1회씩 주민집회행사를 개최함으로써 모이고, 이야기하는 풍토를 길렀다.

둘째, 생활학원을 개설하고, 문화·취미교실 등을 만들어 주민들의 지식과 교양의 함양에 투자를 아끼지 않았다.

셋째, 해외연수를 장려하고 국제화를 추진해 나갔다. 1966년에 제1진이 하와이를 다녀온 후 1995년 현재까지 600명 이상이 하와이 여행을 했던 것도, 그리고 현재 4,300명의 주민 중에서 여권을 가지고 있는 사람만도 1,600명이나 되어 주민 3.5명당 1명이라는 일본 최고의 여권보유 기록을 갖고 있는 것도 이러한 연유에서이다.

특히, 1965년 이래로 지금까지 매년 3∼5명의 젊은이들을 이스라엘의 키부츠(집단농장)에 연수를 보내고 있는 것도 인재개발을 위한 것이다. 이스라엘의 집단농장은 당시 오오야마가 지향하던 농가의 협업화(協業化) 운동과 그 이념이 유사했기 때문에, 자매결연을 맺어 매년 연수를 보낸 것이다. 약 1개월간은 이스라엘의 집단농장에서 연수를 하고, 그 후 2개월간은 유럽여행을 하게 했다. 1965년 이후 이 연수에 참여한 사람만도 150명이 조금 넘는데, 이 인재들은 현재 오오야마를 키우는 중견으로서 제 역할을 다하고 있다.

뿐만 아니라 한꺼번에 15∼20명의 가정주부들로 연수단을 구성케 해서 스위스, 프랑스, 벨기에, 독일 등지를 약 2주간 견학하고 오도록 하는 프로그램도 운영하고 있다. 또한 매년 50여 명의 중학교 1학년생들을 미국으로, 마찬가지 숫자의 3학년생들을 우리나라 경주시 구정동에 있는 나자레원 마을*을 방문케 하여 국제감각과 견문을

---

* 경주의 나자레원 마을은 식민통치 시절 한국에 왔다가 홀몸이 되었으나 8·15 이후 일본으로 귀국하지 못한 여성들이 모여사는 양로원이다.

넓히면서 또한 침략전쟁의 상처와 전쟁 후세의 책임감, 그리고 동포애를 키우도록 하고 있다.

현재 오오야마마찌 주민들의 40%에 해당하는 1,700명이 해외여행을 한 것도 모두 이러한 정책의 결과인 것이다. 옛날 가난한 오오야마의 주민이 '매실·밤나무 심어 하와이에 가자!'고 외칠 때 많은 사람들이 비웃었건만 이제는 아무도 비웃는 사람이 없다. 마찬가지로 오오야마의 주민들 중에는 해외여행과 외국사람을 두려워하는 사람도 없다. 이처럼 변한 주민들의 기풍(氣風)은 눈으로 보이지는 않지만 오늘날의 오오야마를 만드는 큰 재산이 되고 있는 것이다.

이야기를 다시 옛날로 돌려 보자.

1969년 오오야마무라(大山村)는 그 명칭을 오오야마마찌(大山町)로 바꾸었고, 촌장(村長)도 정장(町長)으로 바뀌었다. 그런데 문제는 이때부터 시작되었다. NPC운동에 어두운 그림자가 보이기 시작했던 것이다.

인근에 대형 댐공사가 시작되자 그곳에서 품을 팔아 현금 수입을 올리려는 농가가 늘어났다. 따라서 매실과 밤나무 재배에 대한 열기가 점차 식어갔던 것이다. 그러나 정장은 만약 이 운동이 실패한다면 오오야마마찌는 두 번 다시 일어설 수 없게 될 것이라고 생각했다. 주민들 사이에는 이 운동을 시작할 때의 결의가 없어진 듯한 분위기도 나타났다. 그래서 정장은 공무원과 농협직원 중에서 8명을 선정하여 매일 농가순회 지원에 나서게 했다. 위기는 사전에 막아야 한다고 생각했던 것이다.

1972년 정장의 장남과 마을 청년들이 새롭게 팽이버섯 재배에 성공을 거두었다. 과거 정장이 전국을 돌면서 매실과 밤나무 재배에 착안했던 것처럼 마을 청년들도 전국 각지를 방문하면서 특히 나가노현(長野縣)의 버섯 재배에 강한 자극을 받았던 것이다.

그러나 이들이 힌트는 나가노현에서 받았지만, 오오야마에서는 '버섯센터'를 개설하고 종균을 집중 배양하여 그 균을 개별 농가에 보급하는, 즉 집중관리와 분공장 방식(分工場方式)을 고안해 냈다. 집중관리와 분공장 방식, 이것은 이스라엘의 키부츠에서 배워온 것이었다. 이들은 이러한 방식 덕택에 품질의 격차를 방지하면서 또한 위험률의 분산에도 성공했다. 그리고 눈깜짝할 사이에 큐슈(九州) 지역에서 최대의 버섯생산 지역으로 자리잡게 되었다.

매실과 밤의 수확은 각각 연 1회이지만 팽이버섯은 통년 재배가 가능하다. 따라서 현재 오오야마마찌 농가의 주산업인 팽이버섯 수입은 월급이 되었고, 매실과 밤의 수확은 연 2회 들어오는 보너스가 되었다. 더이상 오오야마에서 소 키우는 사람은 찾아볼 수 없게 되었다.

농사는 지긋지긋하다.
농사꾼은 죽어도 싫다.
도시의 샐러리맨처럼 살고 싶다.

이처럼 도시생활을 꿈꾸던 주민의 희망은 정장의 집념으로 농촌에서 실현되었던 것이다. 적은 노동과 많은 여가를 즐기면서 말이다.

새로운 위기와 제3차 NPC운동

풍요로운 생활, 그리고 인재개발 정책도 어느 정도 성과를 거두게 된 오오야마에서는 이제 생활환경 개선을 당면 최대의 과제로 설정하고 있다. 농촌이라 할지라도 도시에 못지 않는 쾌적한 생활을 지향하는 것이 바로 이 운동의 목표인 것이다.

　오오야마마찌뿐만 아니라 일본의 다른 지역들도 오늘날은 풍요롭게 되었다. 그러나 소득을 비롯한 물질만의 풍요로써는 청년들의 마음을 지역에 붙들어 둘 수가 없게 되었다. 청년들은 갖고 싶은 물건을 갖는다고 하는 그런 차원만으로는 만족하지 않게 된 것이다. 청년들의 기호가 물건을 산다는 차원에서 자신을 고양시키는 차원으로 바뀌었다. 이젠 배불리 먹는 것이 소원인 포식(飽食)의 시대는 지나가고 문화의 시대가 온 것이다.

　어느 지역이건 간에 '청년들이 일어서고,' '청년들을 일으켜 세우는 곳'은 발전할 수밖에 없다. 청년들이 일어서려 해도 발을 잡아당기는 지역은 발전하지 못한다. 반대로, 제발 청년들이여 분발해 달라고 소리쳐도 일어서지 못하는 곳 또한 가망이 없다. 그러므로 '일어서려는 자'와 '일으켜 세우려는 자'가 공존해야 한다. 이 양자가 공존하는 지역은 발전할 수밖에 없다. 역사가 이를 증명한다.

일품일촌의 원조인 오오야마의 매실로 만든 각종 가공특산물.

청년들이 일어선 시대는 성장의 싹이 트는 시대이다. 청년들의 손에 힘을 주는 곳에는 번영이 따른다. 국가도 기업도 이를 증명한다.

그런데 청년들이 일어선 지역에는 공통점이 있다. 그런 지역의 시장, 도지사가 청년들에게 매력 있는 리더라는 것이다.

그러나 청년들이 일어나게 해서 비약적인 발전을 이룬 오오야마에 청년들의 흥미가 외지로 쏠리기 시작했다면 오오야마는 이제 큰 위기를 맞고 있는 것이다. 과거 오오이타현에서 가장 가난한 마을 오오야마가 1994년에는 가구당 850만 엔이라는 소득을 올려 오오이타현에서 가장 부유한 곳이 되었다. 일본의 작가 미우라(三浦) 씨는 이를 "수렁에 빠진 빈곤으로부터 날개를 단듯 비약했다"고까지 표현했지만, 이제 청년들은 보다 새로운 것을 추구하고 있었기 때문이다.

따라서 오오야마마찌는 이제 일촌일품 운동의 제3차 목표로서 지역사회를 낙원으로 만들자는 신무릉도원(New Paradise Community) 운동을 전개하고 있다. 포식의 시대는 지나갔다. 그렇다면 새로운 문화의 시대를 포용하는 새로운 NPC는 어떻게 추진해야 하는 것인가?

1993년에 설정된 오오야마마찌의 장기발전 계획에는 새로운 지역개발의 지표를 다음과 같이 나타내고 있다.

첫째, 계속 살고 싶어지는 지역을 만들자.
둘째, 이사를 와 살아보고싶은 지역을 만들자.
셋째, 꿈과 희망과 긍지를 갖고 살아갈 수 있는 지역을 만들자.

오오야마가 주는 교훈은 무엇인가?

필자는 오오야마마찌의 현지 조사를 마치면서 오늘날의 오오야마마찌를 만든 원동력이 무엇인지를 되새겨 보았다.

하나의 정책을 10년 이상 계속 전개할 수 있는 지역은 성공할 수밖에 없다. 필자가 일본의 여러 지역을 조사한 결과 특히 지역개발에 성공한 지역은 적어도 하나의 정책을 위해 10년 이상 정성을 들여온 곳이었다. 10년 이상 걸렸다는 것은 중도에 포기하지 않았다는 뜻이기도 하다.

자식들을 위하여, 손자들을 위하여 지역개발을 추진한다고 생각했던 곳은 성공하였다. 그러나 '우리를 위하여'라는 생각밖에 못하는 사람들은 오늘과 내일의 이익만을 추구하기 때문에, 결국은 오늘도 실패를 전제로 한 게임에 열중할 뿐이다. 하물며 지역개발의 목표가 선거를 위한 수단으로, 그리고 다음의 선거만을 염두에 둔 지도자가 지역을 마름질한다면 그곳은 앞이 깜깜할 수밖에 없다.

야와다 하루미(失幡治美) 촌장 이래로 4명의 지도자가 이끌고 있는 오오야마마찌는 35년간 일관된 테마로 NPC운동을 추진하고 있다. 테마가 있는 곳은 성공한다고 했던가!

그렇다면 지역의 테마는 누가 만들어야 하는가? 지역의 테마는 지역의 수장(首長)이 된 사람이 그때 그때 만드는 것이어서는 안 된다. 지역의 테마가 '사물화'(私物化)되어서는 결코 안 된다. 지역의 테마는 당연히 주민의 마음속에서 만들어져야 된다. 그러므로 수장은 지역의 테마를 실천하는 수단으로 존재해야 하는 것이다. 오오야마마찌의 정장은 오늘도 NPC운동을 실천하는 수단으로서 최선의 노력을 다하고 있는 것이다.

1979년, 오오이타현의 히라마쯔 지사는 오오야마마찌의 NPC운동을 보고 그 유명한 '일촌일품 운동'을 제창했다. 그러나 '일촌일품 운동'의 원조인 오오야마마찌에서조차도 모든 것이 순풍에 돛단 듯 이루어진 것은 결코 아니다. 매실과 밤나무도 당초 계획했던 식부면

적만큼 목표를 달성했던 것은 불과 몇 년에 지나지 않았다. 더욱이 현재는 밤나무의 모습이 점차 오오야마마찌에서 사라지고 있다. 또한 35년 전 NPC운동을 시작할 때처럼 최근 들어 젊은 인구가 점차 도회지로 빠져 나가려는 과소화 현상이 새롭게 나타나고 있다. 다만 그 비율이 다른 농촌에 비해 낮을 뿐인 것이다.

그러나 이 글을 읽는 독자들이여! 그까짓 매실·밤나무가 무슨 소득거리가 되었는가 하고 의심을 갖지 말아 달라. 손가락을 보지 말고 달을 보아 달라. 야와다 하루미 촌장은 매실·밤나무라는 손가락으로 지역의 미래상이라는 '달'을 가리켰던 것이다.

매실·밤나무처럼 사소해 보이는 것으로도 동기를 유발하고 운명을 바꿀 수 있다는 것, 그리고 시대를 앞서는 선견을 가진 지도자, 그를 따르는 젊은이들과 헌신적인 공무원이 있는 곳은 발전한다는 사실을 기억해 달라. 인재가 지역을 키우기 때문에 지역은 인재를 양성해야 한다는 생각을 실천하는 곳, 강산이 바뀌어도 계속 자랑할 수 있는 테마를 스스로 만들고 지킨 지역은 발전할 수밖에 없다는 사실을 기억해 달라.

테마2 # 주민운동으로 일군 공생형 지역개발

개성과 협동의 드라마

영화관 하나 없는 곳에서 일본 최고의 영화제가 매년 5일간 개최되고, 음악홀 하나 없는 곳에서 매년 5일간 음악제가 열린다니 의아할 수밖에 없다.

장소는 인구 1만 2천에 불과한 유후인(湯布院)이라는 작은 자치단체.

우리나라 새마을 운동의 지도자들이 해외연수 코스로 가장 많이 다녀온 지역은 다름 아닌 일본 오오이타현(大分縣)의 유후인마찌(湯布院町)이다. 우리의 지도자들은 왜 이 작은 자치단체 유후인을 찾아나섰던 것일까?

동경 131도, 북위 33도, 그리고 해발 400~600m의 고원성(高原性) 기후를 그 특징으로 하는 유후인마찌는 오오이타현의 중심부에 자리하고 있다. 이 작은 산촌마을에 1995년 한 해 동안 372만 명의 관광객이 불경기를 모르고 찾아왔다. 그리고 이러한 관광객의 90%가 여성인 것은 무슨 연유에서인가? 필자는 이러한 궁금증을 해소하기 위해 유후인으로 발길을 옮겼다.

여성을 겨냥한 관광지

과거 일본의 경제는 1955년을 고비로 해서 고도성장을 시작했다. 이런 분위기 속에서 전국의 관광지는 대규모의 단체관광객을 맞을 채비와 새로운 영업스타일로 탈바꿈하기에 여념이 없었다. 당시 일본에서 인기를 모으던 대표적인 관광지로는 동쪽의 아타미(熱海) 온천과 서쪽의 벳부(別府)온천이었는데, 유후인은 바로 이러한 벳부온천의 뒤편에 있는 작은 온천마을이었던 것이다.

벳부에서는 고도성장에 따른 관광붐을 타고 날로 증가하는 단체관광객을 맞이하기 위해 여관 신축공사가 활발한 가운데, 환락적인 관광시설이 연일 만들어지고 있었다. 유후인온천의 여관업자들에게도 당연히 유후인을 어떻게 개발해야 할 것인가 하는 문제는 당면한 긴급과제로 대두하기 시작했다.

가장 손쉬운 해결 방안은 유후인도 벳부가 하는 것을 따라서 하는 것이었다. 대규모로 숙박시설을 늘리고 술집을 꾸밈으로써 바로 옆의 벳부에 오는 관광객의 발길을 유후인으로 돌리게 하는 것이었다. 그러나 유후인 사람들은 이처럼 가장 손쉬운 길을 마다했다. 유후인은 젊은 여관 경영자를 중심으로 해서 자신들의 지역개발에 대한 새로운 생각을 만들어 낸 것이다. 그것은 다름 아닌 "벳부를 모방하지 말자. 벳부와는 달라야 한다"는 것이었다.

이러한 생각은 '작은 것이 아름답다'는 말이 자주 언급되고 있는 현재와는 달리 '큰 것은 좋은 것'이라는 상식이 지배하던 당시에는 그야말로 용기가 필요했던 사고방식이었다.

여성이 안심하고 쉴 수 있는 문화관광지를 만들려고 노력해 온 유후인. 인구 1만 2천 명인 이곳에 1995년 한 해 동안 372만 명의 관광객이 찾아왔었고 그 중 90%가 여성이었다.

그렇다면 어떤 온천지를 지향해야 할 것인가? 벳부를 찾는 사람은 고도성장을 담당하고 있는 남성들이었다. 그래서 벳부는 환락가로 변해가고 있었고, 관광업과 관계없는 일반 주민들은 점점 지역에 대한 애착을 잃어가고 있었다. 여기에 착안한 그들은 유후인을 벳부와는 반대로 여성이 안심하고 찾을 수 있는 온천지로 만들자는 생각에 이르렀다. 그래서 그들은 유후인을 한가롭고 고요한 휴양지로 개발하려는 목표를 세웠고, 이를 위해 노력해 왔다.

그런데 1970년 12월 10일, 사면을 받아 풀려난 일단의 폭력배들이 돌연 유후인에서 자축파티를 열려고 계획하고 있었다. 이러한 사태는 유후인의 개발철학에 정면으로 맞서는 것이었다. 폭력배들이 들락거리면 그것만으로도 유후인의 이미지는 무너지는 것이다. 그래서 유후인의 상공인들과 관광협회는 지역 내의 모든 단체를 독려해서 이러한 사태에 정면대응하기로 했다. 행정당국과 경찰서 등에 진정서를 보내는 한편, 지역 내의 모든 숙박업소와 식당은 폭력배들이 파티를 열기로 한 날짜에 일제히 문을 닫아 걸기로 결의하고 이를 매스컴에 널리 보도하게 했던 것이다.

한바탕 소동이 벌어졌다. 그러나 이러한 소동은 오히려 유후인이야말로 온 주민이 합심하여 '순결을 지켰다'는 인상을 만들었다. 그리고 이것이 매스컴을 통하여 널리 알려지자 마을사람들은 자긍심을 느끼고 새로운 자치의식을 갖는 계기가 되었던 것이다.

주민운동의 싹은 트고

오사카박람회의 경기로 일본열도가 들끓고 있던 1970년경의 일이었다. 유후인과 벳부시의 접경지에 있는 고원(高原)에 외부의 관광업자가 골프장 건설을 계획하고 있었다. 비록 그 장소는 벳부시에 있었다 할지라도, 문제는 유후인을 가기 위한 현관에 해당하는 곳이라는 것이다. 게다가 이곳은 습지식물의 보고(寶庫)였다. 고원이 골프장으로 변하면 유후인은 더이상 조용한 휴양지로서의 특징이 끝나고 마는 것이다. 따라서 유후인의 주민들로서는 골프장 건설을 어떻게든 막지 않으면 안 되는 절실한 것이었다. 그러나 어느 한 개인의 힘으로 이권사업을 가로막고 나선다는 것은 어려운 일이다. 자각된 개인들이 힘을 모아 나설 때 해결될 수 있는 것이다. 후일 유명하게 된 '유후인의 자연을 지키는 모임'이 바로 이 자각된 다수가 되었다.

원래 유후인 지역은 자치단체 내의 촌락간에 경쟁심과 상호견제심이 컸었다. 따라서 유후인의 상공회, 관광협회, 농협, 정의회(町議會) 등이 그 대표를 선출할 때에는 촌락대표의 성격을 농후하게 반영하고 있었다. 무슨 단체건 간에 각 마을의 입장을 챙기는 대표로 구성되어 있어 각 촌락간에 협동한다는 것은 참으로 어려운 일이었다.

그러나 이러한 분위기와는 달리 1967년 오오이타시(大分市)에서 개최된 전국체전을 계기로, 지금까지의 촌락 중심의 사고방식을 초월하여 지역 전체의 입장에서 지역문제를 생각하자는 분위기가 젊은이들 가운데에 싹트기 시작했다. 이러한 분위기를 타고 한두 명씩 모이기 시작한 청년 멤버들은 드디어 1970년 여름 '유후인의 자연을 지키는 모임'을 결성했었고, 이들이 골프장 건설을 저지시키는 활동을 맡았던 것이다. 골프장 건설 반대운동은 성공을 거두어 초원으로 이루어진 고원의 자연은 지켜졌고, 따라서 '유후인의 자연을 지키는 모임'인 자연보호회도 전국적인 명성을 얻게 되었다.

그러나 문제는 여기에서부터 시작되었다. 자연보호회를 주도했던 나까야 켄타로(中谷建太郎) 씨는 "공중에 매달린 다리를 건너듯 조마조마한 마음으로 전개한 이웃 시의 개발에 대한 반대운동으로 자연보호에 대한 공로훈장까지 탔지만, 그 다음 우리가 직면해야 했던 것은 바깥이 아닌 지역 내부에서의 분쟁과 투쟁이었다"고 말한다.

사실 경험적으로 보면, 지역을 가꾸어 나가는 길목에서 정작 극복해야 할 대상은 다른 지역에 살고 있는 도리를 모르는 사람이 아니라 처마를 맞대고 살고 있는 이웃친척들의 나쁜 관행인 것이다. 어느 곳에서건 주민운동이 이해와 이해의 상충, 그리고 분노와 원망의 도가니 속에서 몸부림쳐야 하는 이유가 바로 여기에 있는 것이다.

　　　"내 땅을 내맘대로 하는데 당신이 뭐 보태 준 것이라도 있소……"

주식회사형 주민운동 조직

자연보호회가 그들의 터전인 마을의 문제에 관심을 두면서부터 그들에게는 하나의 새로운 문제가 생겨났다. 지역의 중심부에 살고 있는 주민들에게는 자연보호가 달콤한 것이지만, 변두리의 산간부로서는 자연보호란 그저 현재의 가난을 감수하라는 뜻으로만 들렸던 것이다. 또한 유후인의 풍경과 전통을 지키기 위해서 토지를 외지인에게 팔지 말자는 운동도 그러했다. 소 키우고 송아지 받아 농자금 쓰던 가난한 마을사람들이 무언가 새로운 계기를 만들려고 농지를 파는 것은 단순한 금전문제 이전에 생명의 문제이기도 했다.

자연보호란 듣기에는 그럴싸할지라도 관광지인 이곳의 경관을 외부에서 온 관광객의 시각으로 평가하는 것일 수밖에 없는 일면도 있었다. 예컨대 젊은 영농후계자들은 전통 초가집을 싫어했음에도 불구하고 '초가집이 있어야 아름답다'는 식의 평가가 그것이다. 이러한 시각에 대해 반발도 만만치 않았다. '외지 사람들의 눈요기를 위해서 우리들은 거지 모습을 해야만 하나?' 이러한 단순한 질문에 그 누구도 쉽게 대답할 형편이 아니었다.

결과적으로 볼 때 젊은 여관업자들이 주도하던 자연보호회의 운동은 자연 속에서 살고 있는 농가들의 고통과 상반되는 점이 있었던 것이다. 또한 자연보호회의 멤버들도 다음과 같은 반성을 하고 있었다.

> "벳부처럼 지역 전체를 판매대에 내놓은 하나의 관광상품처럼 일관한다면, 관광업과 직접 관련이 없는 일반 주민들은 우리 마을에 애착을 잃어 버릴 것이다."

사실 어느 지역이건 간에 지역개발의 첫걸음은 먼저 그 지역을 좋아하는 사람을 많이 만드는 것이다. 자신이 살고 있는 곳에 긍지를 갖는다는 것은 그곳을 좋아하기 때문이다. 좋아하게 되면 더욱 더 그 마을을 좋은 마을로 만들려는 의욕과 힘이 생긴다. 그러므로 주민들이 자신의 마을에 애착을 잃어 버리면 그 마을은 이제 끝장난 것이나 다름없다.

따라서 여관경영자들이 주축이 되었던 자연보호회는 이러한 생각에서 스스로 모임을 해산시켰다. 그리고 1973년 3월, 보다 발전적으로 농가의 대표들도 참여한 '내일의 유후인을 생각하는 모임'으로 거듭나게 되었다.

그러나 당시의 분위기는 이 새로운 모임을 달갑지 않게 여기는 사람들도 많았다. 따라서 이들을 의식해서라도 새로운 각도에서 조직을 구성할 필요가 있었다. 그래서 서로 다른 직종과 출신지역, 연령층을 안배해서 선출한 17인의 실천회원을 중역(重役)으로 생각하여 이들에게 일체의 기획과 운영을 일임하는 방식을 택했다. 또한 농협

개성과 협동의 드라마를 연출한 유후인의 주민운동. 이들은 공생형 지역개발을 지향하여 '정감 넘치는 고장 만들기 조례'까지 만들었다.

조합장, 상공회장, 관광협회장, 청년회의소장, 부인회장, 라이온스클럽 회장 등등 지역내의 각종 단체장으로 구성된 17인의 평의원은 주주로서 경제적·정신적 투자를 하도록 했다. 그리고 평의회가 회장을 뽑고, 회장이 실천회원을 뽑으며, 실천회원은 전적으로 자유로운 입장에서 기획하고 집행하여 그 성과를 연 1회의 정기총회에서 평회원 모두에게 보고하도록 했다.

당시 지역사회에 압도적인 영향력을 갖는 대형 관광회사 등에게 대응하기 위해서 주민운동조직 그 자체를 주식회사 형태로 편성했던 것이다. 말하자면, 회장은 17명의 실천회원이라는 경영진을 거느리고 솔선하여 활동하며, 그 성과를 총회에 보고하도록 했던 것이다. 그리고 지역의 각종 단체들이 연간 상당액의 후원금을 보조해 주는 시스템도 도입했다. 예컨대, 정장(町長)이 인쇄물 보조금의 명목으로 년 30만 엔씩 지원하는 것이 그것이다.

위기를 기회로

그러나 순조롭게 출발했던 이 모임도 불과 2년여 만에 덜거덕 소리가 나기 시작했다. 이 모임에는 조직적 배경이 없었다. 회원들은 무슨무슨 마을의 대표 또는 무슨무슨 단체의 대표로서 모임에 참가하고 있는 것은 아니었다. 그런 의미에서 실천회원들은 모두가 고립적인 존재였다. 또한 이 모임은 사업계획이나 사업예산도 갖고 있지 않았다. 즉, 이미 정해진 일을 수행하는 종래의 기성단체와는 그 운영방식이 달라야 했다. 따라서 지역내의 문제점을 분석하여 이를 그때마다 해결해 나가는 방식을 취했던 것이다.

그러나 이러한 주민운동을 하기 위해서는 마치 뒤엉킨 실타래를 풀어나가는 끈기와 함께 때로는 틀에 박힌 듯한 짜여진 관례의 틀을 훌훌 벗어던져 버릴 수 있는 번득이는 상상력이 요구되었다. 그러나 하루 일과가 끝난 후 무거운 몸으로 만나서 이런 일을 감당한다는 것은 쉬운 일이 아니었다.

원래 주민운동이란 그런 것이다. 때로는 밤늦도록 자신의 생각을 말하면서 말하는 것의 공허감을 느껴야 하고, 때로는 자유롭고도 기발한 가능성에 고무되어 흥분되는 감정을 애써 억눌러야 하는 것이다.

그러나 무엇보다도 큰 문제는 불안감과 막막함을 떨치고 이제 무언가 될 성싶은 찰나에 은밀한 자괴작용(自壞作用)이 내부에서 일어났던 것이다. 파벌이 생기고, 가슴으로 모여야 할 이곳의 모임이 곧잘 토론술과 웅변술의 경연장처럼 되어 버렸던 것이다. 출석자는 눈에 띄게 줄어갔고, 모임은 날로 그 기운을 잃어가고 있었다. 출발 이후 일년 반이 되면서 맞은 위기였다. 여러 방도로 애를 썼지만 참가자는 늘지 않았다.

무언가 위기를 기회로 활용할 마지막 카드가 필요했다. 위기란 그것을 위기로 인식하지 못할 때에는 정말 위기이다. 그러나 대부분의 위기는 그것을 위기로 인식하고 절실한 마음으로 대처하면 새로운 찬스가 될 수 있다. 이러한 의미에서 위기는 곧 찬스인 것이다. 유후인의 청년들은 가슴을 열고 새로운 활로를 모색했다. 그러나 지금까지의 경험에 비추어 앞일을 생각하는 같은 또래의 머리 속에서 기발한 생각은 쉽게 나오질 않았다.

그런데 절실히 생각해 보니 출석자들이 줄어드는 이유가 있긴 있었다. '내일의 유후인을 생각하는 모임'이 일부 엘리트들만의 모임인 일종의 실험적 두뇌집단(實驗的 頭腦集團)이라는 인상을 풍긴 것이 치명적이었던 것이다. 그렇지만 이러한 사실을 구성멤버들이 알아차리기까지는 많은 시간과 동지를 잃는 아픔을 겪고 나서였던 것이다.

그래서 1974년 가을을 맞으면서 근본적인 조직개편에 착수했다. 그것은 정민(町民)이면 누구나 흥미를 느끼는 테마에 자유로이 참여하는 '열린 모임'으로 개편한 것이다. 이렇게 개편하자 모임은 단번에 소생하기 시작했다. 매번 그 날의 테마에 흥미를 갖는 정민이 서로서로 권유하여 모임에 참여하게 된 것이다. 그리고 테마가 명쾌하게 하나의 과제를 제시하면 그것은 곧 하나의 프로젝트가 되었고, 몇 번이고 같은 멤버들에 의한 토론이 되풀이 되면 무언가 성과가 잡힐 듯 열매가 열리기 시작했다.

'내일의 유후인을 생각하는 모임'은 그 산하에 세 개의 전문부회(專門部會)를 설치하고 있다. 산업부회(産業部會)와 환경부회(環境部會), 그리고 인간부회(人間部會)가 그것이다. 이들 부회(部會)의 활동내역을 잠시 살펴보자.

공존공생형 지역개발

산업부회는 경제자립 제일주의를 내걸고 지역산업의 진흥방안에 몰두했다. 그리고 이들은 지역의 휴경지에 콩을 심어 이를 원료로 된장을 만들자는 궁리를 했다. 드디어 여성들로 구성된 일난의 멤버들은 '유후인의 가정된장'이라는 브랜드를 만들어 내기도 했다. 그리고 이러한 움직임은 된장과 토종닭의 계약생산 시스템으로까지 확대되었다.

예컨대, 여관경영자들이 병아리를 제공하여 농가가 집에서 사육하면 가을에 양계닭보다 비싼 가격으로 사들이는 '토종닭 운동;' 그리고 농가의 휴경지에 산나물 등을 심게 하고 이를 여관(일본의 여관은 식당을 겸하고 있다)에서 사들이는 계약 재배, 농가에서 만든 장아찌나 된장을 여관에서 구입하는 계약생산을 시작한 것이다. 한적한 산촌 휴양지에 어울리는 자연식품이 여관의 밥상에 오르게 하는 이러한 시스템이야말로 관광업자와 농가 간의 경제교류와 공동의 관광산업을 시작하게 한 계기가 된 것이다.

원래 스님이 미워 보이면 가사장삼도 더러워 보이는 법이다.

일본의 어디를 가보아도 대부분의 관광지는 외부에서 온 기업주나 아니면 그 토지와는 관계가 없는 사람들이 개발한다. 따라서 그 개발효과는 외부의 관광업자에게만 귀속되고 그 주변의 토착주민들에게는 그저 남의 일일 뿐이다. 이런 곳에서는 업자들과 원주민들 간의 마찰이 끊일 새가 없다. 중이 미우니까 가사장삼도 더럽게 생각되듯, 관광업자가 미우니까 관광객들마저 불량해 보이는 것이다.

그렇지만 반대로 모든 관광객이 미운 남의 손님이 아니라 고마운 내 손님이 되면 경우가 달라진다. 유후인은 여관주인과 농민들이 함께 관광산업에 참여하고 있다. 그러므로 모든 관광객은 주민 한 사람 한 사람의 손님이다. 주민이 관광객을 귀중히 여기는 태도가 여느 관광지와는 달리 각별한 이유도 여기에 있다. 감사하는 마음이 깃들면 생각도 행동도 변하기 때문이다. 공생형 지역개발은 이래서 더욱 필요한 것이다.

1972년 '일본열도 개조론'을 들고 나온 다나카(田中) 내각이 탄생하면서, 일본 전국에 지가상승의 바람이 일었다. 그런데 당시 유후인 온천은 조용한 자연휴양지라는 이미지가 정착되어 있어 전국 어느 곳보다도 부동산업자들이 눈독을 들이고 있는 곳이었다. 실제로 한적한 유후인의 광대한 뒷산을 사들여서 별장촌을 만들려고 부동산업자들이 계획을 세우고 있었던 것이다.

그러나 그렇게 되면 한적한 휴양지 유후인의 이미지는 엉망이 될 것이다. 그러므로 부동산업자들을 어떻게 해서라도 발붙이지 못하게 해야 했다. 이러한 문제에 직면하여 산업부회의 멤버들이 고안한 방안이 그 유명한 '소 한 마리 목장주인 운동'이었다.

'소 한 마리 목장주인 운동'이란 뒷산의 목초지에 자치단체가 주관이 되어 소를 사육하자는 것이었다. 그렇지만 이 아이디어를 실행에 옮기려면 많은 자금이 소요되었다. 그래서 그들이 착안했던 것이 돈의 여유가 있으면서 농촌을 그리워하고 있는 도시인들이었다. 즉, 도시인들의 돈을 이용해 목장을 만들고 동시에 도시인들이 고향을 그리워하는 마음도 충족시켜 주자는 것이었다.

당시 송아지 한 마리 값은 20만 엔이었다. 이 돈을 도시인으로부터 제공받아 송아지를 구입하고, 5년 후 소를 처분해서 20만 엔은 출자자에게 되돌려 주며, 매년 이자로 쌀 한 부대를 출자자에게 보내주는 것이 그 방법이었다. 도시 사람들은 여유자금을 농촌에 투자하여 이자만큼의 보상을 받으면서도 휴가철이면 목장주로서 가족과 함께 테마가 있는 여행을 즐길 수가 있었다. 유후인의 산업부회 청년들은 지역내부뿐만이 아니라 도시와 농촌 간의 공생형 산업도 설계했던 것이다.

'소 한 마리 목장주인 운동'으로 순식간에 수많은 도시 거주의 목장주인이 생겨났다.

정부나 현으로부터 보조금을 받은 것두 농가나 여관경영자들이 자금을 부담한 것도 아닌데 목장은 만들어졌다. 자연히 부동산업자들은 토지매입을 단념하게 되었고, 마을 사람들은 한적한 휴양지를 지켰을 뿐만 아니라 '농후우'(農後牛)라고 하는 유후인의 고유상표로 육우산지(肉牛産地)를 형성하는 데까지 성공을 거두게 되었다.

1973년 2월. 39개의 도도부현(都道府縣)으로부터 무려 69개의 주민조직들이 응모한 가운데 '내일의 유후인을 생각하는 모임'이 고오베(神戶) 신문사가 주최하는 제3회 '내일의 지역사회를 여는 주민활동상'을 수상하게 된 것은 어쩌면 당연한 결과였다. 수상에 즈음하여 오꾸무라(奧村) 심사위원이 다음과 같이 소감을 피력하고 있다.

> "특정의 카리스마적 인물을 중심으로 한 지역의 리더격 소집단은 도처에서 볼 수 있지만, 이러한 조직은 불안정하기 그지없다. 그런데 유후인의 주민운동 그룹은 이러한 측면에서 볼 때 창조적·자율적 오피니언 리더적 소집단으로서 그 의의를 높게 평가할 만하다. 어떻게 해서 이러한 주민운동 조직이 성립할 수 있었는가? 이를 연구하는 것은 충분한 가치가 있는 것이라고 생각한다."

과거 자연을 지키는 '반대하는 모임'에서 출발하여 '생각하는 모임'으로 변신했던 주민운동은 이제 궤도에 오르고 자리가 잡히자 드디어 '경영하는 모임'으로 변신했다. 그리고 가속도가 붙은 그 활동은 이제 새로운 신화를 창출하기 시작했다.

극장없는 영화제

결점은 잘만 활용하면 오히려 개성이 된다.

무(無)에서 유(有)를 창조한다는 것은 본래 소재(素材)거리가 되지 않는 것을 가지고 소재로서 기발하게 이용했다는 것을 말한다. 그런데 발전하고 있는 지역엘 가보면 결점과 역경을 오히려 활용하고, 또한 어떤 것이라도 지역활성화의 소재로 활용하는 기발한 아이디어가 넘쳐 흐른다.

"영화관 하나 없는 시골, 그러나 그곳에 영화가 있다"라는 캐치프레이즈로 시작한 '유후인 영화제'는 '내일의 유후인을 생각하는 모임'이 개최하고 있는 이벤트사업 중에서도 과연 걸작으로 꼽을 수 있는 것이다.

1976년에 시작한 이래로 매년 8월이면 개최되는 이 영화제는 해를 거듭할수록 영화팬들의 사랑을 더욱 받아 현재는 일본의 대표적인 영화제로 꼽히고 있다. 그렇다면 영화관 하나 없는 이곳에서 영화제는 어떻게 개최되고 있는가?

'내일의 유후인을 생각하는 모임'을 발기했던 사람으로서 오늘날까지 유후인의 주민운동과 각종 문화운동을 주도했던 나까야(中谷) 씨는 대학졸업 후 영화촬영소의 조감독으로 일했던 사람이다. 그러던 그가 유후인에서 여관을 경영하던 부친이 사망하자 귀향하여 여관경영을 이어받게 되었다. 그는 자신의 고향에 영화관이 없으니까 영화제를 개최해 볼 필요가 있다는 발상을 했고, 이것이 결실을 맺게 된 것이다.

유후인 영화제는 역전 광장에서 개최되는 전야제의 야외상영을 포함하여, 닷새 동안에 걸쳐 흑백영화인 시대멜로물에서부터 개봉전의 화제작까지 하루에 4, 5편의 영화를 상영한다. 그리고 밤이 되면 그날 그날 무보수로 참석하고 있는 25명 정도의 영화감독, 각본가, 배우들이 영화상영 후 자작이나 주연했던 영화의 내용에 대해서 관객과 토의하는 심포지움을 개최하고, 늦은 밤까지 야외파티도 곁들이는 멋까지 부리고 있다. 이처럼 유후인 영화제는 관객과 출연자, 그리고 보통 표면에 나타나지 않는 각본가·감독·평론가까지 한자리에 모이는데, 이것이 바로 유후인 영화제의 특색인 것이다.

유후인 영화제의 관객은 열렬한 영화광에서부터 젊은 여사원

그룹과 가족을 동반한 늙수그레한 영화팬까지 망라되어 있는데, 영화제를 개최하는 데 소요된 예산은 1995년의 경우 약 1천만 엔에 불과하였다.

유후인에서는 영화제와 똑같은 발상으로 매년 7월이면 '유후인 음악제'도 개최하고 있다. 마찬가지로 '내일의 유후인을 생각하는 모임'이 주체가 되어 개최하는 '유후인 음악제'는 1975년부터 유후인에 본격적인 여름이 찾아왔음을 알리는 축제이기도 하다. 음악홀이 없어도 음악회를 개최할 수 있다는 것을 선언한 '유후인 음악제.' 그것은 거추장스러운 겉치레 형식(形式)이 없어도 절실히 갈망하면 실질(實質)을 존재하게 할 수 있다는 것을 말없이 선언하고 있다.

별빛이 보이는 잔디밭에서 '창공 콘서트'로 전야제를 시작하는 유후인 음악제는 전야제부터가 그야말로 가슴으로 만든 음악제이다. 모든 출연자가 티셔츠 차림으로 참가하여 막을 올리는 것부터가 그렇다. 지역내의 음악애호가, 관광협회, 행정당국, 시민실행위원회 등이 혼연일체가 되어 만든 이 아기자기한 음악제는 역시 유후인 방식으로 출연자에게 숙식은 제공하지만 출연료는 거의 무료에 가깝다. 이 음악제는 실내악을 중심으로 하는 수수한 음악제로서 20여 년간 착실한 진전을 거듭하였고 해를 거듭할수록 주민들의 음악적 수준을 높이고 있다.

유후인에는 음악홀이 없다. 그러므로 닷새 동안에 걸쳐서 실시되는 음악제는 공민관, 골프장의 클럽하우스, 호반의 레스토랑, 호텔의 로비, 때로는 미술관 등등을 연주자와 관객 그리고 스탭들이 돌아다니면서 개최해야 하지만, 이 또한 본 음악회의 매력이 되고 있다.

음악회의 사이사이에는 고원의 바람소리와 매미들의 합창, 여울지며 굽이치는 산자락의 물소리, 그리고 엉성하기가 그지없어 들려오는, 실행위원들의 의자 나르는 소리마저 이 음악제를 함께 연출하는 주체가 되어 협연하고 있다. 1995년에는 이 음악제의 개최에 약 500만 엔의 예산을 들였다.

쇠고기 먹고 고함지르기 대회

'내일의 유후인을 생각하는 모임'은 이밖에도 많은 이벤트 행사를 개최하고 있다. '소 한 마리 목장주인 운동'이 계기가 되어 1975년에 목장주인이 된 도시 사람들을 초청하여 소 사육농가와 함께 유후인의 고원에서 바베큐 파티를 갖게 된 것을 계기로 매년 개최하는 '쇠고기 먹고 고함지르기 대회'도 하나의 명(名)이벤트로 정착했다.

1975년 이래로 매년 10월 10일에 개최하는 이 대회에는 현내외에서 약 700여 명의 인사들이 참가한다. 참가자들은 유후인의 쇠고기 맛을 한껏 즐긴 다음 소음측정기 앞에서 한 사람 한 사람씩 평소 생각했던 말이나 가슴 속에 응어리졌던 '임금님 귀는 당나귀 귀'라는 말을 절규하듯 토하게 한다. TV로도 중계되는 이 대회의 모습은 도시생활에서 온 체증과 스트레스를 한꺼번에 풀어 주는데, 그래서 그 이름도 '쇠고기 먹고 고함지르기 대회'이다.

모든 이벤트는 그것이 지역의 산업과 관련 없이는 오래 지속하질 못한다. 그런데 '쇠고기 먹고 고함지르기 대회'는 전국적으로 유후인이 쇠고기 산지임을 큰 소리로 선언하는 대회이다. 그러므로 유후인 사람들이 '농후우'라는 고유상표로 지역 내에서 생산하는 쇠고기를 팔고 있는 것을 보면 과연 유후인답다는 생각이 절로 든다.

이밖에도 유후인에서는 매년 3월 중순에 개최하는 어린이 영화제, 4월에는 온천축제, 5월의 산악제, 8월의 분지축제(盆地祝祭)와 위

매년 10월 10일에 개최되는 '쇠고기 먹고 고함지르기 대회'의 모습.

령제, 그리고 건강마라톤 대회, 아트페스티발, 9월에는 온천백태 축제 (溫泉百態 祝祭), 11월에는 공민관 축제와 건강제 및 농업제가 일체화 되어 지역 전체가 온통 축제의 도가니가 되는 1만 2천인 축제, 12월 에는 먹거리문화 페스티발 등이 연중 개최되고 있다.

　이렇게 볼 때, 유후인이야말로 도시 사람들이 때를 벗기고 고스 톱이나 치다가 잠을 청하는 음지의 관광지, 환락의 유흥지가 아니다. 8월에 개최하는 아트페스티발 하나만 보더라도 그렇다. 인구 1만 2 천에 불과한 지역에 있는 10개 소의 화랑이 2주일에 걸쳐서 미술전 시회를 개최하면 마찌 전체가 미술관이 된 듯한 분위기가 된다. 이렇 듯 유후인은 음미하는 관광지, 그리고 참여하는 이벤트를 기획했다. 따라서 유후인은 도시인들에게 기생하는 관광지가 아니다. 도시인을 포용하는 문화사업을 경영하고 있는 것이다. 그러므로 유후인에는 불 경기가 없고 관광철이 따로 없다.

　최근 일본은 엔고(円高)와 경기불황의 여파로 거의 모든 관광지가 가을 들판의 허수아비처럼 썰렁하다. 필자가 찾아가 본 일본 최고의 관광도시 벳부에도 예외는 없었다. 그러나 1995년에도 유후인만은 관광객 수가 오히려 몇십 만이 늘었다. 오늘날 일본에 있어서 관광산업을 선도하는 것은 여성들이다. 유후인의 관광객은 그 9할이 여성인 것이다.

'영자가 가는 곳에 병태도 가기 때문'만은 아니다. 유후인은 시설로 사람을 끌기보다는 문화와 인정으로 사람을 끌고 있기 때문이다. 그런데 사람의 마음이란 참으로 미묘해서, 시설에 끌리면 한 번만 가게 되지만 인정에 끌리면 두 번 세 번 가게 되어 있다.

인정은 최고의 관광자원

어디선가 컹컹 하면서 개 짖는 소리가 들릴 것 같은 전원풍경의 시골마을 유후인.

이곳에 도시인들의 마음이 묻혀 있다. 도시인들은 전원문화를 동경하는 것이다. 그러나 문화란 엄청난 시간과 노력으로 공들일 때 비로소 육성된다. 그리고 마을 사람들이 문화적이지 못한 곳에서 문화사업을 경영할 수는 없다. 지역에 큰 문화시설을 만든다고 그 지역이 문화적으로 성숙하는 것도 아니다. 시설의 수준보다도 오히려 그 시설을 활용하는 인간의 수준이 더 중요하다.

발상의 전환 없이 시스템만 바꾼들 무슨 소용이 있겠는가?

유후인에서는 식당 주인들과 여관 주인들이 하나같이 문인(文人) 아니면 음악애호가, 화가, 영화평론가로서의 경지에 올라 있는 것처럼 느껴진다.

그런데 필자는 관광지의 특색을 주민의 특색으로 일구어낸 또다른 고장을 소개받은 경험이 있다. 니이카타현(新鴻縣)의 노자와(野澤) 온천촌이 그곳이다. 이곳은 일본 스키의 메카로 되어 풍요로운 관광지가 된 곳이다.

그러나 스키의 메카로 알려지기 전에는 이곳보다도 더 궁핍한 자치단체는 거의 없었다. 겨울이면 워낙 눈이 많아 전봇대의 꼭대기까지 쌓였고, 지붕에 올라가서 눈을 쓸어내지 않으면 집이 붕괴되기가 일쑤였다. 그러나 더욱 큰 문제는 이곳이 급경사의 지형을 이루고 있어 교통두절과 산사태가 다반사로 일어난다는 것이었다.

그렇지만 결점은 잘만 활용하면 오히려 개성이 된다고 했던가! 이 마을 사람들은 호설지대와 급경사지를 이용, 스키를 중심으로 한 관광지 개발에 나섰다. 그러나 필자에게 관심을 끈 것은 관광지를 시설로서가 아니라 소프트웨어로 일구어 가는 이들의 모습이었다.

마을의 모든 사람들이 관광시설을 만들기 이전에 먼저 스키를 배웠다.

그래서 이곳의 주민들은 어린아이를 제외하면 모두가 스키의 명수가 되었다. 마을에서 마주치는 사람들은 남녀노소를 막론하고 제발로 걸을 정도만 되면 일본 전국대회, 국제대회 등에 출전했던 사람을 쉽게 찾아볼 수 있었다. 그러므로 이곳의 주민들은 스키를 타러 온 관광객의 마음을 읽을 수 있었고 스키어들의 고충이 무엇인지도 알고 있기에 스키를 타려는 사람은 어느 곳보다도 이곳을 찾고 싶어했던 것이다.

그러나 일본 내에서도 대부분의 관광지를 가보면 관광객은 관광객, 여관은 여관식으로 따로 따로 국밥이다. 그러므로 상점 주인에게는 관광객의 얼굴이 돈으로밖에 보이지 않는다. 그러나 이곳의 상점 주인들에게 관광객의 얼굴은 돈이 아니라 동호인의 얼굴이었던 것이다.

노자와 온천촌이 일본의 스키 메카가 된 것은 당연하다고 할 수밖에 없는 것처럼, 유후인이 문화관광촌이 된 것에는 모방하지 않는 독창성과 애착으로 참여하는 주민들의 열의, 시스템으로서의 효율성을 자랑하는 주민참여제도, 그리고 이러한 시스템을 숨어서 연출하는 자치단체의 지도자와 공무원의 노력 등이 어느 곳보다도 돋보인다.

가을 안개는 더욱 분발하라고 재촉하는데

그러나 가을날에 찾아가 본 유후인에도 먹구름은 있었다.

일본 격언에 "秋の霧は鎌を研げ"라는 말이 있다. '가을 안개는 낫을 갈게 한다'는 이 말은 무엇을 의미하는가? '가을날 아침안개는 화창한 하루를 약속하는 것이므로 길게 일할 준비를 서둘러야 한다는 것을 일깨워 준다'는 뜻이다. 그런데 필자가 본 유후인은 지금이야말로 더욱 낫을 갈아야 할 때가 온 것 같았다. 과거 극장이 없으므로 영화제를 만들려 했던 그 창조의 정신이 지금이야말로 더욱 필요한 때인 것이다.

1991년부터 1994년까지 유후인을 공습했던 일련의 대형 리조트개발에 관한 논의는 이 마을을 둘로 분열시키는 정치적 대립으로까지 치달았고, 격렬한 논쟁으로 많은 생채기를 내었던 것이다. 물론 1994년의 정장선거에서 유후인의 주민들이 '자연과의 공생(共生)' 그리고 '은근한 개발'을 공약으로 내세운 신인후보를 선택함으로써 혼란은 어느 정도 수습되었다고 할 수 있다. 그런데 이러한 과정 속에서 나타난 주민들의 공통된 인식은 양호한 환경이 구비되어야 비로소 질 높은 지역문화가 형성된다는 것이었다.

주민들의 이야기를 들어 보자.

> " '내일의 유후인을 생각하는 모임'을 이끌고 있는 당신들은 토지개발과 환경문제에 대해서는 냉철히 비판하면서도, '문화적 환경파괴'에 대해서는 한 마디도 언급하지 않는군요……."

> "유후인의 마찌는 타락했다. 이곳보다도 더 빠른 타락의 길을 걷고 있는 지역을 나는 알지 못한다. 유후인의 활발한 문화활동에 의해서 지역문화가 얼마간은 발전하게 되었고, 이것이 유후인의 발전에 공헌했다는 점은 인정한다. 그러나 지금에 와서 유후인의 문화활동도 서서히 종말을 향하고 있다. 왜냐하면, 어느 정도 인정받은 것에 안주하여 새로운 시설의 입주를 방해하는 문화쟁이들 때문에, 오히려 지역은 쇠락의 길을 걷고 있기 때문이다."

참으로 호된 비판을 서슴지 않는 주민들.

그러나 이러한 비판정신이 살아 있기 때문에 아직도 유후인의 미래는 밝다. 그러면 여기서 유후인 사람들의 모든 개발철학이 담긴 유후인마찌의 소위 '정감 넘치는 고장 만들기 조례'를 살펴보자. 1990년 9월에 제정된 동 조례의 제정 배경부터 알아보자.

조례 제정 당시 많은 외지사람들이 유후인의 쾌적성에 반하여 유후인에 리조트맨션이나 분양별장을 갖고 싶어했다. 그리고 이러한 결과로서 당시 지역의 총면적 중 약 10% 정도가 도쿄·오사카·후쿠오카 등의 외지자본에 팔려 나갔고, 땅값은 날로 치솟고 있었다. 또한 마찌 안의 고원이나 목장에 골프장 조성과 함께 대규모 개발계획이 하루가 멀다 하고 세워지고 있었다. 그리고 이처럼 계획되고 있는 개발계획을 단순히 합한 면적만도 당시 마찌의 택지면적에 필적하는 것이었고, 그 총호수도 마찌의 전세대와 거의 같은 수였다.

그러나 이러한 계획을 방치한다면, 자연파괴와 무질서한 난개발에 의한 경관의 난조(亂調)는 불을 보듯 뻔한 것이었다. 지금까지 애써 지켜온 지역개발의 기본철학을 뒤엎는 것이기도 했다. 이러한 위기감 속에서 당시까지 일본의 어느 자치단체에서도 예를 찾아볼 수 없는 새로운 내용의 조례가 만들어지게 된 것이다.

한 마디로 말해서 '정감 넘치는 고장 만들기 조례'의 이념은 무엇인가?

정감 넘치는 고장 만들기 조례

그것은 과거처럼 '개발 절대반대, 외지 사람은 오지 말라'는 식의 개발철학은 이제 시대가 허용하지 않는다는 것이다. 따라서 '유후인에서 살고 싶으면 유후인이 갖고 있는 지역개발의 철학과 룰에 따라 주십시오'라는 것이다. 즉, 자연과 인간의 조화라는 사고방식하에서 개발사업을 조정하고 마찌의 성장을 관리하려는 것이 '정감 넘치는 고장 만들기 조례'의 이념인 것이다.

총 6장 55조와 시행규칙으로 구성되어 있는 동 조례는 제1장 총칙, 제2장 마찌개발 방침, 제3장 개발사업의 심사 등, 제4장 개발사업의 기준, 제5장 자문기관 및 공청회, 제6장 잡칙 등으로 구성되어 있다.

동 조례의 적용구역은 마찌의 전역이며, 1천 평방미터를 초과하는 택지의 조성, 50입방미터를 초과하는 지하저장 시설, 높이가 10미터를 초과하는 건축물 등을 신고의 대상으로 하고 있다. 지금까지의 마찌의 관계 조례(자연환경 보호조례와 주거환경 보전조례 등)는 상위법의 근거하에서 전구역을 일률적으로 보호·보존하려는 것이었다. 그러나 이 새로운 조례는 일보 앞장서서 개발을 극력 억제하려는 구역과, 반대로 촉진시키려는 구역으로 나누어 그에 따른 개발행위와 보존활동을 상호 조화시켜 나가면서 지역 전체의 성장을 관리하려는 것이다.

그렇지만 이 신조례는 지금까지 견지해 왔던 지역개발의 방침과 전혀 새로운 것은 결코 아니다. 단지 건물의 색상과 형상, 고도(高度) 등을 지금까지는 건축주에게 개별적·비공식적으로 부탁하는 식이었던 것을 명문화하고 조례화한 것에 지나지 않았던 것이다. 과거에는 법이 없어도 지역사람들이 하나의 합의로 지켜 왔던 내용을 이제는 법으로 명문화시켜야만 지켜지는 세상에 적응하기 위한 조례인 것이다.

동 조례의 특기할 내용을 몇 가지만 더 살펴보자. 개발사업자에게는 개발예정 지역의 사전 환경조사를 실시하도록 했고, 계획사업의 내용을 30일간 공개해서 이웃의 관계자가 충분히 이해할 기회를 갖도록 하는 의무도 지우고 있다. 또한 계획서에 입각해서 행정당국과 사전협의도 의무화했으며, 개발사업자는 사전협의가 종료되었다는 통지를 받아야만 비로소 사업신청을 정식으로 한 것으로 인정되었다. 또한 도시계획구역 내의 제1종 주거전용 지역에서는 공지율(空地率)*을 엄격히 하여 10미터를 초과하는 리조트맨션은 건설할 수 없게 했다. 그러나 상업지역과 근린상업 지역, 변두리 지역 등에는 공지율을 완화하여 18미터 이내일 경우에는 5층까지 건설할 수 있도

---

* 공지율이란 택지면적에 대해서 공지가 점하는 비율의 퍼센트이다.

록 했다.

이외에도 택지면적이 1천 평 이상이 될 경우에는 공원녹지와 주차장을 건설하고 또한 공동 공간을 확보할 것을 의무화했으며, 리조트맨션 등의 시설에는 관리인을 배치하는 것도 의무화했다.

또한 조례에 근거하여 자문기관으로서 '지역개발심의회'를 설치하도록 했는데, 이 심의회는 정장의 자문에 응하여 조례에 규정한 개발행위에 관해서 심의하는 것 이외에도, 필요에 따라서 주민의 소리를 듣고, 정장에게 공청회의 개최를 요청하는 권한도 부여하고 있다.

결과적으로 유후인마찌는 이 조례를 무기로 해서 개발의 주도권을 확보하려고 한 것으로서, 즉 주민대표로 구성되는 심의회가 계획단계에서부터 건설계획과 운영관리까지 엄격히 통제하여 지역주민의 생각을 무시한 개발계획을 철저히 배제하고 있다.

또한 동 조례는 종합성의 확보를 그 특징으로 하고 있다. 일반적으로 리조트맨션의 건설에 따르는 문제점으로서는 첫째, 상하수도나 소방 등 공공시설의 정비가 동반되지 않는 것, 둘째, 주민이 상주하지 않기 때문에 지역주민과의 관계가 원만하지 않는다는 점, 셋째, 일반적으로 개발면적이 넓은 것이 대부분으로서 자연환경이 파괴되기 쉽고, 넷째, 생활폐수의 방류 등으로 주변환경이 악화된다는 것 등등이 지적되고 있다.

그러나 유후인의 경우는 이러한 개발조례로서 주차장, 방범 등, 소방시설, 쓰레기 처리장, 급수시설의 정비 등을 상세히 규정하여 이러한 문제에 정면으로 대응하고 있다. 또한 문화재의 보호, 전파장해, 일조(日照)의 확보 등에 관해서도 언급하고 있는 동 조례는 일본의 전 자치단체 중에서도 리조트개발을 가장 엄격히 규제하고 있는 사례가 되었다.

유후인의 현장조사를 마치고 나오면서 필자는 새삼스러운 질문을 스스로에게 던져 보았다.

자신이 살고 있는 향토란 무엇인가 하는 질문이 그것이다. 우리는 우리의 토지를 선조로부터 물려받은 것이 아니다. 후손들로부터 빌려 쓰고 있는 것이다. 그렇다. 향토란 자식과 손자에게 보내는 선물이면서 갚아야 할 채무이다. 그러므로 우리는 그 이자를 갚기 위해서라도 아름답고 향기나는 고장을 만들어야 하는 것이다.

복숭아꽃 살구꽃 아기진달래가 반기는 동네를 다시 만들어야 하는 것이다.

지역의 상품화 계획과 경영화

주식회사 이께다의 향부론(鄕富論)

멋진 인생을 살고 있는 사람과 대화를 나누고 있노라면 그의 말 속에서는 반드시 '마음'의 향기가 느껴진다. 그에게는 인생의 테마가 있기 때문이다.

지역도 마찬가지이다. 분명한 테마가 있는 곳은 멋진 지역이 될 수 있다. 여기 분명하고도 확고한 테마가 있었기에 발전한 또 하나의 대표적 지역이 있다. 일본 북해도의 이케다쬬(池田町)가 그곳이다.

지역도 하나의 상품

1961년 오오이타현 오오야마마찌(大山町)의 공무원들이 매실과 밤나무 묘목을 구하러 후꾸오까현(福岡縣)의 묘목시장을 누비고 다닐 때, 이께다의 공무원들은 야마나시현(山梨縣)에서 포도나무 묘목을 구하러 다니고 있었다. 그러므로 따지고 보면 오오야마마찌(大山

町)와 이케다쬬는 소위 '일촌일품 운동'의 공동원조(元祖)라고 해야
할 것이다.

지역도 하나의 상품이다. 그런데 지역의 테마를 중심으로 지역
개발을 실천한, 말하자면 '지역의 상품화 계획'에 성공한 이께다의 개
발사례는 빼놓을 수 없는 교훈을 주는 곳이다. '상품'이란 항상 새롭
게 발전시켜 나가야 한다. 그렇지 않으면 사람들이 사용해 주질 않는
다. 다시 써 주지 않는다. 외면한다.

지역개발도 이와 마찬가지이다. 지역에 항상 새로움을 더해 가
지 않으면 사람들이 살아 주지 않는다. 와 주질 않는다. 다시 찾아
주지 않는다. 농촌지역의 경우에는 우선 먹고 살게 해 주어야 한다.
그리고 정붙일 수 있게 해 주어야 하고, 자랑할 수 있는 긍지를 만
들어 주어야 한다. 필자는 이러한 노력을 지역의 상품화 계획이라 말
하고자 한다.

이하에서는 지역의 테마를 실천하고 지역의 상품화 계획에 성공
한 이케다쬬를 소개하려 한다.

제2차 세계대전이 끝나고 나서 10여 년 간 일본의 지방자치단
체는 극도의 재정궁핍에 시달려야 했다. 지방에 산업이 없었던 당연
한 귀결이었다. 당시 자치단체들의 이러한 재정궁핍을 해결하기 위한
방안으로서 1956년에 '지방재정 재건 특별조치법'*이 제정되었다는
것은 이를 잘 설명해 주는 것이다. 그러므로 전국의 지방자치단체들
은 지역경제를 활성화시키고 재정기반을 강화시킬 목적에서 경쟁적
으로 공장 유치에 총력 매진을 하고 있었다. 바야흐로 공장유치에 의
한 지역개발의 시대가 개막했던 것이다.

---

*1955년도의 결산에서 전국 지자체의 약 3분의 1에 해당하는 1,558개의 단체
가 적자를 보이자, 일본 정부는 '지방재정 재건 특별조치법'을 제정하여 파산
직전의 지자체 구제에 나섰다.

재정악화는 이께다쪼도 예외가 아니었다. 총무과장이 자신의 개인재산을 은행에 담보로 설정하고 돈을 빌려서 직원들의 급료를 지불하지 않으면 안 되었던 사태까지 나타났으니 더이상 설명이 필요없다.

고르지 못한 날씨와 계속되는 흉작, 이로 인하여 끼니거리를 걱정해야 하는 주민들……, 회사로 말하자면 도산(倒産) 상태에 놓인 이께다에서 나중에 '포도주 정장(町長)'으로 유명해진 마루타니 가네야스(丸谷金保) 씨가 불과 82표 차로 상대를 누르고 정장에 당선된 것은 그의 나이 37세 때인 1957년이었다.

젊은 정장의 머리속에는 어떻게 하든 정민의 '식생활을 풍요롭게' 해야겠다는 생각 그것뿐이었다. 당시는 정장의 방침이 곧 지역개발의 방침이 되던 때였다. 따라서 이께다의 지역개발을 위한 목표, 슬로건, 테마는 곧 '식생활을 풍요롭게'였다.

그렇다면 어떻게 해야 식생활을 풍요롭게 할 수 있을 것인가? 당시 대부분의 자치단체들은 이를 위해 공장유치에 열을 올렸다. 그러나 이께다는 그러한 길을 거부했다.

이께다는 유행을 따르지 않았다. 이께다는 모방을 하지 않았다.

"기업을 유치하면 지역에 일자리와 재원이 늘어나고 인구도 증가할지는 모른다. 그러나 한편으로 볼 때, 외지 자본가에게 부림을 당하는 파출인생만 늘리는 것이 아닌가. 장기적으로 볼 때 유지되어 오는 외지 기업은 결국 지역의 자원을 박탈할 뿐이지 않겠는가."

자립형 활성화의 길

　이러한 생각에서 정장은 지역주민이 실질적 주인이 되는 '자영산업'을 육성해야 한다고 결심했다. 그리고 이께다의 기간산업이 현실적으로 농업이라면 이께다 주민의 '자영산업'은 농업과 관련된 것이어야 한다고 생각했다.

　이러한 생각에 잠긴 마루타니 정장의 마음속에 떠오른 것은 산포도였다. 어린시절 산과 들에서 따먹고 놀던 이께다의 산포도였다. 북해도의 이께다는 한랭지라서 포도재배가 무리라는 의견이 분분했지만, 현실적으로 야산에 포도가 자생하고 있는 이상 본격적으로 포도의 재배가 가능하리라 생각했다.

　포도과수원을 만들자!

　남방계의 작물인 벼농사도 이 한냉지에서 거뜬히 재배되고 있는 이상, 기술적으로 조금만 노력한다면 포도과수원은 충분히 승산이 있다고 믿었다.

　지도자의 지도력은 추종자들로부터 공감과 공유를 창출하는 능력에 달려 있다. 그렇다면 어떻게 해야 공감과 공유를 창출할 수 있을까? 그것은 지도자 스스로가 '실천해서 보이고, 말로써 이해·설득시킨 다음, 시켜서 행하게 해야' 한다. 마루타니 정장은 먼저 실천해 보였다. 제일 먼저 자신의 밭 6천 평에 포도나무를 심었던 것이다. 손해를 보아야 한다면 제일 먼저 손해를 보겠다고 생각했던 것이다. 그리고는 주민들을 설득했다. 포도나무를 심게 했던 것이다.

　얼마 후 정장의 의지에 설득당한 30여 명의 청년들이 '포도애호회'를 만들었고, 은행으로부터 융자를 받아 남쪽의 야마나시현(山梨縣)으로부터 묘목을 구입해 재배에 들어갔다. 그리고 재배가 시작된 지 얼마 후 기술지도차 이께다를 방문한 전문가를 통해 이께다의 야산에 자생하고 있는 포도가 소련에서 양조용으로 사용하고 있는 포도와 같은 종류의 나무라는 것도 알게 되었다.

그러나 큰 문제가 생기고 말았다.

이케다쪼가 야마나시로부터 묘목을 처음 사 온 것은 1962년 가을이었다. 그리고 이것이 자극제가 되어 1963년에는 마을의 여기 저기에서 포도딘지 조성이 붐을 이루었다. 그런데 다음 해 대냉해의 공습을 받아 포도나무들이 모두 얼어 죽어 버린 것이다. 전멸해 버린 것이다.

좌절은 동시에 기존정책을 중지시키려는 찬스로 활용된다. 많은 주민들이 비난을 퍼붓기 시작했다.

> "북해도와 같은 추운 지방에서 포도단지를 조성하다니…….
> 말도 안 되는……, 상식에도 안 맞는 정책을 추진하다니……"

당연히 인책 사퇴의 소리가 들려오기 시작했다.

그런데 같은 시기에 오오이타현의 오오야마(大山町)에서도 비슷한 실패를 경험하고 있었다. 당시 매실 중에서 최고의 품종으로 알려져 있던 백가가(白加賀)의 묘목을 구입한다는 것이 전혀 딴 품종을 구입해 버렸던 것이다. 따라서 생산된 매실을 농협을 경유해서 시장에 출하한 결과 상품가치가 제로에 가까운 불량품종이었다.

실패했어도 좌절할 수 없는 선택

사실 마루타니 정장도 여차 잘못하면 실패할지도 모른다고 늘상 염려하던 문제가 터져 버렸다. 그러나 그는 이러한 실패에도 불구하고 또다시 도전해야 했다. 위험을 두려워해서 책상다리를 하고 앉아 있을 수만은 없었기 때문이다.

마루타니 정장은 그의 자서전적 에세이인 『와인 읍장 분투기』라는 책에서 다음과 같이 당시의 상황을 설명하고 있다.

> "나는 만일의 사태에 대비해서 지역청년 30명으로 협력자들을 구성해 놓고 있었다. 청년들은 모험심이 풍부할 뿐만 아니라 또한 농업경영에 관한 실전경험도 충분히 축적하고 있는 사람들이었다. 만약 포도밭을 조성한 것이 실패할지라도 나는 재기할 수 있는 기반을 만들었던 것이다. 그리고 나는 우선 내밭 6천 평에 제일 먼저 포도를 심고, 만일 실패한다면 가장 손해 볼 사람은 다름 아닌 나 자신임을 보여 주었다. 그리고 왜 우리가 포도를 심어야 하는지를 진심으로 설명했다. 나는 이들 청년들이 내 마음의 진심을 이해해 준다면 실패해도 두렵지 않다고 생각했던 것이다."

포도나무가 냉해에 전멸하자 비난의 거센 목소리가 드높았지만, 그래도 정장을 지지하고 지탱시켜 준 것은 다름 아닌 정장과 함께 가장 손해를 많이 본 이들 청년들이었다.

정장은 여기에서 다시 일어설 수가 있었다.

다시 포도나무를 심었다. 그러나 문제는 꼬리를 물었다. 포도는 작황에 따라서 수익에 너무 큰 기복이 있었던 것이다. 이러한 수익의 기복은 이께다농업의 아킬레스건이었다. 또한 단순히 포도를 생산하는 것만으로는 남쪽의 따뜻한 현 야마나시(山梨)나 오까야마(岡山)와 경쟁이 되질 않았다. 그래서 새로운 도전이 필요했다.

포도주를 만들자!

포도주를 만들면 부가가치도 오를 것이고 수익도 안정될 것이 아닌가!

　1963년 8월. 마루타니 정장은 농업시찰단의 부단장이 되어 소련을 방문한 적이 있었다. 그때 그는 이께다의 자생 산포도 묘목을 가지고 갔다. 하바로프스크에 있는 극동 농업과학연구소에 분석시켜 본 결과, 그것은 틀림없이 소련에서 포도주 양조에 사용하고 있는 포도와 같은 품종이었다. 그는 그때에 이미 포도주를 만들기로 결심했던 것이다.

　그러나 만일 와인 제조에 실패하면, 사업화에 실패한다면 모든 것이 끝장이라는 것을 각오했다. 정장자리가 끝장나는 것은 문제가 아니었다. 당연한 생각이었다. 지역을 위해서 정장이 존재하는 것이지 정장을 위해서 지역이 존재하는 것은 아니기 때문이다. 그러나 이께다쬬의 앞날이 끝장난다는 것 그것이야말로 큰 문제가 아닐 수 없었다. 잠이 오질 않았다.

　또다시 비난의 목소리가 들려왔다.

　　"와인제조는 반드시 실패할 것이다. 그렇다면 퇴진해야 할 거야……."

　포도주를 만들려면 와인용 포도재배와 와인 양조기술을 와인의 본고장인 유럽에서 본격적으로 배워 와야겠다고 생각했다. 따라서 그는 귀국 즉시 마찌의 기업부장을 서독에 보냈다. 그리고 이듬해에는 산업부장도 유럽의 각지에서 양조기술을 배우도록 했다.

　도산한 거나 다름없는 자치단체가 직원을 국내는 물론이고 해외에까지 연구차 파견을 했다. 그것도 1개월이나 2개월 정도가 아니다. 무려 2년간씩이나 말이다. 직원의 능력개발만이 지역개발과 자치단체의 정책향상을 위한 첩경이라고 믿었던 것이다. 결국 이들 두 사람은 서독에서 합류하여 드디어 이께다의 기후와 풍토에 적합한 '효모'를 개발하는 데 성공했다. 인구가 고작 1만이 조금 넘는 작은 자치단체 이께다의 와인은 이처럼 외국에서 배워가면서 정착하게 된다.

한편, 이케다쪼가 포도주를 제조하려면 세무서로부터 양조허가를 얻어야 했다. 그런데 두 가지의 벽에 부딪쳤다. 자치단체가 술을 만들어도 좋은지에 관한 자치법상의 문제와, 자치단체에 양조허가를 해 줄 수 있는지의 주세법상의 문제가 그것이었다.

다행히 자치법에는 자치단체가 포도주를 만들면 안 된다는 금지조항이 없었다. 그러나 주세법의 세부세칙이 문제였다.

"학교교육법에 규정하는 학교 또는 시험기관(소) 등에 있어서 교육 내지는 특수한 원료 또는 제조방법 등에 관한 시험연구를 하기 위한 주류 등의 시험제작 면허는 특히 필요하다고 인정되거나 영리를 목적으로 하지 않는 경우에 한하여 부여한다"고 규정하고 있었던 것이다.

'특수한 원료'란 포도이고 자치체가 포도주를 만든다면 그것이 영리를 목적으로 할 리가 없다는 판단이 서는 한 허가는 될 성싶었다. 그러나 문제는 '시험기관 등'이라는 규정이었다. 그래서 상수도 사무국의 지하실에 책상과 시험관 등을 설치해 놓고 '이케다쪼 농산물가공연구소'라는 간판을 붙였다.

엉성하기는 해도 이처럼 시험기관을 만들고 양조면허를 신청했다. 그 결과 비록 면허기간이 1년, 제조량도 1kl라는 제한된 것이긴 했지만, 하여간 1963년에 양조면허가 났다. 이윽고 포도주의 제조를 본격적으로 추진했다. 그리고 산에 자생하고 있던 산포도를 개량하는 데에도 전력을 기울였다.

일찍 눈뜬 경영화와 제3섹터

　이케다쪼는 이 모든 일을 자립적으로 그리고 자체적으로 수행하기로 했다. 외부로부터 양조공장을 유치한다거나 위탁하는 일을 해서는 안 된다고 생각했다. 배고픈 이 마을 사람들을 위해서는 주민의 '자영산업'만이 유일한 길이라고 생각했기 때문이다. 지역내의 산에 자생하고 있던 포도나무를 주민들의 손으로 개량·보급하고, 들에서 주민들이 직접 채취한 포도로 주민들이 직접 와인을 만들면 그 부가가치는 두 배 세 배가 된다고 생각했던 것이다.

　그리고 내다 파는 것보다도 우선 정민들이 싸게 마시는 것을 우선으로 생각했다. 다른 곳 같았으면 밖에다 팔 것만 생각하고 만들었을 것이지만, 이께다는 그렇게 하지 않았다. 밖에다 내다 팔기만을 위해 만들기 이전에, 우선 그들 스스로가 마시기 위해서 만든 포도주는 갑절의 애착을 가질 것이라고 생각했다.

　그런데 문제는 만들어 놓은 와인이 바깥으로 팔려 나갈 것 같지 않았다. 마셔 줄 것 같지 않았다. 그러던 차에 뉴스가 들려왔다. 헝가리의 부다페스트에서 세계 와인콘테스트가 개최된다는 뉴스였다. 밑져 봐야 본전이다 싶었다. 상표도 없는 시험제작 제1호를 종이로 상표를 만들어 붙이고는 출품을 했다. 이케다쪼가 만든 포도주의 품질 수준을 알고 싶어서였다. 그런데 이것이 뜻밖에도 금상과 은상 다음인 동상을 획득한 것이다.

　세상 인심이란 다 그런 것이던가!

　언론으로부터 '떠벌이 정장,' '허풍선이 정장'이라고 조롱받던 마루타니 정장이 세계 와인콩쿨 대회에서 3위를 했다. 어느 새 언론은 그를 '아이디어 정장'이라고 부르고 있었다.

　이젠 되었다 싶었다.

이께다는 포도주를 자영산업으로 육성하면 되겠다는 자신을 가졌다. 이케다쬬는 쬬 직영으로 포도주를 생산하기로 했다. 그리하여 공교롭게도 독일 라인 강 기슭의 포도산지인 '토카치'지역과 발음이 같은 이께다에 있는 토카치 평야의 지명을 본따 만든 토카치 와인 '十勝 wine'이라는 상표를 붙여 제품을 시판하기 시작한 것은 1966년의 일이었다. 그리고 1968년에는 처음으로 30만 엔의 순이익을 올렸고, 이후부터는 매년 순이익이 올라가서 1971년부터는 이익을 쬬 재정(町財政)의 일반회계로 전입시켰다. 이러한 액수는 초기의 10년 간만 해도 2억 5천만 엔이 넘었다.

그런데 좋은 일에는 좋은 일이 겹치는 법인가! 북해도에서 동계 올림픽이 개최되었다. 와인을 물먹듯 마시는 유럽 사람들이 떼를 지어 온 것이다. 그들 중에는 이미 세계 콩쿨대회에서 입상한 이께다의 포도주를 알고 있는 사람도 있었다. 삿포로의 호텔과 레스토랑으로부터 주문이 쇄도해 왔던 것이다. 이께다의 와인은 순식간에 현금과 같은 것이 되었다. 팔리고 또 팔렸다. 전국적인 판매망이 생겼다. 이익은 점점 늘어갔다.

이제 이께다쬬 하면 와인, 그리고 와인 하면 이케다쬬로 통하게 되었다.

그러나 이께다는 와인 하나에만 매달리지 않았다. 애초에 포도나무를 심자고 했던 것도, 그리고 최악의 사태를 각오하고 와인을 만들자고 했던 것도 그것이 목적은 아니었다. 이 모두는 당시로서는 '풍요로운 식생활'이라는 목적달성을 위한 수단일 뿐이었다. 그런데 와인만으로 식생활이 풍요로와지는 것은 아니다.

마침 이께다는 낙농업의 고장이었다. 따라서 소를 많이 키우고 있었다. 그런데 마루타니 정장이 소를 보았을 때 그것은 소로서가 아니라 비프스테이크로 보였던 것이다. 원래 스테이크에는 와인을 곁들여야 제맛이다. 그래서 아이디어 정장은 와인에다가 비프스테이크를 곁하는 요리를 생각해 냈다.

그런데 당시는 쪼 내에서 생산된 쇠고기를 파는 것도 하나의 골 칫거리였다. 고기가 과잉생산되었던 것이다. 남아 도는 고기를 처리할 수 없다면 축산도 끝장이다. 아이디어 정장의 머리에는 다시 아이디어가 떠올랐다.

쇠고기가 남아 돈다면 식당을 더 만들게 하라고 지시했다. 그러나 시내의 어느 점포도 그렇게 영업성적이 좋질 못한데, 가게를 또 늘리기를 희망하는 사람은 아무도 없었다. 이러한 보고를 들은 정장은 즉석에서 명령을 내렸다.

"쪼의 직영으로 하시오."

이리하여 만들어진 것이 오늘날 그 유명한 이케다쪼의 쪼에이 (町營) 레스토랑이다. 당시 '쪼에이 레스토랑'이라고 들은 사람들의 대부분은 쪼에이라는 사람이 만든 레스토랑쯤으로 생각했다. 당시로 서는 지방자치단체가 식당을 직영으로 경영한다는 것은 아무도 생각 하지 못했기 때문이다.

1988년, 이케다쪼는 동경에도 레스토랑을 직영으로 개업했다. 그것도 신쥬쿠의 이세단과 아카사카, 그리고 야에스라는 동경에서 최 고급지만을 골라 개업한 것이다. 그러나 이 세 곳에서 파는 상품이 이께다의 쇠고기로 만든 비프스테이크와 와인이듯이 그 간판도 똑같 았다. 와인 이름을 딴 '레스토랑 토카치(十勝)'가 그것이다. 이들 레스 토랑은 양조장과 마찬가지로 자본금의 전액을 쪼가 출자했지만, 운영 관리의 형식은 제3섹터의 방식처럼 하고 있다.

주민에게 환원하는 경영이익

이케다쪼는 와인 판매로 얻은 수익을 여러 가지 방법으로 정민에게 환원하고 있다. 예컨대 학교육성회 회비의 전액을 쪼가 부담하고, 학교급식비 보조, 노인의료비의 무료화, 농업용 트랙터의 안전프레임 무료제작 배급 등등의 방법으로 환원하는 것이 그 사례이다.

와인 제조가 어느 정도 궤도에 오르면서 와인을 축으로 한 지역개발의 아이디어도 끊임없이 창출되었다. 쪼는 농촌의 식생활을 풍요롭게 하기 위해 와인을 곁들인 쇠고기 요리를 보급하려 한 적이 있었다. 그리고 그 방법으로는 농가가 키우고 있는 늙은 소를 처리하게 하는 것이었다.

그러나 농가들은 늙은 소 때문에 힘들어 하면서도 가족처럼 함께 살면서 온가족이 정성들여 키워 온 '늙은' 소를 잡아 먹기에는 심리적인 저항을 느끼고 있었다. 여기에서 쪼가 생각해 낸 것이 농가가 늙은 소(老廢牛)를 쪼에 '예금'하게 하고 누구의 소인지 모르게 해서 쇠고기를 먹고 싶을 때에는 연중 언제든지 필요한 만큼 조금씩 가져가게 하는 '고기 은행'을 만드는 것이었다.

와인과 쇠고기를 잘 활용한 요리가 주민에게 널리 보급되자 이 요리는 이제 관광객을 부르기 시작했다. 쪼에이 레스토랑을 비롯해서 새롭게 많은 식당이 생겨났고, 이러한 시설들은 현재 주민수 1만 명이 채 못되는 이곳에 연간 70만여 명의 관광객을 유치하여 쪼의 재정은 저절로 튼튼하게 되었다.

관광객들을 대상으로 한 토산품 생산과 와인을 담는 술병을 만드는 도자기 공장도 설립하였다. 이 도자기 공장에 설치해 놓은 부설 공방은 65세 이상의 주민이면 누구라도 무료로 이용할 수 있다.

노인들은 여가를 이용해 도자기를 만들고, 자신이 만든 도자기의 값을 자신이 매겨 팔면, 그 수익의 반은 자신의 수입으로, 그리고 나머지는 재료비와 고령자 대책비에 충당하게 된다. 와인공장이 주민의 것이듯이 도자기공장도 주민의 것이며, 도자기 공방 또한 주민의 것이다.

이케다쬬에는 이밖에도 쬬가 직영하는 '목장의 집'도 있다. 이 '목장의 집'도 1994년의 경우 4만 5,905명이 숙박시설과 바베큐시설을 이용했고, 야외캠프장을 이용한 건수도 2만 2,635건에, 매상고는 1억 3,162만 5천 엔에 달했다.

이케다쬬를 가기 위해 기차편으로 이께다역을 내려서 플랫홈에 서면 눈앞에 작은 언덕이 있고 그 위에는 서양풍의 '작은 성'이 서 있다. 그 성은 많은 사람들이 '와인성'이라고 부르는 곳이다. 지

인생도 지방자치도 새로운 맛을 기대하며 병마개를 따는 와인과 같다. 다만 인생이 혼자서 음미하는 와인이라면, 지방자치는 여럿이 모여 그 병마개를 따야 제맛이 나는 와인이다. 사진은 이케다의 특산품 '토카치 와인'을 선전하는 팜플렛 표지.

하는 저장고, 1층과 2층은 양조장, 3층은 레스토랑으로 이용하는 곳이다.

이께다역을 나와 시내 쪽을 살펴보면 시내가 온통 와인칼라로 되어 있다. '이께다답다'는 생각이 절로 난다. 바로 이거구나! 지역개발의 요체는 이처럼 한눈에 이께다답다는 생각이 들게 하는 개성을 만드는 것이구나.

일본의 여러 지역을 찾아가 보아도 지역에 개성이 없는 곳은 얼마든지 있다. 그리고 어쩌다가 관광지에 손님이 늘어나면 정성이 깃들지 않은 시설확장에만 급급하는 경우도 많다. 이러한 사실은 특히 우리나라의 관광지가 그렇다. 시설은 확장하면서도 인정의 깊이는 확장하지 않는다. 아니 오히려 시설을 키우면 인정은 줄어든다. 인정 넘치던 대부분의 향토음식점이 돈을 벌어 현대적 건물을 짓고 나면 그것으로 끝장나 버리는 경우가 바로 이 때문이다. 손님도 주인도 모두 "아! 옛날이여……," 하는 것은 그 인정을 그리는 것이다. 그런데 시설은 언제고 만들 수 있지만, 정말 처음부터 계획하지 않으면 안 되는 것이 있다. 바로 개성, 즉 'ㅇㅇ 답다'라는 생각이 들게 하는 것이다. 사실 그렇지 않으면 그곳에 갈 이유가 어디에 있겠는가?

지역의 상품화와 내발적 발전전략

이께다쪼의 역전 광장에는 거대한 와인 그라스가 놓여 있다. 옆에서 와인을 따르고 있는 듯한 분수가 그것이다. 역 앞에는 택시가 줄지어 기다리고 있었다. 줄지어 기다린다고 해도 3대 정도였다. 그런데 택시회사의 이름도 '와인교통'이다. 택시의 차체도 와인색. 그

택시를 타고 거리를 달리노라면 양쪽 보도는 모두 와인 칼라. 드디어 쪼의 청사에 도착했다. 그러고보니 청사 또한 마치 와인병처럼 생기질 않았는가!

만사가 와인이다.

그러므로 일본에서 이께다 하면 와인이요, 와인 하면 이께다인 것이다. 이것은 바로 '이께다답다'라는 이께다의 상품화에 성공하고 있는 장면이다.

그러나 이께다는 와인으로 만들어진 지역이 아니다.

얼어 죽은 포도나무를 다시 심고, 상수도 사무국 지하실에서 포도주를 연구하던 열정이 만든 지역이다. 포도나무를 심은 것이 아니라 사람을 심었고, 와인을 만든 것이 아니라 인재를 만든 것이다. 그리고 이러한 인재들이 이께다를 바꾸어 놓은 것이다.

현재 인구가 1만 명도 채 못 되는 이케다쪼에는 관광과를 두고 있다. 필자는 관광과를 두고 있지 않은 일본의 자치단체에서, 왜 관광과를 두지 않느냐고 물어 본 적이 있다. 그러면 당연하다는 듯이 대답해 왔다. "관광자원이 없기 때문입니다"라는 것이 그것이다.

이께다에도 관광자원이 없다. 그러면서도 관광과장은 누구보다도 바쁜 사람이다. 이께다에는 '와인'과 '스테이크'가 있다. 이케다쪼에는 이것 때문에 사람들이 몰려오기 때문이다. 그런데 보통 같으면 이러한 것들은 관광자원이라고 말하지 않는다. 일반적으로 관광이란 어떠한 것을 말하는 것인가? 현재 대부분의 관광은 잘못되고 있다. '관광이란 그저 얼렁뚱땅 손님들의 눈을 팔게 해서 어떻게 돈을 짜낼 것인가'에 혈안이 되어 있는 것이 대부분이다.

대부분 관광지의 관광자원은 '남의 물건'에 지나지 않는다. 그러므로 관광이란 그저 '빈대떡집과 선물가게 그리고 잠자는 집이 있는 곳'에 지나지 않는다.

그러나 이케다쪼는 '와인'과 '스테이크'를 '자신들이 먹는 것,' '자신들이 마시는 것,' 그리고 '자신들의 자랑거리'로 만들었다. 이렇게 볼 때, 진정한 관광자원이란 우선 '지역사람들 스스로가 자랑하고 싶은 것'이어야 한다. 지역사람들도 긍지를 갖지 않는 지역의 시설, 특산물, 그리고 명승지에 외부의 사람들이 관심을 가질 리가 없다. 그러므로 관광자원 개발이란 우선 먼저 지역사람들 스스로가 자랑할 수 있는 '물건·이벤트·가치'를 만들어 가는 것이라고 할 수 있다. 그리고 스스로 자랑할 수 있는 것을 관광자원으로 하고 있는 지역이야말로 발전하게 되어 있다. 이케다쪼가 관광과 지역개발에 성공한 것도 바로 이러한 상품화 계획에서 출발했다.

이께다는 정보선택 능력도 있었다. 당시 도산한 것이나 다름없던 작은 자치단체가 인재와 정보를 만들기 위해 해외유학을 보낸 것도 훌륭한 선택이었다. 그리고 그들은 야생산 포도를 보고 와인을 생각했고, 일본인들도 장차 와인을 많이 마실 날이 올 것이라는 예측을 했던 것이다. 당시 다른 지역의 사람들은 와인이라고 하면 그저 외국인이 마시는 술로만 생각하던 시절이었다.

이케다쪼는 모험을 무릅쓰는 청년들의 도전적 기질이 있었고, 실패에도 좌절하지 않는 끈기, 그리고 최악의 사태를 책임지려는 지도자가 있었다.

그러나 이께다가 마이너스를 플러스로 전환시킨 그들 특유의 향부론(鄕富論) 중에서 가장 중요한 것은 지역개발의 기본자원을 지역 내에서 구했다는 것이다. 그들은 가까운 곳에서 해답을 구했다. 남들이 그저 대수롭지 않게 여기던 산포도를 활용했다는 것이다. 그리고 그 바탕에는 주민이 주인이 되는 '자영산업'(自營産業)을 일으켰다는 데에 그 위대함이 있다. 일찍부터 소위 내발적 발전전략(內發的 發展戰略)에 토대를 두었다는 점이 큰 교훈을 주고 있다.

그러나 지금도 우리나라의 많은 자치단체들은 너무 먼 곳에서 해답을 찾고 있는 듯하다. 멀리만 바라보면서 오늘도 기업유치에만 매달리고 있는 곳이 대부분이다. 그들은 스스로 노력하기보다는 다른 곳에 의존만 하고 있는 것이다. 그리고 지역의 리더인 단체장들이 정부로부터의 교부세·보조금을 타는 것에만 매달려 있는 것 같다. 그러나 이렇게 되면 어디까지나 중앙정부가 주인이고 지방은 그저 이에 따르는 신세로 전락하게 된다. 타치(他治) 속에서 자치(自治)를 구하려고 안달하고 있는 것이다.

테마4 경영화는 인재개발에서부터
실패에서 얻은 성공

　　선거에만 관심이 쏠린 지도자는 인간에 투자하지를 않는다. 단기적으로 눈에 보이는 시설 만들기에 급급하기 때문이다. 그러나 지방자치도 지역개발도 일백 년을 두고 하는 대 이벤트이다. 따라서 그것은 미래로 이어지는 현재에서 출발하여, 오늘의 행동 속에서 미래를 창조하는 역사사업이다.

　　그렇다면 미래에 대비하여 새로운 가치를 창조해 나가는 이러한 역사사업의 첫 출발은 무엇인가? 그것은 인재를 개발하는 작업이다. 그러므로 인재개발에 정성을 기울이는 지도자야말로 지역에 대한 애착과 애정이 있는 지도자이다. 임기 중에 성과가 나타나지 않더라도 토양을 배양하고 종자를 파종하여, 다음 세대의 후손들이 꽃을 피울 수 있도록 하는 긴 안목을 지닌 그런 지도자야말로 진정한 지도자인 것이다.

　　여기 북해도 이케다쪼(池田町)가 전개한 경영화와 인재개발의 드라마를 살펴보자.

공기업의 설립과 복합경영

1952년 북해도의 이케다쪼는 지진으로 큰 피해를 입었다. 그리고 1953년과 1954년 연속하여 냉해가 엄습해 농작물은 큰 피해를 입었고, 농업이 주산업인 이케다쪼는 적자에 허덕이게 되었다. 농업이란 원래 예측하기 어려운 것이다. 작황이 좋으면 가격이 폭락하고, 일기탓으로 흉작이 되면 내다 팔 것이 없다. 이래도 저래도 힘겨운 산업이었다.

당시 이께다의 농업은 콩재배가 64%를 차지했다. 그런데 이러한 농업은 수탈적 농업(收奪的 農業)으로서 무척이나 살벌한 농업이기도 했고, 반 년간은 일하고 반 년간은 겨울잠을 자는 것이었기에 잘 살아볼 전망이 없는 장사였다. 그리고 이께다의 겨울 모습은 황량한 들판 그 자체였다. 그러나 황량한 들판에는 사람이 없듯이 황량한 지역은 발전하지 못한다. 농촌에는 농촌다운 풍물시(風物詩)가 있어야 한다. 겨울을 느끼는 또 하나의 계절감이 있어야 하는 것이다. 농촌에 풍물시를 낳게 하는 계절감은 주민의 정착성을 강화시키는 것이다.

그렇다면 그 수단은 무엇인가? 그것은 과수원을 만드는 것이다. 과수(果樹)는 나무에 과일만 열리는 것이 아니라 사람도 열리게 한다. 마루타니 정장이 과수에 관심을 가진 것은 이 때문이었다.

그래서 지역의 농업 구조개편, 특히 콩재배 일변도인 이께다의 농업체질을 개선하는 수단으로 포도와 포도주에 눈을 돌린 것이었다. 그리고 포도 재배와 포도주 제조에 병행하여 산림과 목초지 취득에도 힘을 기울여, 유휴경작지의 활용을 통한 '농업진흥'과 '자주재원의 확보'라는 두 마리의 토끼를 한꺼번에 추구했다.

그런데 이케다쪼는 이러한 사업을 일찍부터 소위 경영원리를 지방행정에 도입한 기업회계식 발상으로 추진했다는 점에서 또한 우리의 주목을 사고 있다. 이케다쬬의 포도·포도주 사업회계와 레스토랑 사업회계, 정유임야 사업회계(町有林野 事業會計), 정영목장 사업회계(町營牧場 事業會計), 식품 사업회계 등 우리의 경험에서 볼 때 지방자치단체의 사업으로서는 좀 색다르고 특이한 것이다.

1969년에는 '주식회사 토카치'를 설립하여 삿포로에 레스토랑을 개설했고, 이어서 '주식회사 간사이 토카치' 등 제3섹터를 통해서 물산(物産), 그 중에서도 특히 와인과 식육의 유통을 추진했다. 레스토랑은 도시인들의 미각을 지역사회로 전달하는 안테나 기능을 수행하기도 했다. 그리고 모든 제3섹터는 자본금의 25%를 마찌가 출자함으로써 자치법상 감사위원의 감사 대상기관이 되도록 했다.

얼핏보면 이케다쬬는 포도주 제조에서부터 식당 경영에까지 마구잡이로 사업을 벌이는 것 같다. 그러나 그것은 어디까지나 당초 목적이던 '농업진흥'을 위한 수단으로서 포도·포도주 제조를 핵으로 하여 유통에 역점을 두고 이업종(異業種)의 결합방식을 취하여 관련 산업을 함께 일으키려는 것이었다. 특히 포도주를 핵으로 하여 육가공, 그리고 레스토랑, 목장의 집, 야채 가공공장 등의 연계는 소위 '지역에 있어서 식문화(食文化)의 형성'이라는 테마를 지향한 것이기도 하다. 그리고 이러한 연계는 지역산업의 관련성을 증대시켜 파급효과를 증폭시키고 또한 복합경영(複合經營)에 의해 적자사업과 흑자사업 간 손익연결방식을 강구할 수 있게 하여 공영산업이 지역에 보다 적극적으로 공헌할 수 있게 하기 위한 것이었다.

이렇게 볼 때, 이케다쬬의 공영사업이 갖는 특색은 복합경영·다각경영·손익연결 등의 스타일을 취하고 있다는 것이다. 즉, 여러 개의 정영사업(町營事業)을 창출하여 수행하는 다각경영은 이들 사업간에 협조체제를 강구함으로써 절묘한 복합경영을 가능케 했고, 때로는 상호 손익을 연결하는 것으로서 지역에 파급효과를 증폭시키고도 있다.

포도주 사업의 변천과 난관

　현재 이케다쬬에는 포도·포도주 사업계획에 나머지 4개의 기업 회계를 합치면 연간 매출액이 우리 돈으로 약 250억 원 정도에 달한다. 이러한 사업은 제1차 산업에서부터 제조업, 지역의 도·소매업, 음식·서비스업 등 관광부문에까지 큰 경제적 파급효과를 미치고 있다. 그리고 고용의 증대를 초래하여 실제로 지역경제에 미치는 효과는 이께다를 존립시키는 데에 결정적으로 기여하고 있다.

　그러나 이케다쬬의 사업경영도 얼핏보면 순풍에 돛단 듯이 보일지 모르지만, 그러나 실상을 살펴보면 고비고비 숨죽이며 어려움을 넘어온 시절이 더 많았다. 특히 시대·환경의 변화와 가치관의 변동, 그리고 경기변동의 여파가 지역에 가해질 때마다 어떤 사업은 가속적으로 성장하는 것이 있는 반면, 어떤 것은 전환과 축소 심지어는 소멸의 위기에 직면하는 것이 있기 마련이다.

　먼저 포도·포도주 사업회계 하나만 보더라도 이러한 어려움은 금방 짐작이 간다. 처음 시작할 때는 포도나무가 3만 종류나 된다는 것도 전혀 모르고 그저 심고 기르면 되는 줄만 알았다. 그래서 단순히 묘목을 구하는 것에만 열중했고, 일본인 식문화의 변화에 편승하여 만든 포도주가 팔려나가는 것에만 신경을 곤두세웠다. 그리하여 남은 이익금의 일부를 1971년부터 일반회계에 전입시켜 복지대책 등에 충당함으로써 주민에게 환원하기도 했다.

　그러나 원래 포도주란 국제적 상품이어서 일본의 독자적 상품으로 세계에 통하기는 어렵다. 또한 일본 내에서도 이께다를 본따 여기저기서 '일촌일품'으로 포도주를 만들어 내기 시작했다. 그러므로 극심한 경쟁에서 이기는 양질의 상품을 만들어 내야 했던 것이다.

　그리하여 이케다쬬는 1964년 포도·포도주 연구소를 개설한 이래 쪼의 행정력을 총동원하여 포도의 교배·육종·수익성의 추구 등을 위해 노력해 왔다. 그리고 이케다쪼의 풍토에 적합하다고 생각되는 외국품종만도 140여 종을 도입했고, 직접 지역에서 만든 교배종만도 1만 종 이상이 될 정도로 정성을 다했다.

그러나 어려움은 더욱 가중되고 있다. 세계무역자유화에 의한 수입포도주의 대량유입, 가격파괴 주류점의 진출 등에 의해 일본 국내의 시장체계가 급격히 변화하고 있기 때문이다.

뿐만 아니라 소비자들의 선호가 고급화·소량화·저알콜화·개성화 등 다양화해 가고 있어서 기호품인 와인시장에는 급격히 새로운 질서가 형성되고 있기도 하다. 이케다쪼는 이러한 소비자의 기호에 대응해서 종래까지 5종류에 지나지 않던 와인브랜드를 26종류로 늘렸다. 덕분에 1993년 현재 연간 20억 엔에 달하는 판매액을 기록했고, 일본 3대 와인메이커로서 자리잡고 있다.

상품화 계획이란 상품에 항상 새로움을 더해 가는 것이라고 앞장에서도 언급했지만, 이케다쪼는 신상품 와인을 개발하는 것에만 그치지 않았다. 와인을 중심으로 한 프로젝트사업으로서 '와인 프라자 구상'에도 돌입하였다. 1990년 의회가 와인제조를 제3섹터로 하지 않고 계속 마찌 직영으로 하기로 한 후, 소요기간만도 15년 정도를 예상한 장대한 '와인 프라자 구상'을 세웠던 것이다.

직영사업과 손익연결

1968년 지역의 식생활개선을 목적으로 '와인과 비프'를 테마로 하여 청사 내의 복지센터에 식당을 개점한 것이 직영레스토랑의 출발이었다.

당시 이께다의 토카치 지방에는 쇠고기를 먹는 습관이 없었다. 고기라고 하면 닭, 돼지, 양고기를 의미하는 것이었다. 따라서 지역에 흔히 키우는 소를 식용으로 활용하기 위해서 레스토랑을 개점했었던 것이다.

1993년 현재 연간 3억 5천만 엔의 매상고를 올리고 있는 이 직영레스토랑의 비프스테이크는 와인을 맛있게 마시게 하는 안주로서, 말하자면 와인 소비의 배후조종자가 되고 있다. 특히 이케다쪼 직영레스토랑은 불과 140석밖에 안 되지만, 이처럼 많은 매상고를 올리는 것은 '그곳에 가지 않으면 먹을 수 없는' 개성있는 요리의 개발에 노력한 덕분이기도 하다. 그러나 이 직영식당도 문제가 없는 것은 아니다. 처음 설립할 당시 지역내에 있던 80여 개의 식당 주인들이 반대를 했던 것이다. 자치단체가 어찌하여 식당까지 경영하

이케다쪼는 일본 내에서 3대 와인 메이커가 되었다. 최근 날로 격심해지는 국제경쟁과 다양한 수요자의 취향에 대응하기 위해 무려 26종의 와인을 생산하고 있다.

려 드느냐는 것이었다.

그리하여 요식업조합과 몇 번이고 회합을 하여 협정을 맺었다. 직영레스토랑은 철저히 '예약제, 지역 외 인사만의 이용'이라는 것이 그것이다. 그러나 이번에는 주민들이 반발했다.

> "자치단체의 시설을 주민들이 이용하지 못하다니……, 집에
> 온 손님과 같이 갈 수도 없다면……."

이처럼 어려움이 많았지만 이 레스토랑은 지역의 식문화 수준을 높이는 데 큰 역할을 했다. 민간기업과 서비스경쟁을 함으로써 지역의 식문화 수준이 높아졌고 관광객이 늘게도 했다.

그러나 여름철에는 손님이 몇 시간이나 대기해야 들어갈 정도인 반면, 겨울철 한 달의 매상고가 여름철의 이틀 분밖에 되지 않는 것도 문제였다. 그래서 이 식당에서는 동절기를 요리연구 기간으로 생각하고 있고, 공무원들이 새로운 요리를 개발하려는 도전기간으로 활용하고 있다.

이케다쪼는 쪼 직영으로 목장도 경영하고 있다. 목장경영사업은 중앙정부가 주도하는 대규모 초지개발사업과 축산기지사업을 지역에 받아들여서 1973년부터 착수했고, 1975년에는 이를 공영사업회계(公營事業會計)로 전환하였으며, 1987년부터는 독립회계로서 현재에 이르고 있다.

목장경영사업의 내용은 크게 두 가지로 구성되고 있다. 먼저, 초지조성으로 만들어 놓은 목장에 농가가 소나 말을 예탁하게 하여 여름 6개월은 방목하며 겨울에는 개별 농가의 필요에 따라서 생장중에 있는 젖소 등을 쪼가 맡아서 돌보아 주고 있다. 그리고 토종 비육우를 농가로부터 매입하고 쪼의 축사에서 사육하여 직영 식육센터에서

이케다쪼를 찾아오는 관광객들이 주로 묵어가는 '목장의 집' 풍경.

식육을 판매하고도 있다.

이케다쪼가 경영하는 '목장의 집'도 많은 사람이 이용하는 시설의 하나이다. 1975년 쪼가 소유하고 있는 천연림의 일부를 이용하여 숙박시설과 바베큐장을 설비해 놓고, 그밖에 캠프장과 동물원, 테니스코트, 사이클 열차 등 가족을 동반한 사람과 젊은이들을 대상으로 한 시설이다. 이 시설은 회계상으로는 정영목장회계(町營牧場會計)로 운영하고 있다.

한편 1987년에는 쇠고기가공을 위해 제3섹터로서 '토카치 이께다 식품주식회사'(자본금 2천만 엔 중 쪼가 4분의 1, 민간이 4분의 3 출자)를 설립했다. 그러나 쇠고기의 수입자유화는 축산농가뿐만 아니라 쪼에도 큰 타격을 주고 있고, 또한 식품회사의 채산성에도 적신호를 보내고 있다.

특히, 이께다가 초지조성 당시 목장에 과대한 투자를 했기 때문에 이 사업에 소모된 기채는 불량채무로 변질되었다. 그렇다고 해서 방목료나 예탁료를 올릴 형편도 못되는 실정이다. 따라서 1993년에는 어쩔 수 없이 일반회계로부터 2억 엔이 넘는 보조금을 지원받을 수밖에 없었다. 앞으로 목장사업의 경영정상화를 위한 시급한 대책이 요구되고 있는 것이다.

또한 이케다쬬는 식품제조사업도 운영하였다. 이것은 1973년에 민간의 슈퍼마켓회사와 농협, 그리고 쬬가 함께 출자하여 제3섹터 방식으로 운영하는 야채냉동회사를 말한다. 이 회사는 지역에서 생산한 야채의 원활한 유통을 위해서 냉동야채를 중심품목으로 하고, 이에 식육과 야채를 중심으로 한 조리식품을 제조·판매하였다.

이 회사는 설립 당시 오일쇼크에 휘말려 있을 때였지만 예상외로 많은 투자를 했던 탓에 창업시부터 적자회사가 되었다. 1976년부터는 민간이 계속 참여하여 경영하기란 무리라고 판단되어 쬬가 사원과 모든 시설을 책임지고 직접 관리하는 방식으로 운영하였다. 쬬의 사업회계(특별회계)로서 관리하였던 것이다.

이 냉동공장에서는 최대 4,500톤의 냉동야채와 관련제품을 만들기도 했지만, 원료확보를 위해 농가와의 계약재배에 의한 가격보장제도를 도입했기 때문에, 작황에 따라 매년 가격의 등락폭이 커 어려움이 매우 컸다. 뿐만 아니라 더욱 큰 어려움은 수입냉동야채와는 도저히 가격경쟁에서 이길 수가 없어 1987년 3월에 어쩔 수 없이 제조중지에 이어 회사를 해체하고 식품사업을 폐지해 버렸다. 계속된 적자만도 약 6억 엔 정도에 달했었는데, 부채는 레스토랑회계와 포도·포도주사업의 잉여금을 가지고 정산하도록 했다. 복합경영에 의한 손익연결로 주민에게 이익을 줄망정 손해를 끼치지 않은 좋은 예가 되고 있는 것이다.

그러나 문제는 부채를 해결하는 것만이 아니었다. 이처럼 큰 공장시설을 무용지물로 방치할 수 없다는 것이었다. 따라서 제조중지와

동시에 새로운 기업을 유치하게 되었다. 유치한 민간기업은 양질의 토카치산 팥을 연간 3만 가마니나 활용하는 식품회사였다.

가슴으로 투자한 인재개발

지역개발은 인재개발로 시작하고 인재개발로 마무리하는 것이다. 현재 인구라곤 불과 1만여 명에 불과한 작은 자치단체 이케다쪼가 수많은 경영사업을 전개하고 있는 것도 따지고 보면 인재개발에서 비롯된 것이다. 이케다쪼가 포도주 사업으로 큰 성공을 거두자 일본의 여러 자치단체들은 앞다투어 포도주 사업에 손을 대었다. 그러나 그들은 포도주를 만드는 인재를 만드는 데에 정성을 다하지 않았기에 대부분 실패할 수밖에 없었다.

일찍이 마루타니 정장은 몇 명의 엘리트 직원을 뽑아서 특명을 내린 적이 있었다.

> "이께다의 농업에 과수를 접목하고 싶소. 그런데 과수 중에 무엇이 우리에게 제일 적합할지……, 전국을 돌면서 조사해 오시오. 결론이 날 때까지 돌아올 생각을 하지 마시오."

이런 특명을 받은 직원이 6개월 동안 전국을 돌아보고 보고한 것이 바로 포도였다. 그것은 정장 마루타니의 마음속 계획과도 일치된 것이었다. 정장은 이러한 절차를 통해서 이 사업에 몸바칠 직원을 키웠던 것이고, 곧이어 26명의 청년들이 '포도애호회'를 만들게 했던 것도 함께 최선을 다할 전사(戰士)를 키운 인재육성작업이었다.

그런데 이께다가 와인을 핵으로 하여 지역개발을 추진해 나가는 데에 평생을 다 바친 또 한 명의 지도자가 있다. 이케다쬬의 기업부장과 조역(助役)을 거쳐 현재 정장으로 봉직하고 있는 오오이시 가즈야(大石和也) 씨이다.

오오이시 씨는 축산대학을 졸업하고 고등학교에서 교편을 잡고 있었던 사람이다. 그런데 인재가 필요했던 마루타니 정장으로부터 몇 번이고 쬬의 공무원직을 제안받았다. 이께다농업의 구조개편을 위한 중장기 계획수립의 담당자가 되어 달라고 요청받은 것이었다. 그때 오오이시 씨는 한 가지 조건을 달았다.

"무엇이든 들어 주겠소"라고 대답하는 정장에게 오오이시 씨는 "서독에 가서 공부를 하게 해 주십시오"라고 요구했던 것이다. 그러나 "아아 그거 좋아요. 보내 주고 말고"라는 대답과는 달리 직장을 옮기고 난 후에도 1년, 2년을 기다려도 보내 줄 생각이 없는 것 같았다. 그래서 어렵게 어렵게 힘을 내어 "입사할 때 독일 보내 주신다던……"하고 말을 꺼냈다. 그랬더니 "스스로 갈 방법을 찾아서 될 수 있는 한 빨리 떠날 채비를 하시오"라는 대답이 나왔다. 그렇지만 스스로 갈 방법이 너무나 막연했다. 국제교류가 별로 없었던 1960년대의 일이었기 때문이다. 그러나 두드리면 열린다는 말처럼 이리저리 궁리를 해 보니 '국제농우회'(國際農友會)의 루트를 통해 농업실습생으로 가는 길이 있었다.

그런데 오오이시 씨가 서독으로 떠나기 전 그는 두 가지로 큰 감명을 받고 떠나게 되었다. 당시 그가 받던 한 달 월급은 1만 6천 엔이었다. 그런데 정장이 그에게 준 여비가 무려 50만 엔이나 되던 것이다. 그것은 31개월의 월급이었다. 당시 도산한 것이나 다름없는 가난한 재정사정을 감안하면 감격할 만한 액수였다. 그러나 오오이시 씨가 더욱 놀란 것은 돈이 아니었다.

"자네에게 여비를 주었다고 해서 이 돈을 아껴 자료라든가 와인 만드는 도구를 살 필요는 전혀 없네. 이 돈으로 유럽의 분위기 있는 요리를 먹어보고 유럽 와인을 몽땅 마셔보는 데에 써주게. 나는 자네가 귀국하면 내 말을 얼마만큼 지켰는지, 자네 보고서를 전부 조사해 볼 테니 말이야……."

그런데 젊은 오오이시 씨에게 더욱 감동적인 말은 정장의 송별사였다.

"학문이라든가, 연구라든가 세세한 기술습득을 우선적으로 생각하기보다는 이왕 독일에 가면 독일사람들이 무엇을 생각하고 있고, 그들의 역사는 어떻게 이어져 오고 있으며, 문화와 교육은 어떤 것인지, 그리고 가정은 어떻게 꾸려가는지를 피부로 접촉하고 마음으로 이해하도록 하시오. 그리고 가능한 한 유럽의 구석구석을 걸어 보시오. 연구라든가 기술은 문헌을 통해서도 연마할 수 있고, 기술지도는 자료를 조사해도 되는 것이므로 이런 일에 시간낭비를 하지 마시오."

뜻밖의 당부 말이었다. 가슴을 울리는 당부였다. 그래서 오오이시 씨는 열심히 유럽의 와인을 마시고 유럽의 음식을 열심히 연구했고, 유럽의 문화를 누구보다도 많이 체험했다. 그는 유럽에서 2년간을 보낸 후 자기 자신을 돌아보니 완전한 포도주 전문가가 되어 있었던 것이다. 이제 정장이 된 오오이시 씨는 자신의 부하를 해외로 보낼 때면 언제고 자신이 유학을 떠나기 전 마루타니 전 정장으로부터 들었던 당부의 말을 그대로 옮기는 것을 잊지 않고 있다.

그런데 필자는 여기에서 꼭 지적해 두고 싶은 것이 있다. 관리자는 부하를 어떻게 지도해야 하는가에 관해서이다.

> "교수님! 민주화 시대가 되어서 그런지 요새는 부하직원들이
> 상관을 두려워하지도 않고요, 또 지방자치시대가 되었는데도 자
> 세가 변하질 않아요. 부하들을 어떻게 지도해야 할까요?"

지방자치단체에 강의를 나가면 자주 듣는 질문이다. 그런데 이러한 질문에서 나오는 '지도'란 대체로 부하가 열심히 일하도록 통제하고 비평하는 것을 의미한다.

그러나 필자는 이러한 질문을 한 대부분의 관리자에게서 느끼는 공통점이 있다. 그가 부하를 관리하려 들기 전에 먼저 자기 자신부터 관리해야 한다는 것이다. 관리자는 무엇보다도 자기 자신을 먼저 관리해야 한다. 그렇게 하면 부하를 관리할 필요성도 훨씬 줄어든다. 그럼에도 불구하고 자기 자신의 태도와 문제점은 그대로 접어두고 부하들만 교육시키려는 경우가 많다.

역사는 인간을 앞으로 맞이하지만 뒤로 평가한다. 마찬가지로 조직에 있어서도 부하는 관리자의 치장한 앞모습보다도 평상시의 뒷모습을 보고 있다. 그리고 그 뒷모습을 보고 배운다. 뒷모습이 훌륭하면 가만 있어도 따라온다. 이러한 의미에서 부하를 지도한다는 것은 앞모습을 꾸며서 성실을 가장하고 독려하기보다는 자신의 뒷모습을 가다듬는 것부터 시작해야 한다.

관리자 스스로가 진지하게 일을 하고 스스로의 한계를 반성해야 한다. 부하들이 따라오지 않을 때면 자신의 모자람부터 반성해야 한다. 불씨가 강렬하면 젖은 풀도 태울 수 있다는 것을 알아야 한다. 자신의 한계를 반성하고 극복하려는 관리자의 모습이야말로 부하에 대한 최상의 교육이다. 그러므로 부하를 보면 그 관리자를 알 수 있

다. 부하는 관리자의 '거울'인 것이다.

마인드 앤드 액션

이케다쬬처럼 공무원이 항상 새로운 일을 하려는 곳은 일을 하기 위해서 월급을 받는 곳이지만, 그저 형식적인 일만으로 책임을 다했다고 생각하는 곳은 월급을 받기 위해서 일하는 곳이다. 그런데 공무원이 월급을 받기 위해서가 아니라 일을 하기 위해서 무엇인가를 하려 할 경우에는 어쩔 수 없이 '모험'이라는 것이 따른다. 따라서 여기에서 요구되는 것이 바로 직원들의 자질인 것이다.

이께다를 조사한 필자의 가슴에는 공무원의 자질이 곧 지역의 수준이라는 생각이 들었다. 이케다쬬라는 지방자치단체에 있어서, 공무원의 자질은 무엇보다도 서비스업의 최첨단을 달리고 있었고, 공무원이라는 직분·역할은 모두가 '프로'로서의 책임을 다하는 것이었다.

현재 이케다쬬의 정장인 오오이시 씨에 의하면, 원래 지방자치단체의 직원에는 '프로형 직원'과 '일반형 직원'이 있는데, 최근에는 이에 더하여 '감성형 직원,' 즉 감성이 풍부한 직원이 있어야만 새로운 서비스에 대응할 수 있다고 한다. 그에 의하면, 자치단체의 직원이란 기본적으로 '올라운드 플레이어'가 되어야 하지만 또한 이에 더하여 특정한 분야에서는 '프로'가 되어야 한다는 것이다.

이케다쬬가 전개했던 각종 경영사업의 성공요인은 바로 여기에 있었다. 예컨대 포도주 사업이나 레스토랑 사업을 공무원들이 경영할 때 그것이 사기업이 하는 것보다도 더 맛이 좋고 서비스가 좋지 않으면 경쟁에서 이길 수 없다는 것은 당연하다. 목장경영에 있어서도 마찬가지이다. 사료로는 무엇을 써야 고기맛이 좋을지, 그리고 어떻게 해야 민간기업의 쇠고기보다 더 양질의 것을 만들 수 있을지 '프로'의 입장에서 고뇌하지 않으면 안 되는 것이다.

그렇다면 어떻게 해야만 '프로형 직원'을 양성할 수 있는가? 이케다쪼의 경우에는 이러한 과제를 위하여 근본을 다지는 것에서 출발하고 있다. 예컨대, 공무원들이 이께다로부터 멀리 떨어져서 이께다를 객관적으로 보도록 하는 것도 그 하나의 방법이다. 도쿄에서 이께다를 보고, 일본 전체의 입장에서 이께다를 보게 한다. 그리고 더욱 넓게는 세계의 시각에서 아시아를 보게 하고, 일본을 생각하고 북해도를 생각하면서 이께다를 조망해 보도록 한다. 이케다쪼를 이렇게 객관적으로 볼 줄 아는 공무원을 많이 키우는 것이야말로 다음 세대를 이끌 인재를 키우는 기본이라고 생각하고 있는 것이다.

그러므로 와인을 만들 때에는 와인을 만드는 방법 그 자체보다도 와인을 만드는 인간이 그 나름대로의 철학을 가지고 무엇을 기본으로 생각해야 할 것인가를 분명히 하면, 훌륭한 와인은 자동적으로 만들어진다고 생각하고 있는 것이다. 그런데 이처럼 근본이 되어 있는 직원, 그리고 이께다를 위하는 가슴이 있는 직원은 직무 속에서 스스로를 전문가로 키우게 된다는 것이다. 말하자면, 마인드(mind)가 바로 잡혀 있으면 바람직한 액션(action)은 저절로 나온다는 것이다.

당시 이케다쪼가 포도주제조를 직영사업으로 한 이유는 다른 방법이 없었기 때문이다. 가을에 포도를 사들여 술을 담근다 해도 봄철에 모두 내다 팔 수도 없는 형편이니 자치단체가 직영으로 저장상품을 만들 수밖에 없었던 것이다. 당시로서는 오늘날처럼 제3섹터란 것도 생각하기 어려운 시절이었고, 또한 포도주를 만드는 공무원들에게 초과근무수당 같은 것도 지급할 수 없었다. 따라서 '올라운드 직원'과 '프로페셔널 직원'을 양성하는 것을 중시했을 뿐이다. 그리고 이를 제도적으로 보장하기 위한 것이라고는 '공영과'(公營課)를 만든 것 정도였다.

이케다쪼의 공무원들은 공영사업을 담당하면서 스스로 원가주의에 기초한 투자효과를 생각하는 버릇을 키웠고, 스스로의 생존을 위해서는 코스트의식이라든가 민간과의 서비스경쟁에 이길 수 있는 방안을 익히게 되었다. 그런데 원가계산과 비용의식은 조직의 최말단에서 일하는 공무원들에게 의식화되고 몸에 배어야 의미가 있는 것이다. 행정과정을 하나의 '공정'(工程)으로 분석할 때, 이케다쪼의 직원들은 최말단의 공정을 담당하는 직원부터 각 공정과정(工程過程)에 있어서 원가의식을 몸에 배게 했던 것이다.

최근 우리나라의 지방자치단체에서도 소위 '일촌일품'이 유행처럼 장려되고 있다. 그러나 지역개발을 일촌일품으로 일구려 한다면 먼저 인재개발부터 시작하지 않으면 안 된다는 교훈을 이케다쪼는 생생히 들려준다. 이케다쪼는 무슨 새로운 일을 시작할 때면 반드시 조사와 기술연수를 위한 투자부터 시작했다. 그리고 공무원들을 이질적(異質的)인 문화와 접촉하게 함으로써 감성을 기르는 것에도 소홀하지 않았다.

인재개발이란 가장 시간이 드는 사업이다. 그리고 콩나물에 물 주듯이 그 투자효과를 일일이 계산하려 해서도 안 되고, 끊임없는 반복투자와 애정으로 임해야 하는 것이다. 그러나 한편에서 볼 때, 인재개발이란 또한 가장 적은 돈으로 완수할 수 있는 사업이며, 가장 효과가 있는 투자이기도 하다.

성공과 실패의 척도

이쯤에서 일본 속에서도 활력있는 자치단체가 전개하는 지역개발사업의 공통점을 정리해 보자. 일본 북해도대학의 간바라 마사루(神原勝) 교수는 이를 세 가지로 정리하고 있다.

첫째, 성공한 자치단체의 경우 지역개발의 중심을 이루는 사업이나 시책에는 지역적 근거가 있다는 것이다. 즉, 그 지역의 필연성에 토대를 둔 사업이 무엇인지를 세밀히 음미해 나가면서 사업을 전개하고 있다는 것이다. 말하자면 결코 우발적·충동적으로 무슨 사업을 추진하지 않는다는 것이다.

둘째, 시간관념을 철저히 가지고 있다는 것이다. 지역개발은 하루아침에 이루어지는 것이 아니므로 꾸준하게 시간을 투자하여 착실하게 쌓아올라 간다고 하는 예측성을 갖고 있다는 것이다.

셋째, 주민들로부터 지지를 받고 있다는, 즉 주민의 합의를 얻는데에 노력을 경주하고, 내발성(內發性)에 기초한 개발전략을 중시한다는 것이다.

그렇다! 특히 이께다가 그러한 곳이다. 그런데 이께다가 이러한점에서 성공할 수 있었던 또 하나의 요인은 자치단체로서의 규모가작았다는 점도 작용했다. 소위 '규모(規模)의 이익(利益)'이 아니라'소규모(小規模)의 이점(利點)'을 살렸던 것이다. 그것은 주민의 소리를 듣거나 반대로 주민에게 정보를 전달하는 데에 있어서 규모가 적은 만큼 소통이 원활했고 합의형성도 쉬웠다. 공영사업을 운영함에있어서도 정장이나 기업부장이 그 밑에서 일하는 직원 한 사람 한사람의 인성(人性)과 능력을 파악하기가 쉬웠다. 따라서 과학적인 조직관리를 생각하기 이전에 인간과 인간의 관계로 문제해결을 모색할수 있었다.

따라서 우리나라가 이케다쪼의 경험을 활용하려면 당연히 이께다가 준비했던 각종 노력을 몇 배나 투자하지 않으면 안 된다. 우리는 대규모 조직을 운영하고 있기 때문에, 인간적이면서도 과학적으로 관리해야 하기 때문이다. 예컨대 청주시나 광주시처럼 큰 조직을 운영하는 곳에서 '경영적 감각을……'이라고 외칠 경우 그 많은 직원이 같은 방향으로 향하게 하기 위해서는 더욱 더 과학적인 조직관리가 필요하다는 것이다. 그러므로 우리에게는 두 배 세 배의 노력이 요구되고 있는 것이다.

이케다쪼는 여러 가지의 기업경영 분야를 행정기관인 쪼가 직영으로 운영하고 있다. 나쁘게 말하자면 '이케다쪼라는 곳은 거의 모든 분야에 있어서 행정주도형(行政主導型)'이라는 비판을 가할 수도 있다. 어쩌면 민간시장의 활성화를 오히려 가로막는다고 비판할 수 있을는지도 모른다.

그러나 이께다의 행정이 하는 일을 살펴보면 그것이 행정주도형이라고 비판할 건덕지는 아무 것도 없는 것 같다. 행정이 지역을 키우겠다고 머리를 쓰는데 무엇이 나쁜가? 지금이야말로 지방자치단체의 성공적인 운영에 나라의 명운이 달린 지방화 시대가 아닌가!

그런데 이케다쪼가 행정주도형으로 여러 사업에 손을 뻗친 이유는 지역내 산업들의 관련성을 높이기 위한 것이기도 했다. 그리고 이러한 전략은 이께다가 성공한 큰 요인이기도 하다. 사업을 시작할 때에는 가능한 한 지역산업 연관성을 제고시키고 상호보완시키는 방안을 강구했던 것이다. 즉, 축산을 장려하면서 고기은행을 만들고, 쇠고기 소비를 촉진시키는 동시에 식당경영에 손을 대어 비프스테이크를 팔았다. 또한 이러한 비프스테이크는 포도주의 소비를 촉진시키는 양념이 되었던 것이 그 예이다.

또한 이께다가 추진한 이러한 산업연관성 확대정책의 기본은 소위 '자급자족'(自給自足)이라는 목표부터 공략했었다. 자신들이 만든 것은 가능한 한 자신이 소비하고 남는 것을 판다는 것이었다.

오늘날 우리 농촌의 식탁 위에 놓여 있는 먹거리는 쌀을 제외하

곤 거의 대부분이 돈으로 산 것이라는 점에서 이 또한 우리가 주목해 볼 대목이다. 그리고 지역에 산업을 일으키려 할 경우 그저 공장을 유치하면 된다는 생각이 아니라 그곳에 살고 있는 주민들이 체감할 수 있는 복지를 생각해야 한다는 점에서도 이케다쬬의 경영화정책을 재음미해 볼 필요가 있는 것이다.

필자는 일본 북해도 이케다쬬에 관한 조사를 마치면서 한 가지만 덧붙여 이야기하고자 한다.

이케다쬬는 여러 가지의 경영사업에 착수하여 크게 성공한 사례도 있었고 외형적으로는 실패한 사례도 있었다. 그러나 지방자치단체가 행한 사업을 평가하는 기준으로서 성공과 실패의 척도라는 것은 과연 무엇이어야 하는가? 이 점을 모두 함께 다시 한 번 생각해 보자는 것이다. 단순히 회계장부상 돈을 벌어들였으면 성공이고, 적자를 기록하면 실패한 것으로 해석해도 좋을까? 그러나 그렇게 생각해서는 안 된다.

예컨대 비록 적자일지라도 장기적으로 볼 때 그것이 지역의 산업을 활성화시키는 것이라면 투자해야 할 가치가 있는 것이다. 이케다의 경우 식품사업으로서 야채냉동공장은 적자를 보았다. 그러나 이 냉동공장은 행정기관이 농업을 진흥한다는 관점에서 가공할 농산물을 가급적이면 비싸게 사들이려고 했고, 원가보상주의를 도입하여 계약재배를 함으로써 농가보호를 제일로 했던 것이다. 이러한 예에서 보듯이 지방자치단체가 행한 사업의 성패는 단순히 민간기업을 평가하듯 손익계산서로만 보아서는 안 된다. 그것은 민주주의라는 대차대조표로서 그 주민의 삶에 어떤 영향을 미쳤고, 지역발전에 어떤 파급효과를 남기고 있는가에 따라 판단되어야 한다. 우리는 실패에서 얻는 성공도 있다는 것을 알아야 하는 것이다.

지방자치 프로의 조건
'업'으로서의 지방자치

1,453 대 104.

이 숫자는 일본 이바라키현(茨城縣) 사토미무라(里美村)에서 1994년 10월에 치룬 촌장선거의 결과이다. 4년 전 첫번째로 촌장에 도전했을 때 1백여 표차로 아슬아슬하게 촌장 자리에 올랐던 하수미 야스오(荷見泰男) 씨가 압승을 거둔 것이다. 그 압승의 이유는 어디에 있을까?

감동이 인간을 움직인다

주민을 움직이고 인간을 변하게 하는 것은 이론이나 논리가 아니다. 감동이 인간을 움직이고 '만남'이 인간을 변하게 하는 것이다.

"부군수님! 93번을 만나십시오……."

1993년 3월 우리나라 어떤 군의 부군수와 의회의장 및 공무원 일행이 사토미무라를 방문한 적이 있었다. 하수미 촌장의 초청을 받아서 찾아간 것이다. 그때 우리측 부군수가 하수미 씨에게 질문을 했다.

　　"요사이는 주민들의 기피적 이기주의 때문에 쓰레기 처리장은 물론이고 분뇨 위생처리장 하나 건설하기가 무척 힘듭니다. 위생처리장 때문에 이미 3번이나 주민들과 대화를 나누어 보았지만 타결이 되질 않았습니다. 이곳은 사정이 어떤지요……?"

이러한 질문에 대한 하수미 촌장의 대답은 바로 "93번 만나십시오"라는 것이었다. 사토미무라에서도 위생처리장을 만들기 위해 주민들과 타협에 타협을 거듭했는데 관계 주민들과 교섭하고 지역설명회를 개최한 회수가 93번이었다는 것이다.

　　"부군수님, 만약 제가 92번만에 포기를 했더라면 93번만의 성공이 없었겠지요."

촌장의 말을 받아 기획과장이 말을 잇는다.

　　"공무원이 월급을 받아가면서 지역의 일을 하는 이유는 모든 것이 법만으로 해결되지 않기 때문이죠. 이처럼 까다롭고 어려운 일이 있기 때문에 공무원으로서의 보람도 있지요……."

그 다음 날 아침. 동네 호텔에서 만난 촌장은 필자에게 빛바랜 누르스름한 서류뭉치를 건네 주었다. 어제 말한 93번의 만남을 기록해 놓은 일지인데, 기념으로 준다는 것이었다.

3박 4일간의 시찰일정 중 하수미 촌장은 줄곧 우리 일행과 함께했었다. 아침에 호텔로 출근해서 브리핑장으로 이동할 때에는 버스 안의 조수석에 앉아서 지역의 특징과 애로점을 설명하는 것에서부터 밤에는 의회의장과 교육장, 농협조합장까지 대동하고 마을집회를 개최하는 모습까지 보여 주는 세심한 배려를 아끼지 않았다.

사토미무라에서 시찰에 참가한 공무원들은 필자에게 다음과 같이 말했다. "3일간 현장조사를 해 보니 주민들에게 제공하는 서비스의 메뉴와 지역을 경영하는 아이디어는 우리보다 10배가 넘는 것 같다"는 것이었다. 우리가 말로만 극일(克日) 극일 하면서 이렇게 참담하게 지고 있을 줄은 몰랐다는 것이다. 특히, 연수단 일행의 혼을 쏙 빼버릴 정도로 예절바르면서도 자연스러운 접대방법에 두 손을 들었다는 것이다.

봄가을을 모르는 매미

그런데 1993년 7월. 하수미 촌장이 한국에 왔을 때였다. 사토미무라처럼 두메산골형 자치단체를 방문하고 싶다는 요청에 따라 필자는 우리나라의 한 군을 소개하기로 했다. 이미 사토미무라를 여러 번 방문했던 필자로서는 그 군에도 도움이 될 것이라는 생각을 했다.

사토미측의 방문자는 촌장과 의회의장 외 의원 13명, 그리고 기획과장과 두 명의 공무원이었다. 마침 한국측 군의 의회의원도 14명이었고 당시 의장은 새로 출범한 의회에 활력을 넣는 기회가 될거라며 환영해 주었다. 그러나 문제가 생겼다. 군수가 외면을 했던 것이다. 이유는 두 가지였다.

"면장이나 만나게 하지요. 우리보다 인구수가 10분의 1도 안 되는 단체장을 우리 군수님이 만나기는 좀 체면이 서질 않지 않습니까? 그리고 의회 손님을 왜 집행부에까지 데리고 옵니까……"

부하를 보면 그 지도자를 알 수가 있다. 부하는 지도자의 '거울'인 것이다. 부하를 보니 작은 권위로 큰 권력을 행사하려는 지도자의 한계가 자루에 든 송곳처럼 삐죽 드러났다.

당시만 하더라도 임명직 단체장이 의회를 경시하던 풍토가 노골적이었다. 그래서 필자는 농촌경영시찰단으로 이미 사토미촌에 가 보고 또 신세도 졌던 도의회 의장단의 힘까지 빌려 군수에게 설명했지만 군수는 움직이지 않았다. 할 수 없어서 모든 행사를 의회가 관장하기로 하고 이때 군수가 나와서 인사말이라도 한 마디 해 달라고 의회의장이 요청을 했지만, 인사는커녕 심지어 집행부측 공무원이 군의 현황을 간단히 브리핑해 달라는 요청도 거절했다. 의회의 손님인데 왜 집행부의 공무원을 쓰느냐는 것이었다.

그런데 그 다음 날 아침신문은 더더욱 가관이었다.

"○○군 인구의 10분의 1도 안 되는 일본의 지방자치단체가 찾아왔다. 이것은 ○○군의 위상을 크게 떨어뜨리는 것으로서 원칙대로 한다면 우리의 면장이나 만나야 할 것이다. 한편 ○○군의 공무원들은 K대학의 K모 교수가 ○○군의 위상을 실추시킨다고 크게 반발하고 있다……"

그 나물에 그 밥이라더니. 아니 군수네 집과 신문기자네 집안에서는 키가 크면 큰아버지인가! 일찍이 장자께서 매미는 봄 가을을 모른다고 말씀하셨다. 맴 맴 맴!

봄 가을을 모르는 매미가 떠들었다. 그런데 매미는 대학에 특히 많다. 한 분야의 좁은 전문가가 풍각쟁이처럼 부르는 곳이면 다 찾아가 전문가라고 조언을 한다. 부른 사람도 바보이지만 나서는 사람은 후안무치의 전문가 공해를 유발하고 있는 공해원(公害源)이다.

1994년 봄, 충북지사가 일본의 시장을 초청강사로 초빙했다. 강사는 일본 660명의 시장 중 경영혁신을 성공시켜 시상 중의 시장에 뽑힌 사람이었다. 그런데 지역의 어떤 교수가 분노의 글을 썼다.

"도지사는 도민의 대표인데 부를려면 도지사를 불러야지, 시장을 부르다니…… 이는 우리 도민의 위상을 약화시켰을 뿐만 아니라 도민의 얼굴에 먹칠을 한 것이므로 공개사죄해야 한다"는 내용이었다.

우리는 정보의 격차가 곧 지역의 격차이며 국가경쟁력의 격차임을 알아야 한다. 우리는 "필요하다면 강도로부터라도 칼 가는 법을 배워야 그 강도에 대항할 능력이 생긴다"던 미국 대통령 우드로 윌슨의 말을 기억해야 한다. 시장이 아니라 수위라 할지라도 배울 것은 배워야 한다. 자매결연을 맺자는 것도 교류를 하자는 것도 아닌데 위상이 맞지 않다니…….

지역에 정보가 없고 정치에 자치가 없던 시절의 풍경이었다.

마음의 위치로 시선을 맞추어야

높은 자리가 인간을 감동시키지는 않는다. 논리가 인간을 감동시키는 것도 아니다. 인간의 말을 가슴으로 듣고 주민의 아픔을 마음으로 볼 수 있어야 한다. 그러므로 우리는 지방자치를 '가슴으로 하는 정치'라고도 할 수 있다.

훌륭한 지도자의 조건은 특기를 가진 자가 아니다. 극단적으로 말하자면, 인간의 기량으로서는 범인(凡人)이라도 좋다. 세상에 정성을 다하는 성의와 열의가 있다면 그것으로 충분하다. 조직을 움직이는 핵심이 되고 지역의 주춧돌이 되기 위한 필수조건은 단지 하나뿐이라고 할 수 있다. 그것은 남의 마음을 헤아릴 줄 아는 것이다. 그렇다. 남의 마음을 파악할 수 있는 능력은 지도자에게는 필수의 조건이다.

한 명의(名醫)의 말이 생각난다.

수십 년간 의사로 일해 온 한 늙은 의사가 병이 들어, 입원을 했다. 병실에 담당의사가 회진차 들어왔다. 물론 담당의사라고 해도 새까만 후배 뻘이었다. 그런데 그 후배 의사가 들어왔을 때 이 백전노

지도자란 풍차와도 같다. 풍차는 스스로의 길을 가기 위해 달리지 않는다. 비바람 몰아치는 언덕배기에 서서 몸이 부서져라 가루가 되도록 제자리를 도는 것은 지방자치의 방앗간을 신나게 돌리기 위함이다. 그런데 지방자치의 지도자가 그냥 풍차와 다른 점은 스스로가 지역에서 바람을 만드는 자가발전적 풍차가 되어야 한다는 점이다. 사진은 사토미무라의 제3섹터 목장 산마루에 있는 풍차.

장의 의사는 지금까지 오랜 세월 동안 자신이 잘못해 왔다는 것을 느꼈다. 왜냐하면, 담당의사는 침상에 누워 있는 노의사를 꼿꼿이 선 채로 위에서부터 내리깔아 보고 있었다. 사실 이러한 모습은 의사와 환자로서의 관계상 병실에서의 만남을 나타내는 당연한 도식이기도 했다. 그러나 위대한 그 백전노장의 명의 선생도 위에서 내리깔아 보는 젊은 의사의 눈길에서 위압감을 느끼지 않을 수가 없었다.

그래서 노의사는 지금까지 자신이 오랜 세월 동안 환자들에게 위압감을 주어 왔다는 반성을 했던 것이다. 그 이후 그는 침대에 누워 있는 환자와 대화를 나눌 때면 언제고 환자의 침대 위치까지 허리를 굽히고 환자의 눈길까지 자기의 눈을 낮추어 이야기를 한다고 했다. 그를 명의라고 부르는 이유는 여기에 있었다.

인체의 병을 고치고 개선하는 사람이 의사라면, 사람과 사람, 그리고 지역의 병을 고치고 개선하는 사람이 지방자치 지도자이다. 그런데 사람과 사람 간의 병을 고치고 개선하는 작업이야말로 주민의 마음에 시선(視線)을 맞추고 시작해야 한다. 민주주의 지도자는 주민의 마음이 있는 곳에 허리를 굽혀야 한다. 그러나 사람과 사람의 관계에서 지방자치 지도자들이 흔히들 의식하지 않는 부분이 청년들과의 관계이다. "요새 젊은 것들은……, 요새 애들은……"하는 투로 말하기를 주저하지 않는 것이 그것이다. 후계자들을 믿지 않고 스스로 단절을 선언한 말인 것이다.

그런데 하수미 촌장이 젊은 직원이나 동네의 아주머니들과 대화를 하고 있는 모습을 보면 자연스럽게 '마음으로 시선을 맞추고 있는 모습'이 보인다. 그것이 바로 1,453 대 104를 만든 것이다. 그러나 의사인 하수미 촌장이 고쳐야 할 지역의 질병은 온 나라가 다 앓고 있는 만성적 고질병이었다.

하수미 촌장이 고쳐야 할 병명들

1978년 일본 가나가와현의 나가스(長洲) 지사는 그 유명한 '지방의 시대'라는 말을 외치기 시작했다. 그러나 이러한 외침과는 달리 오히려 1980년대에 들어서면서 '신 과소시대'(新過疎時代)라고 불리어지듯 농촌과 지방도시의 인구 감소현상은 극에 달하게 되었고, 농촌이 죽어간다는 탄식이 도처에서 흘러나왔다.

그도 그럴 것이, 1970년에는 776개로 집계되었던 인구격감 자치단체가 '과소 지역 활성화 특별조치법'이 시행된 1990년에는 오히려 1,143개로 증가했다. 그리고 일본 전인구의 7%에 불과한 8백만 명의 주민들이 전국토의 40%에 해당하는 농촌에 살고 있었는데, 이것은 당시 3,252개였던 기초자치단체의 3분의 1에 해당하는 것이기도 했다.

당시 이러한 상황에 직면하자 일본 정부는 '제3차 전국종합계획'을 수립하고 이른바 '정주구상'(定住構想)을 내걸어 지방으로의 인구정착을 목표로 한 여러 정책을 실시해 보았지만 이러한 정책들은 한결같이 아무런 성과가 없었다. 오히려 보란듯이 도쿄를 중심으로 하는 일극집중현상(一極集中現象)만이 계속될 뿐이었다.

중앙정부 역시 말로는 농촌개발을 강조했지만, 정부의 기본정책이 경제제일주의를 표방하는 한, 경제적 능률 위주의 투자정책은 이미 집적이익이 높은 대도시만을 겨냥한 것이었다. 그 결과 이들 대도시 지역만이 고도성장을 이룩할 수 있었던 것은 당연하였다. 지역격차는 오히려 일본정부의 경제정책에서 비롯된 것이었으며, 정부의 경제정책이 성공하면 할수록 과소지역은 오히려 증가했다. 이제 지역을 지키고 키우는 세력은 중앙에 대항할 힘도 없는 자치단체와 농민뿐이었던 것이다.

이바라키현의 현청이 있는 미토시(水戸市)에서부터 북쪽으로 약

50km 지점에 위치한 사토미촌은 이바라키현에 속한 87개의 지방자치단체 중에서 인구가 가장 적고 재정기반도 가장 열악하였다. 1991년 12월 현재 총주민수 4,891명 중 남자가 2,424명이고, 여자는 2,467명이며, 이 중에서 65세 이상의 고령자도 24%나 되었다.

사토미촌의 예산내역 중에서 지방세로 충당하는 몫은 불과 8.9%이다. 따라서 재정의 대부분은 52%에 이르는 지방교부세와 14%에 이르는 국가보조금에다가 약 7%인 지방채로 충당하고 있으니, 지방자치단체로는 최악의 재정구조인 셈이다.

이곳의 주산업은 농림업이다. 그러나 경지면적은 총면적의 2%에 불과하고 1호당 경지면적은 0.94ha에 지나지 않는다. 다만 총면적의 82%가 삼림이어서 목재가 생산되고 있는 것이 보통의 농촌과는 다른 점이다. 그러나 주산업인 임업도 목재의 수입자유화가 이루어진 이래 목재 생산지인 이 마을에까지 수입품이 들어올 정도로 사정은 나빠졌다. 또한 접경하고 있는 히다치시(日立市)와 히다치오오타시(常陸太田市)라는 신공업단지들이 사토미로부터 고용인력을 유인하고 있어서 그나마의 지역인구마저 빠져 나가고 있는 형편이었다.

마을자치의 실험

이러한 상황에서 사토미촌의 자원이라 할 수 있는 것은 지역주민의 애향심과 86명으로 구성된 공무원들의 헌신적인 노력뿐이었다. 즉, 농가의 경영부진, 지역내에 입지한 공장들의 도산사태, 계속적인 인구의 감소와 늘어나는 노인인구, 뿐만 아니라 지역주민의 상호연대감마저도 점점 붕괴되고 있는 현실에 직면하여 사토미촌은 지역활성화를 위한 10개년 계획을 수립하기에 이른다.

최악의 상황에 이른 지역경제를 진흥시킬 수 있는 열쇠는 다름 아닌 '주민의 마음'에 달려 있다고 전제한 사토미촌의 지역진흥 계획에는 그 행동지침으로서 인간육성과 조직육성 및 이를 토대로 한 새 지역 창조를 목표로 하고 있다. 그렇다면 이러한 시책이 지향하는 목표는 무엇이며 이를 위한 구체적인 사업들은 무엇인가.

이러한 질문에 대해 하수미 야스오 촌장은 다음과 같이 설명해 주었다.

첫째, 인간육성이란 사토미촌이 지향하는 모든 계획의 대전제로서, 그것은 주민이 마음으로부터 지역에 대한 애착을 갖게 하는 사업을 의미하는 것이라고 했다.

두메산골 사토미촌도 과거 농촌사회에서 형성되었던 고유의 인간관계와 지역사회의 질서가 도시지역에서 불어오는 산업화의 바람에 따라 점점 붕괴되기 시작했다. 외지생활을 경험한 젊은이들이 늘어남에 따라 지역사회는 아직 새로운 인간관계와 질서가 형성되지 못한 채 엉거주춤한 상태에 놓여 있었다. 그래서 하수미 촌장과 주민들이 스스로의 자치의식을 제고하기 위해서 전개한 사업의 하나가 '마을 자치운동'으로서, 소위 '한 지구 한 경관 조성사업'(一地區一景觀造成事業)이다.

이 사업은 지역주민들간에 연대의식을 높이고 지역에 대한 문제의식 속에서 스스로 촌정(村政)에 참여하는 풍토를 조성하기 위해 고안한 것으로서, 마을별로 주민들이 무엇인가 공동으로 하고 싶은 일이 있으면 주민들이 스스로 사업을 전개할 수 있도록 지원해 주는 사업이다. 따라서 각 마을사람들은 스스로 모여서 자기 동네를 위해 무엇을 해야 할지 자주적으로 결정한다. 주민집회시설을 신축하거나 생활도로개설, 쓰레기집하장, 가로등·간이상수도·납골당 설치에서부터 의식개혁을 위한 세미나 등이 그것이다. 어떤 마을은 물레방아

를 만들어 옛정취를 느끼기도 했고, 정자를 세워 휴식과 토론의 공간
을 마련한 곳도 있다.

이러한 개별사업의 운영과정에 있어 가장 큰 장점은 활발한 주
민참여가 보장된다는 점이다. 예컨대 가로등을 설치하는 공사는 전문
업체가 청부를 맡아서 하지만 어디에 설치할 것인가는 해당 지역의
주민들이 결정하며, 사후 모든 시설의 관리는 주민자치로 관리한다.
주민들은 이러한 참여를 통해서 자신도 모르는 사이에 지역사회와
끈끈한 유대관계를 맺게 되는 것이다.

사실 일본에서도 지역개발·도시계획은 그 모두가 관청의 입장
에서 계획되고 운영되었다. 도시는 행정이 만들고 주민은 그곳에서
살아갈 뿐이었다. 그런데 관청은 재정을 핑계로 도로는 만들어도 하
수도와 공공주차장을 만들지는 않는 경우가 많다. 나머지는 주민의
몫인 것이다.

그러나 문제는 주민들이 각종 시설을 만들 때 기준이 되는 건축
법 등은 자신들의 필요에 의하여 공동으로 '지역'을 건설하기 위한
'주민공동의 룰'이 아니다. 그것은 단지 중앙정부가 정한 전국 획일
의 규제를 위에서부터 부여받은 것에 불과하다고 생각하고 있다.

따라서 주민들은 자신들의 책임이 없는 것이라면 정해진 것 이
외의 것은 무엇이든지 해도 괜찮다는 생각을 해 버린다. 자신들의 마
을을 보다 좋게 만들자는 '자치의 룰'이 아니기 때문에 최저기준으로
만들어진 건축기준법이 주민들에게는 최고의 기준이 된다. 그러나 이
러한 상황에서 좋은 지역은 만들어지지 않는다.

그런데 사토미가 실험했던 '한 지구 한 경관 조성사업'은 마을
마다 주민들이 '국가의 법'이 아니라 스스로 '자치의 룰'을 만들고 참
여하는 주민자치의 시험관이 되었다.

둘째, 조직육성사업이란 무엇인가. 그것은 인간육성사업에 의해

애향심을 갖게 된 개개의 주민들이 서로서로 손을 잡고 지역의 문제를 함께 해결하기 위한 기반조성 사업이다. 도시는 말할 것도 없고 농촌에서도 주민이 지역문제에 참여하려면 참여의 씨알이 있어야 한다. 그리고 이러한 씨알이란 다름아닌 주민조직이다. 연대(連帶)에서 참여의 힘이 나오기 때문이다.

우리는 흔히들 지역개발이라고 하면 우선 물리적인 측면, 특히 시설과 공장의 유치를 생각한다. 그러나 물리적인 개발만으로 지역이 살기 좋은 '공동의 장'으로 되는 것은 아니다. 따지고 보면, 눈에 보이는 하드웨어로서의 물적 시설은 눈에 보이지 않는 소프트웨어가 결정한다. 눈에 보이지 않는 것이 보이는 것을 결정하는 것이다.

사토미에는 지역을 사랑하는 애향주민들로 구성된 주민조직이 다양하다. 예를 들면 총각결혼대책위원회로 중매에 앞장서는 향리정주촉진위원회(鄕里定住促進委員會)가 있다. 사토미무라는 그 조례로 지역 총각에게 외지 처녀를 중매해 주는 사람에게는 20만 엔의 보상금을 지급하도록 하고 있지만, 마을사람들이 마음으로 나서는 것만큼은 못한 것이다. 그리고 부모를 모시고 고향에 살고 있는 장남의 어려움을 서로 덜어 주고 친목을 도모하면서 지역개발의 방향을 함께 모색해 나가는 부락마다의 '장남회,' 한적한 산촌에 시집온 젊은 새댁들의 모임(20세부터 40세까지)인 '약처회'(若妻會)도 있다. 약처회는 공민관 부인부에서 독립한 조직인데, 농업개량보급소가 전개하고 있는 '내일을 밝히는 지역사회개발추진사업'의 일환으로 결성되어 젊은 부인들의 교류와 상호봉사활동에 힘쓰고 있다.

아름다운 마을에 아름다운 아이들이 그리고 아름다운 인간들이 살게 된다.

그런데 인간들이 살기에 아름답고 즐거우며 안락함을 느끼는 쾌적함이 있는 마을은 물적 시설만으로 충족되지는 않는다. 지역 사람들이 서로서로가 말없이 지켜 나가는 공동의 규칙과 연대감, 그리고 모두가 아끼는 전통, 넉넉한 마음 씀씀이, 이 모두가 아름다운 마을의 기본인 것이다. 따라서 우리는 주민들에게 이러한 넉넉함을 부여하는 축제나 이벤트, 그리고 연대감을 키워주고 마찰에너지를 없애주는 각종의 시스템개발, 감성적으로 '우리'를 느끼는 색채개발, 이 모두를 지역개발의 대상으로 하여야 한다.

사토미촌의 조직육성·인간육성사업은 바로 '보이지 않는 것이 보이는 것을 결정한다'는 기본에 입각하여 출발한 진정한 지역개발 사업인 것이다.

일하는 노인정의 1거 3득

사토미에는 고령자가 많은 만큼 고령자를 위한 복지시설도 특이하다. 60세 이상의 주민이면 누구나 이용할 수 있는 일하는 양로원으로서 1976년에 설립한 '고령자 활동센터'가 그것이다.

게이트볼 구장과 식당, 목욕탕, 휴게실이 있는 것을 보면 여느 양로원과 다름없다. 그러나 1992년 8월 필자가 방문했을 때 평균 76세였던 할아버지, 할머니들이 각자의 특기를 살려서 일하고 있었다는 점이 특이하다.

얼마 전까지만 해도 일본사회가 모델로 삼으려 했던 노인복지제도는 구라파의 연금·보건·의료제도였다. 그러나 구라파식 노인복지대책은 '사는 보람과 긍지'를 갖게 하는 대책이 아니다. 그것은 생명을 연명하게 하는 대책인 것이다. 이러한 반성의 일환으로 '노인들의 건강한 생활방식이란 무엇인가?', '사는 보람이란 무엇인가?'를 모색한 끝에 고령자 생산활동센터를 건설했던 것이다. 또한 고령자를 활용함으로써 점점 사라져 가고 있는 전통기능을 보전하고, 창의를 북돋우어 산촌의 새로운 특산물을 제품화함으로써 지역경제에도 도움을 주면서 노인들이 사는 보람도 느낄 수 있다면 일거양득이라고 생각했던 것이다.

현재 고령자 생산활동센터에는 목공예 가공과 우리나라의 복조리처럼 설, 명절 등에 사용하는 볏짚 공예품을 만드는 민예품 제작부, 산채 재배와 담수어를 키우는 양어 및 단무지 등을 가공하는 식품생산부, 분재와 화초를 재배하는 원예부, 생산한 제품들을 판매하는 판매부가 설치되어 있다. 처음 설립 당시 여기에서 일하는 노인들에게는 시간당 200엔의 보수를 지급했으나, 점차 적자를 벗어남에 따라 보수를 올렸고, 1993년도부터는 시간당 550엔을 지급하고 있다.

물론 '고령자 생산활동센터'를 처음 건설했을 때 어려움은 여러 곳에서 기다리고 있었다. 애초에 돈만을 위한 사업체는 아니었지만 아마추어인 동네 노인들이 모인 곳이라 노동생산성이 극히 낮았고, 또한 민간업자로부터 하청을 받아 생산해 놓은 단무지 등이 규격이 맞지 않다고 납품을 거절당하기도 했다.

그러나 적자를 거듭하는 가운데 하청생산이 아닌 독자의 판로를 개척한 끝에 드디어 3년 후에는 흑자로 돌아섰다. 그리고 흑자폭이 늘어날수록 촌에서 지원하고 있던 3명의 공무원을 모두 철수시키고 대신 공무원으로 정년퇴직했던 노인을 촉탁직 소장에 임명했다.

센터가 모색한 독자적인 판매루트로서는 생활협동조합, 이세진과 미스꼬시와 같은 유명 백화점, 골프장, 각지의 노인정, 그리고 1991년부터는 일본 '경로의 날'을 기념하는 '경로의 날 우편소포' 등도 활용했다.

판로가 확대되자 주문품이 밀려들었고, 여든살 가까운 노인들만이 일하는 동 센터로서는 감당하기 어려울 정도로 일거리가 밀렸다.

그래서 당초 노인들의 건강을 생각하여 1일 6시간 이내의 노동을 원칙으로 했었지만 초과노동을 해야 할 사태가 생겨나자 일부에서는 이를 문제점으로 지적하기도 했다.

그러나 이러한 노동에 보람을 느낀 탓인지 아니면 노동이 건강을 가져오게 했는지 병원에 가는 노인들이 적어졌다. 이 바람에 사토미무라의 의료재정이 흑자로 돌아선 것이다. 일하는 노인정이 1거 3득의 위업을 이룬 모습이다.

일본 고령자 의료체계의 혁신

1990년 12월에 촌장으로 취임한 하수미씨는 이듬해 사토미촌의 노인 실태조사를 실시했다. 이 조사를 통해서 노인대책에는 크게 두 가지가 있다는 것을 알았다. 그것은 삶의 보람을 느끼도록 하는 것과 보건·의료·복지대책을 현실에 입각하여 세우고 실천하는 것이다. 따라서 삶의 보람을 느끼도록 하는 대책으로서 고령자 생산활동센터에 보강하여 '실버 인재센터'를 추가로 개설하여 노인들에게 각종의 연수회·강습회를 실시하고 있다.

그러나 보건·의료·복지대책에도 근본적인 개선이 필요하다는 것을 알게 되었다. 당시 일본 정부가 지출하고 있던 노인의료비는 5조 5천억 엔, 복지시설비가 3천억 엔, 재택복지비가 600억 엔이었다. 따라서 중앙정부도 노인의료비의 앙등에 대해 무언가 근본대책을 강구해야겠다고 10개년 계획을 짜고 있던 중이었다. 일본 전국의 병원에 입원해 있는 환자의 60%가 노인이었고, 노인들은 일단 입원하면 완치하여 돌아가기 어려운 환자가 많아 돈도 돈이려니와 젊은 사람이 병원에 급히 입원하려 해도 노인들이 병실을 점거하고 있어 입원이 어려운 상태도 개선해야 했던 것이다.

"예방을 철저히 하면 10분의 1의 경비로 건강을 유지할 수
있다는 확신을 얻었습니다."

1993년 봄. 하수미 촌장이 사토미무라의 보건·의료·복지행정
구상을 필자에게 들려 주면서 한 말이다.

일본정부는 거꾸로 일을 했던 것이다. 병이 났을 때 5조 5천억
엔을 보조하고, 가정을 떠나 차가운 양로원에서 생활하게 하기 위해
3천억 엔을 지출하면서도 재택복지비에는 고작 600억 엔을 투자했
던 것이다. 재택복지란 보건·의료를 포함한 대책인 것이다. 그런데
사토미촌이 시행했던 노인의식 조사에 의하면 노인들은 시설복지보
다는 가정복지를 원했다.

정든 집에서 일생을 마치려면 무엇보다도 건강하고 일을 할 수
있어야 한다. 그러나 사토미무라에는 병원이 없었다. 그래서 촌장은
40세 이상의 주민들은 누구나 이웃의 히다찌시(日立市) 의료원에 가
서 1년에 한 번씩 종합검진을 받도록 장려하는 시스템을 만들고, 주
민 한 사람 한 사람의 건강 관리대장을 만들도록 했다.

그리고 히다찌의료원과 협의를 거듭하여 컴퓨터호환장치를 개발
했고, 이를 토대로 만든 건강 관리대장을 가지고 촌의 간호부와 보건
부가 주민의 건강지도에 나서도록 했다. 또한 건강촌을 만들기 위해
서는 주민 각자의 자각도 중요하지만 지역 전체의 분위기가 건강증
진을 도모해야 한다고 생각했다. 그리하여 건강증진 추진위원회를 발
족시키고 동네별로 20~30가구당 1명의 추진위원을 위촉하였다. 동
위원회의 설립취지는 보건·의료업무의 원활한 전개를 도모하고 지
역주민의 상호연대를 강화하면서 평생건강 증진을 추진하려는 것이

다. 동 추진위원들의 주요 임무는 지역단위의 소그룹별 학습회의 개최, 종합검진 참가의 장려 등이다.

그런데 사토미무라에서는 노인의 생산활동 참가, 검진의 장려, 재택간호를 활용한 건강지도 등에 힘입어 1992년부터 의료비가 급격히 줄어들었다. 그칠 줄 모르고 올라만 가던 의료비 재정이 적자를 면하게 된 것이다.

일본은 각 자치단체별로 의료보험조합을 구성하고 있다. 이러한 의료보험조합의 운영은 기본적으로 조합원이 납부하는 보험료와 국가보조금에 의존하지만, 이것만으로 충당되지 않는 부분은 각 자치단체가 일반예산에서 메꾸어 주어야 한다. 오늘날 일본의 거의 모든 자치단체는 바로 천정부지로 치솟는 의료보험 특별회계의 적자폭에 힘겨워하고 있지만 사토미촌과 사와우찌무라*만 그 예외인 것이다.

의료보험조합의 흑자를 활용하여 사토미무라는 보다 획기적인 복지정책의 추진에 들어갔다. '도크'검진, 건강 관리대장 활용, 가정방문지도 등 지금까지 독자적으로 시행해 온 주민서비스의 질을 높이는 것과 아울러 '건강카드'제도를 도입한 것이다.

건강카드는 지금까지 무라의 보건부와 간호부에 의한 보건사업을 보다 발전시키기 위해 의료기관과의 연계화를 도모한 것이다. 이는 무라의 보건행정과 의료기관이 일체가 되어 추진하는 주민서비스체제로서 주민들이 집에 앉아서 종합병원기능을 완비한 병원서비스를 받을 수 있도록 한 것이다. 건강카드제도의 도입을 위해서 이바라키현의 의사회와 현의 보건예방과로부터도 협력을 얻었고, 무라의 간호부와 보건부들을 히다찌제작소, 종합병원 등에 파견하여 연수도 시켰다.

---

* 사와우찌무라의 의료행정은 테마[10]의 주제임.

산업기지 향리진흥공사

1991년. 사토미무라는 무라와 산림조합, 상공회, 낙농조합 등 지역내의 경제관련단체들이 합작한 제3섹터로서 향리진흥공사(鄕里進興公私)를 설립하였다. 보건도 복지도 우선 먹고 살게 해 주는 것부터 시작해야 한다. 도시와 농촌 간의 격차를 만드는 근원은 산업의 생산성격차뿐만이 아니다. 교통이 불편한 오지에 위치하고 있는 사토미는 지역의 상품을 내다 파는 데에도 경쟁력이 없었다.

그렇다면 사토미무라가 살 길은 하나이다. 그것은 '산업의 생산성 향상과 아울러 소비자들이 지역의 물건을 제발로 사러 오게 해야' 한다는 것이다. 지역의 산업기지로서 향리진흥공사가 이러한 명제를 풀기 위해 첫번째로 도전한 것이 '플라토 사토미'라는 호텔을 세운

사토미무라가 제3섹터 형식으로 설립한 호텔 '플라토 사토미'의 방 안에서 창밖을 내다보면 유유히 풀을 뜯는 소떼들을 볼 수 있다. 이러한 목가적 풍경은 도시 사람들이 산간 오지인 사토미를 찾아오게 하는 또 하나의 세일즈 포인트이다.

것이다.

옛날에는 사토미의 주산업이 군마(軍馬)를 키우는 것이었다. 마을 사람들이 옛날 군마를 키우던 목장터에 어렵게 소를 키우고 있었으나 경쟁력이 없었다. 그런데 그 목장터의 산마루에 호텔을 세워 1차산업인 목장을 3차산업인 관광목장으로 전환시킨 것이다. 이 관광목장은 도시 사람들이 숙박을 하면서 농업과 축산 그리고 농촌생활을 즐기는 농·산촌 체험장으로서의 체험농원과 유통단체를 연계시킴으로써 부가가치가 낮은 농림·목축업을 이벤트형 관광산업으로 탈바꿈시킨 것이다.

산마루에 있는 호텔방 안에 비스듬히 누워 창 밖을 보면 소떼들이 유유히 풀을 뜯는다. 이 소떼들은 모두가 마을 사람들의 것이다. 마을 사람들이 송아지를 사서 입식시키고 성우가 되면 다시 찾아간다. 물론 경비는 향리진흥공사가 부담한다. 1992년 한해 동안 이 호텔에서 식사를 하고 간 외지사람만도 10만 명이 넘는다. 그런데 중요한 것은 10만 명이라는 숫자가 아니다. 이들 10만 명이 먹고 간 우유, 고기, 계란, 메밀국수, 장아찌, 야채 등 모두가 지역에서 생산된 것이란 점이 중요하다.

물건을 팔러 나가기 어려운 오지이므로 사먹으러 오도록 해야 하는 것은 과수원도 마찬가지였다. 목장길 입구의 과수원들은 일명 '링고가리'(사과 서리)를 하는 관광과수원으로 만들었다. 어른 아이 할 것 없이 '따먹는 것'을 좋아하는지 관광객에게는 인기있는 품목이다.

'플라노 사토미'에 숙박을 하면 식사 때마다 양껏 우유를 따라 먹을 수 있고 또한 한 통의 아이스크림이 후식으로 나온다. 마을에서 가공한 아이스크림 '사토미 젤라드'인 것이다. 향리진흥공사 부설 특산품 개발센터에서 연구 끝에 개발한 '사토미 젤라드'에도 여러 종류가 있다. 지역특산품인 녹차를 가미한 녹차아이스크림, 호박아이스크림, 사과아이스크림 등이 있는데, 이들은 모두 그 담백한 맛과 저칼로리란 특징 때문에 여행객들의 선물용으로 큰 인기를 끌고 있다. 1993년 한 해 동안 드라이아이스를 넣고 포장하여 택배(宅配)로 일본 전역에 배달한 것만도 우리 돈으로 5억 원이 넘는 매상고였다.

가난한 자치단체 사토미무라는 향리진흥공사를 만들고 부속연구센터를 만들었지만, 연구에만 전념하는 전문직을 고용할 형편이 못된다. 그 대신 86명의 촌직원과 지역내의 교원, 그리고 모든 주민이 연구원으로 일할 수 있는 기회를 주고 있다. 작은 마을에 자칫 잘못 연구센터를 개설하고 연구직을 채용해 버리면 한두 사람만 연구를 하고 나머지 모든 사람은 비연구직이 되어 버릴 수가 있다.

그렇다. 모든 공무원이 스스로 연구직을 겸하고 있다고 생각해야 한다. 그런데 필자가 만난 사토미무라의 토지이용 계장 기꾸찌(菊地) 씨는 오늘날 공무원이란 스스로가 연구원이 되어야 한다는 생각을 갖고 있었다. 그는 사토미의 자연자원을 가장 효율적으로 활용할 방안과 토지이용 종합계획을 혼자의 작품으로 세워 놓고 있었고, 또한 농산물을 시장에 내다 팔 것이 아니라 생산자와 소비자를 직결하는 관광농업유통시스템을 연구하고 있었다.

프로듀서형 공무원이 되어야

물론 향리진흥공사가 지역산업을 부추기려 하더라도 그 한계는 있다. 그리고 산업사회에서 농산촌의 활성화를 위해 자치단체와 주민이 어떤 노력을 한다 해도 그 효과가 제한적일 수밖에 없다. 그러나 그럴수록 우리에게 필요한 것은 '프로듀서형' 공무원들이다. '프로듀서'란 생산자·제작자를 의미한다. 그렇다면 프로듀서형 공무원이란 어떤 공무원인가?

첫째, 프로의식을 갖고 무언가를 창안하는 공무원이다. 정책도 좋고 특산품도 좋다. 무언가 독특한 것을 산출하는 것이 프로듀서형 직원의 사명인 것이다.

지방자치단체란 정책과 조례를 독자적으로 생산하는 장치이다. 그러므로 이러한 조직에서 일하는 공무원은 새로운 정책, 독특한 정책, 전국에 내놓을 수 있는 특산품을 만들어 내야 한다. 그러나 이러한 것을 달성하기 위해서 우리의 공무원들은 지금까지의 공무원상에서 크게 달라져야 한다. 주민과 지역을 깊이 연구하고 지역에 매몰되어 있는 인적자원, 자연자원, 물적자원 등을 발굴해야 한다. 그리고 영화의 프로듀서가 한 사람 한 사람의 출연자를 잘 알고 있어야 하듯이, 프로듀서형 직원이 되기 위해서는 영화나 연극의 프로듀서가 갖는 것과 같은 '프로'의식을 가져야 한다.

둘째, 프로듀서는 연출하는 사람이다. 연출한다는 것은 종합화를 한다는 것이기도 하다. 종합화를 하지 않는 연출이란 있을 수 없기 때문이다. 종합화란 여러 가지 의미가 있다. 각종 재화를 유효하게 사용하는 것도 결국 종합화에 의하여 얻어질 수 있다. 그러나 이처럼 단순한 것만이 아니라 보다 복잡한 것, 유효한 것을 지금부터 종합화해야 한다. 주민들이 가지고 있는 힘을 끌어내고, 주민과 주민을 연결하여 그 힘을 두 배로 키워 자치라는 무대에서 연기되도록 하는 것이야말로 진정한 종합화이다. 주민의 에너지와 지혜를 두 배 세 배로 해서 자치를 수행하는 조건정비를 하는 것이야말로 프로듀서형 직원의 역할이기 때문이다.

그런데 진정한 프로듀서는 단순한 종합화를 추구하지는 않는다. 변혁하고 창조하기 위한 종합화에 노력하는 것이다. 그러므로 지금까지 공무원의 직무처럼 정적·현상유지적·정형적·서기적인 것에 머

무르지 않고 그 반대의 것을 추구하는 것이다.

그렇다면 지방자치단체의 직원은 왜 프로듀서형이 되어야 하는가? 그 이유는 간단하다.

첫째, 자치단체의 직원은 '프로,' 즉 전문가로서 자치에 종사하고 있다. 물론 공무원이 자치에 관한 전문가인가에 대해서는 이론의 여지가 있다. 그러나 전업으로 자치라는 '생업'에 종사하고 있음은 이론의 여지가 없다. 전업으로서, 그리고 생업으로서 한 일에 종사한다는 것은 아마추어가 아니라는 뜻이다. 아마추어가 아니라는 것은 프로임을 뜻한다.

프로는 일로써 승부를 거는 사람이기도 하다. 그런데 어느 직장에서나 그저 재원이 없다, 권한이 없다고 불평만 하는 사람은 좋은 인생을 설계하지 못하는 사람이다.

둘째, 주민들은 자치단체의 직원에게 자치의 전문가일 것을 기대하고 있다. 그러므로 자치를 알고 주민을 알고 자치를 창조한다는 프로듀서로서는 보다 많은 연구를 거듭해서 자치의 전문가가 되어야 하는 것이다.

인생의 길이란 일의 길이기도 하다. 그런데 자치단체의 공무원이란 자치라는 생업에 인생의 승부를 걸고 살아가는 직책인 것이다.

'업'이 옳소이다

필자는 공무원들에게 강의할 때마다 지방자치는 제도와 돈만으로 하는 것이 아니라고 호소해 왔다. 오히려 역경을 자원으로 삼아 돈과 제도의 한계를 극복하는 지혜와 애착 그리고 열정으로 하는 것이라고 외쳐 왔다. 자치시대의 프로듀서형 공무원이란 다름아닌 지혜와 애착 그리고 열정으로 일하는 사람이라고 외쳐 왔다.

그런데 이렇게 말하면 다음과 같이 질문하는 사람들이 있다.

"열심히 해 보려 해도 알아 주는 사람이 없습니다. 때로는 도대체 내가 왜 이렇게 열심히 일하는지 자신도 없어지고 제 자신이 바보처럼 느껴지기도 합니다. 이러한 자신을 격려할 무언가 좋은 방법이 없겠습니까?"

때로는 스스로의 의지에 고무되기도 하지만, 열심히 그리고 미래를 위하면 위할수록 공허감을 느껴야 하는 우리 사회.

그러나 필자는 다음과 같이 대답할 수밖에 없다. 그것은 결국 당신이라는 인간의 '업'(業)이라고 생각하는 길 밖에는 방도가 없다.

"그렇다면 업이란 무엇입니까?"

'업'이란 그렇게 하지 않으면 안 되는 자신의 성격이다. 아무리 다른 사람이 이해하지 못해도, 알아 주지 않아도, 또한 자기 스스로가 바보처럼 느껴진다 할지라도, 자기 자신과의 대화에서 자신이 납득하느냐가 중요하다. 다시 말해서, 업이란 그렇게 하지 않고서는 견딜 수 없는 무엇인가가 있다면, 그 충동에 정직히 따라가야만 되는 바로 그것이라고 나는 생각한다.

따라서 오늘날과 같은 세상에서는 지역의 지도자나 봉사활동이라는 것은 결국 소수자의 업무가 되어 버린다. 지역활동은 결국 소수자의 희생에 의해서 담보되고 있는 것이다. 그런데 이것과 마찬가지의 것을 지방자치단체의 양심적인 공무원들에게서도 느낄 수가 있다.

그렇다면 지방자치단체의 양심적인 공무원들은 어떻게 살아가면 좋을까?

그것은 무엇보다도 공무원으로서의 업무를 '업'이라고 생각해야 한다. 그리고 이러한 '업' 중에서도 자신의 업이 무엇인가를 발견해야 한다. 그리고는 그 '업'에 충실하게 살아가야 한다. 결국 '업'이라는 것은 자신의 정체성을 확립하는 것이기 때문이다.

인간이란 스스로의 인생에 동기를 부여하지 않고서는 직무와 직장에 전념할 수가 없다. 그리고 인생의 사는 보람은 일생 동안 얼마만큼 다른 사람에게 좋은 영향을 미치고 그 파문을 넓혀 가느냐에 달려 있다. 그런데 지역개발도 지방자치도 결국은 한 사람 한 사람이 좋은 테마를 만들고 뜻있는 프로젝트를 만들어 다른 사람에게 얼마만큼 그 파문을 넓혀 갈 수 있느냐에 달려 있다.

그러므로 스스로의 가슴에 씨를 뿌리고 그 정열로 파문을 일으키는 지도자가 많이 살고 있는 지역은 발전할 수밖에 없다. 진실한 지도자는 '불씨'와도 같은 사람이다. 그의 옆에 있으면 불꽃이 번져오고 열기가 전달되는 느낌을 받는다. 주위를 향하여 불꽃을 뻗치고, 그리하여 지역과 이웃의 일을 나의 일처럼 생각하는 그러한 사람을 만들어 나간다.

청주에 있는 필자의 집에서 '담 안엔 장미, 담 밖은 쓰레기'에서 '담 안에도 장미, 담 밖에도 장미'가 되는 사회가 되도록 하자면 우리의 '업'이 무엇이어야 하는가를 하수미 촌장과 밤 늦도록 이야기했다. 늦은 밤 하수미 촌장을 배웅하고 돌아오면서 여름밤의 찬란한 별빛을 쳐다보았다. 별님이 속삭여 주는 것 같았다.

"강교수! 인간이 일을 하는 것에 대한 최대의 보수(報酬)는
일입니다. 그리고 산다는 것은 사랑한다는 것임을 잊지 말아요!"

테마6 공무원과 싸워 이룬 신바람 도시경영
시장의 혁신과 공무원의 저항

우리나라에서도 지방의 시대가 개막되었고, 앞으로의 시대가 '지방의 시대'라고 한다면, 지방의 시대는 또한 '수장(首長)의 시대'이기도 하다. 물론 지금까지 지역에는 주민의 대표로서 의회가 그 기능을 수행해 왔다. 그러나 의회가 아무리 주민의 대표라고 할지라도 의회는 나무를 심게 할 수는 있어도 나무를 직접 심을 수가 없다. 메뉴는 정할 수 있어도 요리를 할 수 없다. 나무를 심고 요리를 하는 것은 어디까지나 단체장의 일이다.

지도자는 풍차인가

이렇게 볼 때, 지사·시장·군수가 하는 역할은 막중할 뿐만 아니라 이들의 능력은 지역의 앞날을 좌우하기도 한다. 그러므로 우리는 지방자치단체장을 수장(首長)이라고 하고 또한 그 지역의 얼굴이라고도 한다. 그리고 수장이 바뀌면 지역의 얼굴이 바뀐다고도 한다. 단체장의 강력한 개성, 리더십, 독창성 있는 정책, 적극성, 활력에 의하여 지역의 이미지도 일변한다. 그러므로 지역에 있어서 누가 수장이 될 것인가는 제도 이상으로 중요한 것이다. 필자는 시장 한 사람에 의하여 지역이 어떻게 바뀔 수 있는지를 보여주는 사례 하나를 소개한다.

일본의 여러 자치체를 조사해 본 결과, 살기 좋은 지역에는 필연적으로 훌륭한 지도자가 있었다. 발전하는 지역에는 반드시 스스로 풍차가 되어 새바람을 일으키는 단체장이 있었다. 이들 단체장들은 때로는 돌개바람으로 껍데기를 날려 보낸다. 때로는 신바람을 일으켜 지역을 흥분시키기도 한다.

일본의 3,300여 자치체를 향하여 끊임없이 지방자치의 새바람을 일으키고 있는 도쿄의 무사시노시(武藏野市)와 무사시노라는 방앗간의 풍차인 쓰찌야 마사타다(土屋正忠) 시장을 보면 '정말 그렇구나!'하는 생각이 저절로 든다. 도쿄는 23개의 구와 26시 그리고 6마찌 8무라로 구성되어 있다. 무사시노시는 이 중의 하나로서 인구 13만 5천 명인 기초자치체이다.

1993년 말 전 경제기획청 장관이 이끌고 있는 일본 주거생활연구소가 수도권(도쿄, 찌바현, 가나가와현, 사이타마현)에 거주하는 3천여 명의 성인 여성을 대상으로 실시한 앙케이트 조사에서 50%가 넘는 여성들이 가장 살고 싶은 곳으로 무사시노시를 선택했다.

일본의 PHP연구소가 매월 25만 부나 발행하는 『The 21』이라는 잡지에는 1993년 말 일본에서 '시장 중의 시장'을 뽑는 작업을 실시한 적이 있다.

전국 661개 도시의 시장과 전국지·지방지·통신사의 지국장급 기자 400명에게 '행정개혁의 열의, 경영감각, 아이디어, 실무능력, 장래의 가능성'이라는 다섯 가지의 기준을 제시하고 이에 해당하는 제일의 시장을 선정하도록 했던 것이다. 그 결과 당시 3기로서 11년째 시장에 재직하고 있으며, 일본청년시장회 회장이기도 한 무사시노시의 쓰찌야 시장이 행정개혁 부분에서는 1위로, 그리고 종합적으로는 6위에 랭크되어, 동일본(東日本)에서는 유일하게 10대 시장에 선출되었다.

쓰찌야 시장은 9년간의 공무원과 8년간의 시의원 생활을 경험한 후, 당시 현직 시장과 대결하여 41세의 나이에 시장에 당선되었다. 1983년 첫 선거에서 800표라는 근소한 표차로 당선됐던 그가 3번째의 선거에서 차점자보다 무려 4배 이상이나 득표했던 요인은 무엇이었을까? 등청 첫날부터 변함없이 자전거로 출퇴근하는 그의 서민적 풍모 때문인가?

시직원 퇴직금 40% 삭감

쓰찌야 시장이 풍차라면 그의 바람은 돌개바람으로 시작되었다. 시장으로서 그의 첫 업무는 시직원의 퇴직금을 40%나 삭감한 것이기 때문이다. 우리나라와는 달리 일본은 자치체 직원의 봉급 등도 자치단체가 자율적으로 정한다. 취임 당시 무사시노시의 직원 퇴직금은 이례적으로 민간기업의 두 배에 달했고, 이것이 시 재정에 큰 부담이 되고 있었다. 20년간 혁신을 기치로 하여 무사시노시를 이끌던 사회·공산당 연립정권이 정작 그 내부를 혁신하지 못하고 오히려 처우향상을 수단으로 공무원을 통솔해 왔던 결과였다.

사실 아무리 선거로 뽑는다고 해도 시장·군수·도지사의 제1차 고객은 주민이 아닌 공무원이다. 단체장을 지원해 주는 제1차적인 후원자도 공무원들이지만, 또한 이들 공무원은 단체장의 가장 큰 적이기도 하기 때문이다. 그러므로 정치가로서의 민선단체장이 수행해야 할 가장 중요한 과업은 다름아닌 비생산적인 관료제와의 싸움이다. 그러나 단체장이 이러한 싸움을 포기한다면, 그날로부터 그 자치단체는 주민의 문제를 해결하고 주민들에게 서비스하는 '주민의 사무국'이 아니다. 그곳은 이미 공무원 복지센터로 전락하게 되는 것이다.

특히 일본의 경우, 시 직원도 노동조합을 결성하고 있다. 그런데 노동조합이란 무엇인가? 그것은 민간기업의 노동조합과 마찬가지로 근무시간과 노동밀도는 가능한 한 적게 하고 복지혜택만 늘리려는 지향을 갖는다. 그러나 민간기업의 구성원은 동종 업종의 기업과 자유경쟁이라는 제약도 있고, 도산하면 실업자가 된다는 위기감도 공유하고 있다. 그렇지만 지방자치단체는 경쟁이라는 것도 없을 뿐더러 도산이라는 위기감은 더욱 없다. 그리고 주민들에게는 자치단체로부터 받는 행정서비스가 마음에 들지 않는다고 세금을 내지 않거나 마음에 드는 자치단체에 납부할 수 있는 선택의 자유는 더욱 없다. 그러하니 공무원들은 경영감각이나 코스트 의식을 남의 문제로만 생각하게 되고, 따라서 지방자치단체는 영원한 '도산없는 부실기업'이 되기가 쉽다.

무사시노시의 경우는 이러한 분위기가 더욱 심했다. 20년간이나 직원노동조합이 시장을 옹립하고 지원하는, 즉 시장의 가장 큰 선거기반이 되어 왔던 것이다. 그러니 시장은 공무원들에게 영합할 수밖에 없었던 것도 무리가 아니었다. 그런데 어떤 면에서 보면 생산적인 정치, 그리고 능률적인 행정이란 시민과 공무원 간의 전쟁을 통하여 획득되는 것이기도 하다. 이러한 전쟁에서 외견상 자치단체의 장은 시민을 위한 장수(將首)처럼 보이지만 관료제의 끊임없는 공세 속에서 쉽게 관료제의 포로가 되어 버리는 경우가 허다하다.

노동조합이 세력을 잡고 있던 무사시노시에서는 직원의 급여체계도 획일적으로 책정되고 있었다. 즉, 그가 유치원 보모이든, 미화요원이든 과장·국장이든 간에 기본급은 연령을 기준으로 하는 것이 그것이다. 그런데 이러한 결과는 극히 비상식적인 급여체계를 초래한다. 예컨대 당시(1983년) 시장과 부시장을 제외하고 1,300명의 직원 중 월급 수령액 1위에서 3위까지가 운전수였으며, 20위 내에는 미화요원이 4명이나 차지하고 있었다는 사실이 이를 잘 나타내 준다. 이들 운전수는 미화요원과 함께 각종 수당이 많았기 때문이었다.

이처럼 노동조합의 득세는 공산주의에서보다도 더 비상식적인 급여체계를 가져 왔지만, 이것이 초래한 가장 큰 문제점은 자치단체 전체를 무기력하게 만든 것이었다. 국장이나 과장이라는 관리책임자들이 조직의 리더로서의 자각과 책임감을 갖지 않게 되었던 것이다. 그리고 부하에 대한 상사의 리더십도 자연히 약화되었다. 이처럼 조직 관리자의 관리능력의 약체화는 복무규율을 무시하는 풍토를 만들기 시작했고, 자연스럽게 공무원직이란 그저 '지각하지 않고, 결근하지 않으며, 일도 하지 않는' 자리라고 말하는 풍조마저 생겨났다. 더욱 문제인 것은, 보통 신임시장은 노동조합을 어르고 달래 주지 않는 한 새로운 일을 하기가 어렵다는 것이다. 그리고 이러한 무사시노시에 만연되어 있는 비능률이라는 질병은 그 뿌리가 너무나 깊어서 도저히 손댈 수가 없을 것이라고 생각하는 것 자체가 더욱 큰 문제였었다.

개혁은 시민과의 공동작품

이러한 상황에서 노동조합이 20년이나 지지하던 사회·공산당 연립후보를 가까스로 누르고 당선된 햇병아리 같은 경험없는 젊은 시장이 오히려 퇴직금의 40% 삭감과 급여체계의 개선을 발표했으니

문제는 심각할 수밖에 없었다. 쓰찌야 씨가 시장으로서 첫 출근한 아침부터 시직원들은 '퇴직금 인하 반대! 반동시장(反動市長) 몰아내자!'라는 구호를 내걸고 농성을 시작하고 있었다. 실로 고립무원(孤立無援)의 전쟁이 시작된 것이다.

시민은 정신적으로 응원해 줄지라도 교섭의 현장에 있는 것은 아니다. 통상 노사간의 교섭은 인사담당 부시장격인 조역(助役)이 담당하는 것이나, 조역은 전 시장과 함께 퇴직하여 공석 중이었다. 그리고 국장이란 원래 시장의 1급 보좌관이지만 이들도 퇴직을 얼마 남겨 두지 않은 사람들이었다.

시 노동조합은 전국노동조합으로부터 무사시노시 전공무원 숫자의 두 배에 달하는 2천 500명이라는 엄청난 인원을 지원부대로 불러들여 연일 데모에 열을 올렸고, 심야에 집으로 욕설전화마저 퍼붓기를 서슴지 않았다. 도쿄 경시청은 기동대를 파견하고 24시간 대기에 들어갔다. 경시청은 테러에 관한 제보가 들어왔으니 최소한 자전

'퇴직금 인하 반대,' '반동시장을 몰아내자'며 총궐기에 나선 시의 노조원들과 이들을 응원 온 전국 지방자치단체 노동조합 회원들.

거로 출·퇴근하는 것만은 삼가해 달라고 요청해 왔다. 그러나 평상시의 행동에 변화를 보일 수는 없었다. 백기를 드는 인상을 줄 수도 있기 때문이었다.

"무엇보다도 가장 괴로웠던 일은 50대의 직원과 얼굴을 마주치는 것이었지요. 대학졸업 후 공무원으로 들어왔을 때 저를 키워주던 선배의 퇴직금을 삭감하는 것, 그것은 차마 하기가 어려운 일이었습니다……."

필자에게 들려 준 쓰찌야 시장의 회상이다.

그러나 개혁에 예외를 인정하면 그것은 이미 실패를 전제한 것이다. 그리고 개혁이란 전례가 없는 일을 하는 것이다. 그러므로 개혁을 추진한다는 것은 또 한 편의 사람들에게는 미움을 산다는 것이다. 그러나 진정한 지도자는 장래를 위해서라면 미움받는 일도, 어려운 일도 결단하고 실행하는 사람인 것이다.

결국 쓰찌야 시장의 첫사업은 전국의 언론과 시민들의 열렬한 지지로 성공하게 되었다. 주민들의 적극적인 참여와 언론의 지원사격이 큰 힘이 되었던 것이다. 유모차를 끌고 나온 주부들. 그리고 이름 없는 많은 주민들이 '시장님 힘내세요……, 더 많이 깎아야 해요'라는 플래카드와 피켓을 앞세우고 시장 지지 시가행진을 하는 등 큰 힘을 보태 주었던 것이다. 언론의 지원 또한 적극적이었다.

"당시 저는 나카소네 수상보다도 신문과 TV에 더 자주 소개되었지요. 중요 시간대의 뉴스에는 거의 빠짐없이 애쓰는 저의 모습을 방영해 주었습니다. 언론의 절대적 지원에 저는 힘을 얻을 수 있었지요."

언론은 쓰찌야 시장의 대폭적인 퇴직금 삭감 사실을 '무사시노의 쇼크'라는 제목으로 대서특필했다. 우리는 여기에서 지방자치, 그중에서도 특히 개혁과 언론의 관계가 얼마나 중요한 것인지도 엿볼 수 있다. 쓰찌야 시장의 개혁도 따지고 보면 시장이 빼든 칼을 주민이 받들어 주고 언론이 대포처럼 지원사격을 해 준 결과로 이루어진 것이다.

이렇게 볼 때, 지방자치행정이란 지도자가 그저 주민의 소리를 들어가면서 일하는 제도가 아니다.

과거 권력행정 시절에는 공무원들은 그저 상사의 명령에 따라 일을 했었다. 그리고 민주주의 시대의 서비스행정은 시민의 소리에 따라서 일하는 것이다. 그러나 보다 차원이 높은 자치행정은 시민과의 공동작품으로 이루어지는 것이다.

그런데 필자는 이러한 사실을 조사하면서 한 가지 기본적인 의문을 갖지 않을 수가 없었다. 도대체 공동작품의 또 다른 한 주체인 지방의회는 무얼 했나 하는 의문이 그것이었다. 당시 인구 13만이었던 무사시노시에는 36명의 지방의회의원이 주민대표로서 시정 전반을 감시·비판하도록 선출되어 있었다.

일본의 경우도 우리나라와 마찬가지로 주민은 의회의원과 단체장을 직선제로 선출하는 소위 2원적 대표제를 취하고 있다. 이러한 제도하에서 의회와 단체장은 공히 주민의 대표로서 어느 쪽이 주민의 뜻을 더 잘 반영하는가를 경쟁하는 관계이기도 하다. 그런데 우리나라의 법제도와 마찬가지로 일본의 지방자치법을 살펴보면, 자치단체의 살림살이는 수장이 맡아서 하고, 의회는 수장(집행부)에 대해서 비판과 감시를, 그리고 수정대안을 제시하는 야당적 기능을 수행하는 것으로 되어 있다. 즉, 주민들이 저금통장은 집행부에 맡기면서도 그 도장은 의회에 맡기고 있는 셈이다.

그러나 무사시노시의 의원들은 주민들이 맡긴 도장을 제대로 활용하지 못했다. 단 한 명도 초고액 퇴직금제도에 반대한 의원이 없었던 것이다. 그러나 필자를 더욱 놀라게 한 사실은 아무도 반대한 사람이 없었다는 점이 아니었다. 그것은 아무도 이러한 사실(초고액 퇴직금)을 문제조차 삼지 않았다는 점이다. 그들은 시장이 제출한 조례안을 단지 의례적으로 통과시켜 주었을 뿐이었던 것이다. 일본에서 가장 문화인이 많이 살고, 가장 지식수준이 높은 자치단체라는 무사시노시의 의회도 이처럼 비판능력을 결하고 있었던 것이다.

쓰찌야 시장의 개혁사례는 퇴직금 삭감으로만 그치지 않았다. 그는 사소한 듯한 문제도 결코 가볍게 넘기지 않았다. 문제는 사소한 것에서 비롯되기 때문이다. 예컨대 시청의 지하 이발관에서 근무시간 중에 예사로 이발을 하는 직원의 문제가 그렇다. 공무원의 근무자세와 효율성을 강조해 온 그로서는 이러한 이발관을 폐지한 것은 당연한 조치였던 것이다.

그러한 영향 때문인가? 쓰찌야 시장이 취임할 당시의 공무원수는 1,300명이었다. 그러나 14년이 지난 지금 시의 예산은 두 배가 넘게 불어났지만, 공무원은 불과 18명만이 늘어났다. 그리고 이 18명은 모두 재충전을 위해 연구소나 해외에 파견한 인력에 해당하므로 업무량의 엄청난 증가율에 비하면 실제로 몇백 명이 줄어든 것과 다름이 없다.

시민이 실천하는 경영혁신

"시장은 하기 어렵고 싫은 일일수록 빨리 결단을 내려야 합니다."

쓰찌야 시장의 말이다. 그러나 이러한 생각을 말 그대로 실천하기란 여간 어려운 일이 아니다. 1995년 4월은 네번째로 시장선거에 도전하는 날이었다. 그런데 선거 1년을 남겨 두고 주택가에 새 도로를 건설하겠다고 발표했다. 그랬더니 토지 주인들의 들끓는 반대가 귓전을 울렸다. 표 떨어지는 소리가 들려왔다. 심지어 시장후원회의 중심멤버였던 토지주인은 후원회를 탈퇴해 버렸다. 선거 때마다 그의 건물을 빌려 선거사무실로 써 왔는데 더이상 사무실도 빌려 주지 않았던 것이다.

필자는 쓰찌야 시장에게 물어보았다.

　　"도시계획 발표를 1년 정도 늦출 생각을 안 해 보았습니까?"

이러한 물음에 그의 대답은 간단했다.

　　"일에도 승기(勝機)가 있고 때가 있지요. 선거를 위해서 일의 승기를 놓칠 수는 없지요."

이렇듯 쓰찌야 시장의 추진력은 도시개발에서도 잘 나타났다. 전임 시장이 사업개시 이래 19년을 끌면서도 성공하지 못했던 역전광장 재개발사업도 단 3년만에 해결해 버렸다.

전 시장은 27명의 토지소유자와의 교섭에서 단 한 건의 매수도 성공하지 못했었다. 개발대상지역의 10평짜리 쇠고기 덮밥집의 하루 매상고가 우리 돈으로 1천만 원이 넘고 있었으니 협상은 어려울 수밖에 없었다.

그렇다면 역전광장 개발을 위해 쓰찌야 시장이 토지소유자와의 교섭에 동원했던 주무기는 무엇이었던가? 그것은 종래의 방관자·수

혜자로서의 시민을 행정의 주역으로 만든 것이었다. 철저한 주민참여, 그리고 행정을 주민과의 공동작품으로 꾸려나가는 것이 그 수단이었다. '보다 질 좋은 행정'은 주민의 소리를 듣는 것이 아니라 주민과 공동으로 하는 것이라고 하지 않았던가. 지역의 장기종합계획, 토지이용계획, 도시계획 등만이 아니라 주민에게 중요한 문제는 거의 모두가 주민이 참여하여 결정하게 하는 것이 그것이다. 이것은 마치 암살을 당하듯 자기도 모르는 사이에 누군가의 결정에 운명을 맡겨야 하는 행정이 아니라 스스로가 지역의 문제를 결정하고 그리고 이러한 결정에 최선을 다하게 하는 열린 참여행정을 의미하는 것이다.

사실 정치라는 것이 여론이라는 바람을 등에 업고 하는 것이라면, '자치'라는 것은 주민들 스스로가 지역의 운명을 결정하는 데에 참여하고 있고, 또한 주민들이 자신에게 힘이 있다는 자각을 일으키게 하는 연출을 통하여 수행되는 것이다. 그러나 놀랍게도 무사시노 시장의 이러한 연출은 주민들의 에너지를 결집시키는 기능을 했고, 마음이 흩어지고 이완된 주민들에게 '우리'라는 것을 심어 주었으며, 역할 의식과 상호공존 의식을 싹트게 했다.

예를 들어 보자.

무사시노시에는 19개의 커뮤니티센터가 있는데, 지역에 커뮤니티센터를 건설할 때마다 그 건설장소를 주민들이 정하게 하고 따라서 토지매수도 주민들이 위원회를 구성하여 추진한다. 그러므로 토지소유자는 공무원이 아닌 주민과 협상하게 되는 것이다. 또한 건물의 내용, 즉 회의실의 크기와 각종 부대시설의 모양·색채까지도 주민들의 요구사항을 토대로 하여 설계하며, 이러한 시설은 주민들 스스로가 운영위원회를 구성하여 자치적으로 관리하고 운영한다. 주민이 스스로 관리하는 자치관리시스템을 도입하여 한 곳의 센터당 연간 20

만 명 이상의 시민이 사용하지만, 시에서 파견된 유급직 공무원은 보일러·전기기사 역할을 겸한 사무장 단 한 사람뿐이다.

이러한 주민참여 방식을 몇 가지만 더 들어보자.

무사시노 기다마찌(北町) 노인센터(託老所)에는 치매성 노인을 포함하여 매일 40여 명의 노인이 아침 9시부터 저녁 5시까지 생활하고 있다. 맞벌이 가정이 많은 도시생활에서 노인문제를 해결하기 위해 설립한 시설이다. 출·퇴근 서비스와 점심식사 제공에서 목욕서비스 및 각종 취미생활·건강진단 서비스까지 받을 수 있다. 노인들의 자식들이 해외출장이나 여행을 가는 경우 등 부득이한 경우에는 3개월의 한도 내에서 숙식도 제공한다. 그러나 이렇게 다양한 프로그램을 운영하더라도 무사시노시가 파견하고 있는 공무원은 단 5명뿐이다. 일본 후생성의 기준에 의하면, 치매노인이나 지체부자유 노인 15명당 8명의 직원을 채용하도록 하고 있지만, 거의 모든 인력을 200여 명으로 구성된 자원봉사자로 충당하고 있기 때문이다.

주민참여에 의한 인력절감과 서비스의 인간화(人間化)는 무사시노시 도서관에도 잘 적용되고 있다. 쓰찌야 시장은 종전에는 공무원 퇴근시간인 5시까지만 문을 열던 도서관의 개관시간을 오후 8시까지 연장하였다. 그리고는 오히려 도서관 직원을 절반 이상이나 감축시켜 버렸다. 이러한 경영혁신의 전형적인 사례는 1995년에 문을 연 중앙도서관에서도 볼 수 있다. 7,500m² 지하 2층 지상 4층. 현재 30만 권의 장서를 보유하고 있지만 10년 이내로 70만 권의 장서를 소장하게 될 이 도서관은 하루 2천여 명의 주민이 활용하고 있다. 그런데 이 도서관의 전 직원은 단지 21명에 불과하다. 이웃 미타카시(三鷹市)의 경우 무사시노시 도서관의 절반에도 못미치는 3,500m² 규모의 도서관이지만 35명의 직원이 일하고 있다. 중앙도서관을 개관하기 전에 공무원들은 미타카시의 예를 보아도 최소한 45명의 직원이 필수적이라고 말했었다. 그러나 현재 21명의 공무원들이 다른 어느 곳보다도 높은 수준의 서비스를 제공하고 있다. 그 비결은 무엇인가?

쓰찌야 시장은 도서관을 개관하기 전에 도서관으로 발령이 날 직원들과 가슴을 열고 긴 토론회를 가졌다.

> "여러분들께서는 최저 45명의 직원이 필요하다고 합니다만, 우리 모두 지혜를 모아 인건비 절약을 궁리해 봅시다. 우리 시청 직원의 평균 연봉은 700만 엔입니다. 그러나 직원의 지혜와 시민의 협력이 합해지면 최소의 경비로 최대의 서비스를 할 수 있습니다. 회계관리와 기획 등만 정규직원이 담당하고 될 수 있는 한 많은 일을 주민이 분담하게 합시다……."

시장의 이러한 제안에 따라 도서관에는 기관요원인 정규요원 외에도 고급유휴인력인 가정주부들과 '실버 인재'들이 비상근 공무원 또는 자원봉사자로서 일하고 있다. 주 4일씩 근무하는 비상근 직원의 급료는 연봉으로 계산할 때 200만 엔이 소요된다. 그러나 더욱 중요한 것은 비상근직에 드는 비용이 정규직원의 7분의 2에 불과하다는 것만이 아니다. 지역사회의 인사들이 공공문제에 더욱 관심을 갖게 되었으며, 유휴인력에게 봉사할 일터를 제공한다는 점이다. 심지어 비상근 직원이나 자원봉사자 중에는 정규공무원보다 더 전문적이고 우수한 사람도 있어 정규공무원들을 긴장시키고 있다고 한다. 지역의 고급 유휴인력인 가정주부와 실버 인재를 시간제로 고용하여 충당했기 때문이었다.

개혁프로그램을 시민이 설계

그러나 쓰찌야 시장이 지금까지 주민참여 방식에 의하여 수행했던 사업 중에서 무엇보다도 돋보이는 것은 '무사시노시 행정점검위원회'의 구성이다. 그는 시장이 되면서 무사시노시의 행정개혁과 재정운영에 관한 종합적인 개혁에 착수하였고, 이러한 개혁의 방향설정과 그 구체적인 사항을 6명으로 구성된 시민위원회에 의뢰하였던 것이다. 굳이 말하자면, 시민위원회의 입을 통하여 그가 구상하고 있던 행정개혁의 청사진을 말하게 하고, 또한 시민의 이름으로 개혁을 추진함으로써 전 공무원의 복종과 시민의 협조를 동시에 얻으려 했던 것이다.

사실 행정개혁이란 행정체제가 새로운 시대의 새로운 과제에 탄

지방자치란 그저 주민의 소리를 들어가면서 하는 것이 아니다. 보다 질이 높은 지방자치는 주민과 공동작품을 만들듯이 함께 하는 것이다.
사진은 '시창님! 노동조합에 져서는 안 돼요.' '더욱 힘을 내세요'라며 개혁에 대한 공무원의 저항을 주민과 힘을 합쳐 극복하자며 모인 지지 시민들.

력적이고도 효율적으로 도전할 수 있게 하려는 것이다. 그리고 이러한 체제는 주민의 의사가 더욱 효율적으로 반영되는 것을 필요로 한다. 그것은 행정과정에 있어서 가능한 한 넓은 범위에서 주민의 참여를 확보하고, 최종적으로는 주민 한 사람 한 사람이 스스로의 책임으로 행정의 귀추를 결정하고 있다는 인식을 공유하는 체제를 만들어가는 것이 자치행정의 본질이기도 하기 때문이다.

그런데 쓰찌야 시장은 행정개혁의 절차와 행정운영의 개선과정에도 주민참여를 중시했지만, 그는 주민참여란 말을 구태여 쓰려 하지 않는다. 오히려 그의 전임 시장이었던 고또우(後藤) 시장이야말로 시정운영의 '세일즈 포인트'를 '시민참여의 무사시노'로 설정했었다. 그러면서도 고또우 시장은 아이러니컬하게도 공무원의 급여나 퇴직금 그리고 행정코스트 등에 관해서는 그야말로 비밀주의 체질을 견지했었다. '정보 없이는 참여도 없다'는 가장 기본적 사실도 해결하지 않았던 것이다.

사실 고또우 시장은 '시민참여의 무사시노'라는 기치를 내걸고 '시민위원회'라든가 '시민회의' 등 소위 주민참여 방식을 화려하게 나열했었다. 그러나 이러한 참여방식에는 유명한 교수나 잘난 사람만이 동원되고 있을 뿐이었다. 이들은 이론에는 강했지만 주민과의 연대가 없었고, 일방적으로 집행기관에서 제공하는 정보에만 의존하여 활동한 결과 그것은 진정한 주민참여가 아니었던 것이다. 그러나 쓰찌야 시장의 시민참여는 이러한 한계를 극복하고 지역의 이해당사자를 모든 참여의 주역으로 설정했다. 스스로 '자기영웅시대'에 살고 있는 주민들에게는 대리참여란 아무런 효과가 없기 때문이다.

복지도 기업경영 방식으로

무사시노시는 복지정책의 실험실이기도 하다. 1981년 7월 10일 무사시노시의회가 의결했던 '복지도시 선언'의 내용을 살펴보면 그 분위기를 알 수 있다.

> "인간사랑에 바탕을 둔 연대와 활력이 넘치는 복지도시 건설은 모든 시민의 강렬한 바램이다.
>
> 무사시노시는 시민의 영지(英知)를 살리고, 사회복지를 증진시키기 위해 각종 시책을 전개해 왔다.
>
> 우리는 국제 장애자의 해를 첫번째로 맞이하여 금년을 충실한 복지실현을 위한 출발점으로 삼는다. 그리고 헌법에서 보장하는 건강하고 문화적인 생활을 영위하기 위해서 폭넓은 시민참여에 의해 누구라도 살아가는 즐거움과 미래에 대한 희망을 가질수 있는 복지도시의 건설을 결의하는 바이다."

그런데 이러한 선언은 이후 구체적인 정책으로 연결되기 시작했다. 그 내용을 살펴보면, 중앙정부에 앞서서 시가 독자적으로 도입한 복지정책은 아동부양수당, 노인복지수당, 독거노인 식사서비스사업, 노인을 위한 홈헬퍼, 심신장애자에 대한 집세 보조제도, 복지공사제도 등등 한두 가지가 아니다. 그러나 이들 중에서도 무사시노시의 재단법인 복지공사는 쓰찌야 시장의 개성과 경영감각을 잘 나타내고 있다.

1989년에 설립한 무사시노시의 재단법인 복지공사는 생활 및 건강상담 등의 기본서비스와 가사원조나 간호 및 식사제공 등등의 서비스도 해 주는데, 그 비용은 이용자가 현금으로 지불한다. 그러나 부동산은 소유하고 있으나 현금수입이 모자라 서비스의 대가를 지불

할 수 없는 노인들에게는 복지공사가 시의 '복지자금 대체 조례'에 따라 이용자의 부동산을 담보로 하여 자금을 제공한다. 이러한 자금으로 복지공사의 서비스에 대한 대가를 지불하게 되는 것이다. 그리고 이용자가 사망하거나 이용을 중단하고 싶을 경우에는 복지공사로부터 차용한 자금에 이자를 내고, 현금 대신 부동산으로 갚을 수도 있다. 말하자면 사후(死後)에 자산을 처분하여 정산할 수 있도록 한 것이 그 특징이다. 이는 노인들이 정든 동네와 살던 집을 옮기지 않고도 여생을 편히 보낼 수 있도록 하기 위한 것이다.

유료복지라는 점에서 매스컴의 관심을 불러 일으키기도 했던 이 제도는 종래처럼 복지의 재원을 조세로만 충당하지 않고 수익자부담 방식의 유상재택(有償在宅) 서비스제도를 도입한 것이다. 행정은 최저의 복지만 제공한다는 기존의 고정관념을 깨고 개별적 보상원리에 입각하여 선택적 서비스를 추가한 제도인 것이다. 쓰찌야 시장이 복지에 경영개념을 도입했던 유상(有償)의 복지서비스제도는 '복지의 메뉴'를 확대시킨 또 하나의 첫사례였다.

쓰찌야 시장은 자신의 복지정책이 지향하는 기본이념을 한 마디로 말한다면 '자유롭게 하자'로 집약할 수 있다고 했다. 예컨대 중환자가 있는 가정에는 그 가족들만이 아니라 지역사회가 제도적으로 함께 보살핌으로써 환자도 그 가족도 보다 자유롭게 해 주자는 것이 그것이다.

　　"복지란 동징심으로 해서도 안 되지만, 해 주는 것이라고 생각해서도 안 됩니다. 그것은 인간을 존중하는 것에서 출발해야 합니다."

쓰찌야 시장의 복지론이다.

"복지행정을 생산적으로 추진하려면 공무원들의 의식개혁이 중요합니다. 복지행정에 있어서는 상담을 몇 건 했고, 보조금을 얼마 주었느냐가 중요한 것이 아니지요. 이러한 시책들이 얼마나 도움이 되었느냐가 중요하지요. 그런데 복지서비스의 효과성은 공무원들의 '납기의식'(納期意識)과 절대적인 관계가 있습니다. 주민들이 필요할 때 도움을 주지 못하면 그것은 이미 복지서비스가 아니기 때문입니다……."

이러한 그의 자세 때문에 무사시노시는 여성들이 가장 살고싶어 하는 지역이 되지 않았을까?

일 년에 단 10일밖에 쉬는 날이 없다는 그는 필자에게 이렇게 말하기도 했다.

"공무원이란 그 속성상 그냥 내버려 두면 백 년 동안이라도 똑같은 일을 하고 앉아 있습니다. 그러나 미래를 창조하려는 수장은 함께 미래를 볼 줄 아는 공무원을 키워야 합니다. 따라서 수장은 한시라도 조직관리를 소홀히 해서는 안 되지요.

인간이 일을 하는 이유는 3가지입니다. 공포와 보수, 그리고 긍지가 그것이지요. 그러나 공무원은 기업체의 종업원과 달라서 경영실적이 나쁘면 해고된다는 공포감·위기감이 없습니다. 그리고 다른 직원보다 특출난 업적을 쌓아도 보수를 두 배로 받지도 못합니다. 공무원이란 원래 지갑은 가벼워도 책임은 무거운 직책인 것을 스스로 알고 선택했으므로, 자신의 선택에 스스로 책임을 져야 하지요. 결과적으로 시장이 공무원을 다스리는 수단은 공포심이나 보수가 아니라 긍지를 키우는 것이어야 합니다."

쓰찌야 시장의 이러한 말은 그의 체험에서 우러나온 것이었다.

사실 그가 시장으로 취임하기 전인 1983년 초까지만 하더라도 무사시노시는 일본의 3,300여 자치단체 중에서 월급과 퇴직금이 가장 높으면서도 행정능률은 높지 못했다. 예컨대 쓰레기 수거료 하나만 보더라도 그렇다. 인근의 미타카시(三鷹市)가 인구 16만에 16.8km²이고, 무사시노시는 13만 인구에 11km²의 면적이다. 그러나 1981년도의 결산을 비교해 보면 무사시노시가 오히려 4억 1천만 엔을 더 쓰고 있었다. 이것 하나만 보더라도 구성원의 사기와 직장의 활력은 급여체계보다도 오히려 수장의 경영자로서의 리더십 여하에 달려 있다는 생각이 든다.

장기집권의 비결과 좌우명

지방자치란 밭에도 씨를 뿌리지 않으면 싹이 트지 않는다. 그러므로 시장은 언제고 가슴 속에 지방자치의 씨앗을 품고 다녀야 한다.

무사시노시는 문화회관을 합리적으로 경영하기 위하여 제3섹터로 재단법인 '문화사업단'을 설립했다. 그러나 동 사업단이 주최하는 거의 모든 이벤트 사업들은 적자를 기록했다.

그런데 동 사업단의 이사장이 된 쓰찌야 씨는 총사령관인 시장으로서의 역할뿐만 아니라 야전사령관으로서의 이사장직을 어떻게 수행할 것인가에 고심하던 차에, 모든 문제는 직원들의 의식에 달려 있음을 알았다.

"양복을 벗으시오!"

전통무용이나 전통극을 공연할 때는 매표소의 직원부터 전통을 존중하는 태도를 보여야 한다는 생각이 들었다. 그래서 나온 말이 '양복을 벗으시오'였다. 모든 직원이 기모노차림으로 근무하도록 했던 것이다. 그리고 그가 직원에게 하는 인사말도 어느 새 다음과 같이 바뀌어 버렸다.

"표가 팔립니까?
매상고가 올라갑니까?"

이러한 연유에서일까?
현재 무사시노시 문화사업단이 개최하고 있는 각종 이벤트 사업의 입장권은 95% 이상이 매진되고 있는 것이다. 그리고 이들의 대부분은 무사시노시 문화사업단이 자체적으로 기획한 것이라는 점에서 더욱 돋보인다.
시장으로서 항시 가슴에 품고 다니는 좌우명이 무엇입니까?
1996년 9월 한국에 온 쓰찌야 시장에게 물어보았다.

"시민의 소리에 철저히 귀를 기울이되 시민의 소리에 빠지지 말자."

시장에 네 번이나 당선될 수 있었던 비결은 무엇입니까?

"첫번째는 청렴이요.
두번째는 시민감각을 잃지 않는 것이며,
세번째는 능률적인 시정경영입니다."

무사시노시의 주민들이 쓰찌야 시장의 행정개혁을 지지하는 시가행진을 벌이고 있는 모습. 주부들이 유모차를 앞세워 데모하는 모습에서 '생활자치'의 냄새가 물씬 풍긴다.

그렇다면 시민감각을 잃지 않는 비결은요?

"시민들이 시장을 뽑은 것은 일하라고 뽑은 것이지 폼 재고 권위를 부리라고 뽑은 것이 아닙니다. 그러나 인간이란 공직에 오랫동안 앉아 있다 보면 그 본분은 잃어 버리고 원래 자기 자신은 그러한 권한을 가지고 태어난 듯 성주(城主)행세를 하려는 착각에 빠질 수가 있지요. 그래서 저는 철두철미하게 다음과 같은 3가지를 14년간 지켜 왔습니다.

첫째, 내 발로 걷자.

둘째, 내 머리로 생각하자.

셋째, 내 지갑에서 돈을 내자. 이것입니다."

시장은 가는 곳마다 관용차가 따라 다닌다. 그러나 관용차에 앉아서만 세상을 본다면 보이지 않는 것이 많다는 것이다. 그래서 그는 1.5km의 출근길을 자전거나 걸어서 다니고, 오후에도 공식석상에 갈 때에는 관용차를 타지만, 술자리라도 참석할 때면 관용차를 보내고 걸어 다니거나 버스를 타고 다니는데, 이때 관용차에서는 보이지 않던 많은 것이 보인다고 했다.

많은 직원들이 입만 열면 시장의 업무를 보좌하는 관계로, 시장이 되면 골치아픈 것은 모두 부하들의 머리를 빌려서 생각하려는 경향이 생긴다는 것이다. 그래서 그는 가급적 스스로 생각한 것을 조직에 투영하고 검증받도록 하고 있다고 했다.

또한 시장은 공금으로 부조를 하고 공금으로 회식도 할 수 있다. 그러나 공금으로 부조를 하고 공금으로 대접하는 것은 의식과 형식일 뿐 인간의 정이 함축되어 있지 않다는 것이다. 그래서 그는 최소한의 금액일지라도 인간관계를 유지하는 데 드는 경비는 가급적 자신의 호주머니돈으로 충당한다는 것이었다.

돌지 않는 풍차여!

쓰찌야 시장은 그가 시장으로서 하는 일을 크게 3가지로 나눌 수 있다고 했다.

정책을 결정하고 책임을 지는 것과, 내부조직을 관리하는 것, 그리고 시민들과 대화를 나누고 시의 대표로서 각종의 행사에 참여하는 것이 그것이다. 이 중에서도 두번째의 일을 합리적으로 하지 못하면 세번째의 일을 생산적으로 처리하지 못하게 되고, 마찬가지로 세번째의 일을 게을리 하면, 둘째 일의 방향을 잃게 된다고 했다. 그래서 시장이란 직업은 쉴 틈이 없는 것이라고 했다.

그렇다. 지방자치단체는 공공서비스를 판매하는 회사이며, 대도시는 공공의 복합기업(Public Conglomerate)과도 같다. 따라서 시장은 정치가로서의 수완뿐만 아니라 경영자로서의 기량도 요구되는 것이다.

쓰찌야 시장과 며칠을 함께 지내면서 필자의 머리속에는 은연중 지방자치단체의 장이란 풍차와도 같은 존재란 생각이 들었다. 그렇다. 단체장이란 자치단체의 풍차인 것이다. 잠시라도 쉬어 버리면 방앗간이 돌아가지 않는 풍차인 것이다. 그러므로 단체장은 쉬지 않는 풍차가 되어야 한다. 아니 풍차처럼 달려야 하는 것이다. 스스로 돌아서 지역에 새바람을 일으키는 풍차가 되어야 하는 것이다. 그렇지만 풍차는 자신의 길을 가기 위해 달리지는 않는다. 비바람 몰아치는 언덕배기에서 스스로 몸이 부서져라, 가루가 되도록 제자리를 도는 것은 주위의 모든 것이 신나게 돌도록 하기 위한 것이다.

사실 종래의 임명직 단체장을 고용사장이었다고 한다면, 선거로 뽑힌 단체장은 오너사장이라고도 볼 수 있다. 그래서 우리는 지금 이들 오너사장이 지역에서 새바람을 일으키는 풍차가 되길 기대하고 있다.

그러나 풍차는 아무 곳에서나 돌지는 않는다. 사실 우리나라의 지방자치 환경을 보면 삼성이나 대우그룹의 회장이 작은 시골의 군수가 되어도 이리 받히고 저리 받혀 말로만 경영화를 외칠 수 있을 뿐일 것 같다. 풍차의 날개를 쇠사슬로 묶어 놓듯 중앙이 지방의 팔다리를 묶어 놓고 목에는 방울을 달아 그 움직이는 방향을 제한하고 있기 때문이다.

예를 들어 보자. 쓰찌야 시장이 그의 이상과 철학을 실천에 옮길 수 있었던 것은 무사시노시의 풍부한 재원 때문만은 아니었다. 그것은 무엇보다도 그의 용병술과 조직과 기구를 개편하는 작전권, 그리고 주민과 언론의 참여에 힘입은 것이었다.

그렇다면 우리나라에서는 '도산없는 부실기업'인 자치단체를 혁신시킬 풍차가 돌 수 없는가?

그렇지는 않다.

사실 지금까지 우리는 우리 주변에서 '돌지 않는 풍차'를 흔히 볼 수가 있다. 그들은 스스로 돌려고 애쓰지 않으면서 바람 탓만 해 왔다. 그래서 '돌 수 없는 풍차'라고 항변하고 있다. 그리고 우리 주민들도 그러했다. 스스로 바람이 되길 거부하면서 풍차가 돌기를 기다리기만 했던 것이다.

그러나 우리의 시대는 이제 우리에게 새로운 역사적 과업을 제시하고 있다. 우리는 제도의 장벽과 자원의 제약이 클수록 이를 지혜와 애착으로 허물어 뜨리려는 지도자를 키워야 하는 것이다. 사실 지도자는 주어지는 것이 아니라 키워지는 것이다. 지도자가 지역을 만든다고 한다면, 지역 또한 지도자를 만드는 것이기 때문이다.

그러나 한 편에서 볼 때, 단체장이 풍차라면, 우리의 풍토는 또한 스스로 바람을 만들 수 있는 자가발전적 풍차를 필요로 하고 있다. 물을 끌어올려 도랑을 만들어야 하는 것이다. 물이 흐르지 않으면 도랑이 아니다. 우리에게는 스스로 물을 끌어올려 큰 도랑을 만드는 지도자가 필요한 것이다.

테마7 시민이 해결한 지역이기주의
시민참여의 본보기

지방자치란 그저 행정의 수단인가!

그렇지 않다. 지방자치란 단순히 행정의 수단이 아니다. 지방자치란 더불어 사는 생활양식의 표현인 것이다. 그러므로 지방자치가 미숙한 지역은 더불어 사는 방식도 미숙하다.

오늘날 우리 사회의 지역이기주의 그리고 직역이기주의(職域利己主義)는 바로 우리가 지방자치의 토양을 배양하고 종자를 파종하지 않았던 응분의 대가인 것이다.

쓰레기 처리장, 분뇨 처리장, 하수 처리장, 화장장, 정신박약자 보호시설……, 이러한 시설물이야말로 시민생활을 위하여 없어서는 안 될 것들이다.

시청 마당에 세워야 할 쓰레기 처리장

그러나 오늘날 주민들의 권리보호 의식이 높아지고 소위 님비 (NIMBY)로 표현되는 기피적 이기주의 때문에 이러한 시설을 건설하기란 여간 어려운 일이 아니다. 도시화와 산업화에 따라 경제적으로는 살기가 좋아졌지만 지역공동체가 파괴되고 지역에서 더불어 사는 방법을 체득하지 못한 탓이다.

경제를 우리의 육체에 비유한다면 더불어 사는 원리를 실천하는 자치란 영혼에 비할 수 있다. 지난 세월 동안 우리의 경제는 고도성장을 해 왔지만 우리는 도시화시대에 걸맞게 더불어 사는 방법을 터득하지 못했다. 우리 사회가 덩치만 큰 아이처럼 뒤뚱거리며 스스로 책임을 못지게 된 원인이 여기에 있다.

님비현상은 지방자치의 발전과정상 과거 일본에도 예외가 없었다. 아니 오히려 주민의 권리의식이 높아 님비의 장벽은 더욱 높았고 따라서 여기에 대응하는 공무원들은 숨가쁜 고뇌 속에서 악전고투를 해야 했다.

일본 도쿄 무사시노시의 시청 마당 옆구리에는 굴뚝이 유난히도 높은 건물이 서 있다. 일명 '무사시노 크린센터,' 13만 5천 명 무사시노시민이 배출하는 생활폐기물을 처리하는 이 쓰레기 소각장은 그야말로 님비의 상징이요, 고뇌의 화신이다.

오죽하면 쓰레기 처리장을 시청 마당 바로 옆에 세웠겠는가!

필자는 시청 바로 옆에 소각장을 건설한 무사시노시의 사례를 심도있게 살펴보기로 했다. 우리 지방자치가 겪고 있는 님비현상에 대처할 어떤 해답이 있지 않을까 해서이다.

당시 소각장 건설에 참여했던 공무원들을 만나 보고 또 당시에 발행되었던 인쇄물과 신문자료 등을 종합하여 살펴본 바, 소각장 건설과정은 고뇌의 과정 그 자체였다.

1960년 이전까지만 하더라도 일본의 주민들은 자기 집 주변에 소위 혐오시설이 들어온다 해도 모두에게 필요한 공공시설인만큼 참고 견디는 것을 미덕으로 생각했다. 그러나 1960년대에 들어서면서 급격한 도시화와 더불어 주민의 권리보호 의식도 진전되기 시작했다. 그리고 급기야는 권리보호 의식이 그 도를 지나쳐 극도의 이기주의로 변질하기 시작했다.

예컨대 피아노 소리가 시끄럽다고 유치원·유아원의 입주를 반대하거나 방음장치를 요구하는 것은 예삿일이 되었다. 무사시노시가 60년 전에 세운 낡은 목조건물의 초등학교를 4층 철근건물로 개축하려 하자 "이제까지 몇십 년이나 햇볕을 받지 못하고 살아온 것도 억울한데……"하며 극렬히 반대하는 바람에 교사(校舍)를 기존 부지의 반대편인 운동장에 옮겨 지은 적도 있었다. 이러한 판국이니 쓰레기 소각장 건설에는 어떤 어려움이 가로 놓여 있었을지 상상이 가고도 남는다.

앞마당 쓸어 뒤뜰에 버리던 시절

무사시노시에서 행정기관이 쓰레기 수거를 시작한 것은 1948년부터였다. 그때까지는 가연성 쓰레기는 개별적으로 자기집에서 태우고, 그 밖의 쓰레기는 어디 으슥한 곳에 구덩이를 파고 묻었던 것이다. 말하자면 앞마당 쓸어 뒷마당에 버렸던 것이다.

그러던 것이 1948년부터는 역 주변의 상가 등 비록 한정된 지역이었지만 행정기관이 쓰레기 수거에 손을 대기 시작했다. 하지만 당시 수거된 쓰레기는 B-29 미군 폭격기의 폭탄이 떨어졌던 웅덩이나 주변의 농촌에다 내버리는 것이 당국의 역할이었다.

그러나 1949년 당시 하루 178톤 정도였던 쓰레기 수거량은 수거대상지역을 점점 늘리고 인구도 늘어남에 따라 그냥 적당히 내버릴 곳을 더이상 확보할 수가 없었다.

그래서 궁리 끝에 1958년 이웃의 미타카시(三鷹市)와 공동으로 미타카시 구역내의 넓은 밭을 구입하여 쓰레기 소각장을 건설했다. 당시는 그 주변이 모두 밭이었고 주민들 사이에도 '공해'라는 의식이 없었던 시절이라 그저 태워버리면 그만이라는 생각이 전부였다. 따라서 건설 후 두 차례에 걸쳐 보다 현대적이고 처리용량이 큰 소각로를 교체해 넣은 것 외에는 별 어려움이 없었다. 따라서 쓰레기 처리문제는 잊혀진 상태였다.

그러나 점점 문젯거리가 불거져 나오게 된 것이다. 도시화가 급속히 진전되면서 소각장 주변에 중학교와 시영주택, 민간주택이 꽉 들어차 버린 것이다.

드디어 일이 터지기 시작했다.

1970년 8월 7일. "밤이면 소각장의 소음으로 잠을 못 이루고, 낮에는 악취가 코를 진동해 숨을 쉴 수가 없다. 세탁물도 매연으로 검게 물들어져 더이상 견딜 수 없다……"며 이웃에 있는 쪼후시(調布市)의 주부 17명이 미타카시장을 찾아와 연좌데모를 시작한 것이다. 이들 주부들은 1969년 소각장 인근에 건설된 200호의 주택에 입주했던 사람들이다. 그러니 따지고 보면 이미 10년 전부터 쓰레기 소각장이 있었다는 사실을 모두 알고 입주한 셈이므로 큰 소리칠 형편이 아니었지만 때가 때인지라 큰 소리를 치게 된 것이었다.

공해가 사회문제로 될 당시

동경을 비롯하여 대도시에서 공해가 사회문제로 등장하고 있었기 때문이다. 특히 1965년 도쿄 에도구(江東區)에 조성되었던 일명 '유메노시마'(꿈의 섬)란 쓰레기 처리장에 파리떼가 득실거려 동경을 한바탕 흔들어 놓은 사건이 발생했다. 그리고 그 후 에도구는 다른 구로부터 들어오는 쓰레기 반입을 거부해 버렸고, 이후 쓰레기 처리는 가장 첨예한 정치문제가 되었다. 급기야 도쿄지사는 1971년에 이르러 '쓰레기와의 전쟁'을 호소하는 지경에까지 이르렀던 것이다.

이러한 분위기 속에서 쪼후시로부터 온 주부들은 다양한 방법으로 데모를 전개하기 시작했고, 일본에서 종전에는 볼 수 없던 이러한 모습을 연일 각 신문이 대서특필로 다루기 시작했다.

이들의 데모일지를 살펴보자

· 1970년 11월 30일 : 미타카·무사시노의 두 시장에게 "문서로 대답하라…… 더이상 말은 필요없다"며 데모.

· 1971년 1월 24일 : "좋은 말로 할 때 해결하라"며 미타카 역전 광장에서 주부 120명이 데모.

· 1971년 2월 8일 : 40명의 주부가 소각장 입구에 골판지 피켓을 들고 쓰레기 반입 저지.

· 1971년 2월 16일 : 미타카·무사시노의 두 시장과 담판. 두 시상은 "조사위원회를 설치하여 공해방지에 노력하겠다"고 확언.

· 1971년 5월 20일 : 소각장 입구에 쓰레기 반입저지 피켓 설치. 특히 무사시노시의 쓰레기 반입을 저지. 이유는 무사시노시의 빈병과 깡통이

반입되는 날은 소음이 심했기 때문이었다
(미타카시는 불연물은 다른 곳에서 처리했다).

· 1971년 6월 29일 : 피켓을 들고 데모. "무사시노시는 불연물
을 반입하지 않겠다"고 약속. 이때 쓰레기
전쟁은 무사시노·미타카지역뿐만 아니라
쪼후시(調布市)와 고가나이시(小金井市) 등
여러 곳에서 발생하기 시작.

· 1971년 12월 17일 : 미타카시장은 미타카시의회 본회의장에서
"무사시노시와의 소각장 공동사용을 앞
으로 2년내에 끝내겠다"고 공언하여 무사
시노시에 큰 충격을 줌.

· 1971년 12월 20일 : 쪼후시민들이 두 시장에게 '공해로 못살겠
다'고 진정.

· 1971년 12월 27일 : 미타카시장은 무사시노시장에게 공동사용
중지 사실을 공문서로 통보.

· 1972년 2월 10일 : 두 시장의 협의 결렬.

· 1972년 3월 : 쪼후시의 주부들이 무사시노시의회에 '독자적인
쓰레기 소각장 설치'를 진정.

폐기물대책특별위원회

이러한 일련의 와중에서 무사시노시의회는 1972년 6월 드디어
시의회내에 11명으로 구성된 '폐기물대책특별위원회'를 설치하였다.

한편 당장의 문제는 미타카의 쓰레기 소각장에 무사시노가 불연
쓰레기를 내다버릴 수 없게 된 것이었다. 무사시노시는 할 수 없이

시내에 불연물 임시처리소를 시유지에 건설하려 하였으나, 시민 650명이 이에 반대하는 청원을 의회에 제출해 왔다.

이러한 어려움에 처하자 시는 1973년 3월 28일 시민참여로 청소문제를 검토하기 위하여 '청소대책시민위원회'를 설치했다. 동 위원회는 시민의 입장에서 '무사시노는 쓰레기 문제로 어려움에 처해 있다'는 내용을 시보(市報)에 게재하여 호소하면서 쓰레기 감량운동을 전개하기 시작했다.

그런데 1973년 5월 21일 쪼후시민들이 또다시 무사시노시에 피켓을 들고 들이닥쳤다.

"개선되지 않는 월경악취(越境惡臭)를 개선하라"는 것이었다. 에도구(江東區)가 스기나미구(杉並區)의 쓰레기 반입을 실력으로 저지하겠다고 한 것에 대해 도쿄가 에도구 편을 든 것이 이들을 새롭게 자극했고 힘을 주었던 것이다.

무사시노시로서는 더이상 방법이 없었다. 쪼후시의 주부들이 최초로 농성을 시작한 후 3년이 경과한 1973년 5월 22일. 드디어 무사시노시장은 피켓을 들고 농성 중인 주부들을 만나 "무사시노시에 소각장을 분리하여 만들겠다"고 약속을 했다. 피켓은 철거되었다.

그러나 진짜 어려운 문제는 그때부터가 시작이었다. 시장이 쓰레기 문제를 시보 특집호로 제작하여 시민에게 호소하고 있는 가운데, 청소대책위원회가 '쓰레기 처리공장 후보지의 조속한 검토를 요구'하는 보고서를 시장에게 보내왔다.

미타카시장은 재자 무사시노시장을 방문하여 무사시노시에서 무사시노의 쓰레기를 처리하라고 재촉하였다. 이러한 가운데 해를 넘기면서 무사시노시의 일부 쓰레기를 하네무라(羽村)의 자갈채취 웅덩이에 버린 것이 문제가 되어 막대한 배상금을 치루는 사건이 터졌다. 하네무라 주민들은 격렬히 항의했고, 때문에 무사시노시의 쓰레기 처리는 5일간 정지되었다. 이러한 사건에 더욱 자극받아 1975년 3월, 청소대책시민위원회는 "쓰레기 처리공장 후보지를 조속히 결정하라"고 촉구하는 촉구문을 다시 보내 왔다.

임기만료로 새로 구성된 시의회가 '폐기물대책특별위원회'를 새롭게 구성했는데, 동 위원회도 '무사시노 시내에 처리장 건설'을 수용한다고 통보해 왔다. '쓰레기 문제 시민집회'에서도 '처리공장 건설의 조기실현'이 결의되었다.

이러한 명령을 받은 시장은 쓰레기 처리공장의 시내 건설을 결심하고 쓰레기 처리장 건설에 최우선의 노력을 전개했다. 그러나 당시 전국 643개시 중에서 인구밀도가 제4위였었고, 지리적으로도 도쿄의 한복판에 위치한 과밀도시 무사시노에 쓰레기 처리장을 건설하기란 쉬운 일이 아니었다. 말할 필요도 없이 용지를 확보하기가 어려웠던 것이다.

한편 쓰레기 소각장 용지선정문제도 문제였지만 더 다급한 일이 벌어졌다. 미타카시의 처리장에 반출하지 않겠다고 약속했던 불연쓰레기를 분리선별하기 위한 임시처리소를 시내에 만들려 했으나 주민의 반대로 벽에 부딪친 것이다. 어쩔 수 없이 시청의 새청사를 건립하기 위해 잡아놓은 부지를 임시로 이용하도록 했다. 그러나 이러한 발표가 있자 신 청사 부지의 북측에 살고 있는 주민들이 몰려와 난동을 부렸던 것이다.

뿐만이 아니었다. 당시 이용하던 미타카 처리장에 폭발사고가 발생하여 3기의 소각로 중 2기가 고장이 나버렸고, 수리에만 22일이 걸렸던 것이다. 그리고 엎친데 덮친 꼴로 신청사 부지에 임시로 세울 계획이었던 불연쓰레기 분리선별장을 구하지 못해 대형쓰레기의 중간처리를 할 수 없게 되었고, 따라서 대형쓰레기는 수거할 수도 없게 되었다.

도시를 경영한다는 것은 쓰레기를 치우는 것이라고 생각할 만큼 매일같이 쓰레기 문제로 골머리를 앓았다. 일이 이쯤 되자 고토우(後藤) 시장은 전문가와 관련직원들과 함께 밤을 새워 궁리한 끝에 시내에 여덟 곳의 후보지를 선정했고, 시장 임기만료 직전에 이들 중에서 키타마찌(北町) 시영 풀장을 최종후보지로 결정했다.

선정 이유는 다음과 같았다.

"주위환경의 변화로 쓰레기 처리장 부지는 무사시노시내로 해야 하고, 또 용지결정을 금년도 내로 하기 위해서는 시유지로 할 수밖에 없다"는 것이었다.

반대는 또 다른 반대를 만든다

무사시노시 쓰레기 처리장의 이름을 '크린무사시노센터'로 정하고는 곧이어 예정지의 300m 범위내에 있는 주민 1,200세대에 동 센터의 개요를 담은 팜플렛을 배부했다. 그리고 시보로 '쓰레기 소각장을 시영 풀장'에 하게 된 취지를 시민에게 알렸다.

시장은 시민의 농의를 구하려고 지역별 설명회도 실시했다. 1979년 1월 16일 오오노다(大野田) 초등학교에서의 일이었다. 시측의 설명이 있기도 전에 격렬한 항의부터 들어오기 시작했다.

· 백지철회하라
· 시민이 결정하게 해야 한나!
　그래서 다시 모임을 갖기로 했다. 그러나 결과는 마찬가지였다.
· 용지가 너무 협소하다.
· 어린이 건강에 위험한 용지이다.
· 시민의 참여하에 재선정해야 한다.

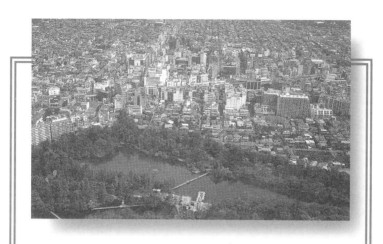

일본 도쿄도의 중앙에 위치한 무사시노시의 전경. 이처럼 과밀한 도시에서 과연 쓰레기 처리장을 어디에 세워야 할 것인가? 그러나 무사시노의 주민들은 시민위원회를 만들어 스스로 그 해결책을 구했다.

다시 모임을 열었다. 그러나 주민들은 더욱 격렬히 항의하기 시작했다.

"4월 말로 임기가 끝나는 시장이 결정할 일이 아니다. 시장이 결정한 것은 폭거나 다름이 없다. 그러므로 시민위원회를 구성해서 다시 선정해야 한다"며 '무사시노 쓰레기를 생각하는 연락회'를 만들었다. 그리고 동 연락회는 '쓰레기 처리장은 시민의 지혜를 모아서 건설하자'는 제목하의 전단을 3만 5천 매나 만들어 각 가정마다 배부했다. 그 전단의 내용을 간추려 보자.

"첫째, 시영 풀장 부지는 탁아시설과 학교에 인접하여 나쁜 영향이 크다.

둘째, 계획 발표 자체가 일방적인 것이며, 시민에게 판단의 자료를 주지 않았고, 용지선정 결과만을 인정시키려는 태도를 납득할 수 없다."

이윽고 공산당 무사시노위원회가 시민들에게 가세를 했다. '시민참여로 건설을 추진하라'는 제목으로 기관지인 '적기'(赤旗)의 호외를 발행했던 것이다. 하는 수 없이 시측은 다시 설명회를 개최했으나 결과는 마찬가지 였다.

· 시민참여로 용지를 선정하라.

· 소각로 기종 명시가 선행되어야 한다.

· 축구장에 세우자.

· 현 시장은 책임질 입장이 못된다.

하여간 시장이 내린 결론은 잘못된 것이라는 의견들이었다.

시장은 시보를 쓰레기 문제 특집호로 발간했다. 이 특집호는 공무원이 아닌 '청소대책시민위원회'가 편집하도록 했고 시민들의 반대의견과 시당국의 당위론을 함께 실었다.

그런데 얼마 후 시의회에는 다섯 가지의 진정서가 날아들어 왔다. 풀장을 잠시라도 없앨 수 없고, 소각장은 시민참여시스템에 의해서 조기 건설을 도모해야 한다는 것이 그 주된 내용이었다.

한편 '쓰레기 문제를 생각하는 모임'은 도유지(都有地)인 공원용지를 제공해 달라고 도쿄에 요구서를 제출하기도 했으며, 의회가 이에 가세하여 도쿄를 움직여 보려고도 했다.

시민참여요강을 시민이 작성

1979년 4월은 통일지방선거가 실시되는 달이었다.

4월 22일. 시장과 의회의원을 뽑는 선거에 현직시장이 출마하는 대신에 부시장인 후지모도(藤元) 씨가 입후보하였다.

3명의 시장후보 중에서 당선된 후지모도 마사노부(藤元政信) 씨만이 '쓰레기 처리장 건설'을 공약으로 내세웠고, 시의원 후보자 46명 중 선거공보에 쓰레기 처리장 건설을 언급한 사람은 15명이었다. 이들 15명의 대부분은 '조기 건설'이라고 표현하였으나 '주변 주민이 납득하는 방법'이라든가 '일방적인 강압이 안 되도록'이라고 표현한 사람도 있었다.

드디어 5월이 되자 신임시장이 집행부를 이끌게 되었고 의회도 새로 구성되었다. 그러나 이러한 변화 속에서도 '쓰레기 문제를 생각하는 연락회'는 변함없이 전세대에 전단을 배포하면서, "교육환경이 지켜질 수 있을 것인가? 부지면적이 집행부가 잡아놓은 1만㎡로 가능한가, 그리고 시민참여는 왜 이루어지고 있지 않는가"하는 문제제기를 하면서 시민들의 관심 환기를 호소했다.

한편 시영 풀장을 용지로 사용하는 것에 반대하는 측의 시민들은 일본에서 쓰레기 문제연구로 저명한 와세다대학의 요리모도 가쓰미(寄本勝美) 교수를 초청하여 강연회를 개최하면서, 아울러 신임시장에게 시민위원회를 만들어 용지를 재선정해야 한다고 요구했다. 6월 21일, 이러한 요구에 대하여 신임시장은 드디어 '쓰레기 문제를 생각하는 연락회'의 대표와 만나 시민참여방식을 도입하겠다는 약속을 했다.

한편 의회도 '폐기물대책특별위원회'를 재차 설치하여 용지선정 문제를 논의했지만 찬반 양파의 진정이 제출된 가운데 의견을 결정하지 못하고 있었다. 이러한 상황에서 시장은 의회의 특별위원회에 출석하여 '새로운 시민참여방식'을 궁리하겠다고 발언한 후 '청소대책시민위원회'가 시민참여시스템을 검토하여 제안하도록 했다, 시민참여의 방안도 시민이 결정하도록 했던 것이다. 이어서 8월에는 시민참여방안의 원안이 작성되었다.

8월 24일 시장은 시민참여 방식으로 용지를 결정하겠다는 공식 발표를 하면서 '시보'를 쓰레기 문제 특집호로 내고 '쓰레기 처리시설을 만들기 위하여 어떤 방식으로 시민참여를 하는 것이 좋을지'에 관해 시민들이 제안하도록 했다. 그리고 새로운 시민위원회의 구성을 위한 요강안을 만들어 시민회의를 열고 이 안에 대한 시민들의 의견을 들었다. 이 회의에의 참여자는 84명이었지만 엽서가 194통, 편지가 64통 그리고 관련단체들의 의견서가 23건이 제출되었다.

10월 12일, 청소대책 시민위원회는 '쓰레기 처리시설 건설을 위한 시민참여방식'을 시장에게 제언하고, 10월 12일에 발간된 '시보'에 이를 발표했다. '청소대책 시민위원회'가 편집한 '시보'에 실린 '무사시노시 크린센터 건설특별시민위원회 요강안'의 골자는 다음과 같다.

제   언

'무사시노시는 우리들 무사시노시민의 자치단체'라고 하는 우리 시의 기본정신에 입각하여 시가지내에 폐기물처리시설을 건설하는 사업을 시민의 참여와 합의에 의하여 추진하기 위해 이 요강을 정한다.

이 요강에 근거하여 특별시민위원회의 활동은 시 전역의 시민의 요구에 부응하고, 또한 동 시설물 주변지역 주민의 권리와 이익을 지키며, 그 동의를 얻기 위해 시민주도형의 시민참여로 수행한다……

상기와 같은 전문으로 이어지는 '제언'의 내용은 위원의 임무와 활동, 기구구성, 회의소집, 위원의 보수 등등이 명시되었다.

그런데 쓰레기 처리장 건설 용지를 건설할 동 위원회의 위원을 어떻게 구성할 것인가 하는 것이 가장 중요한 관심사였다. 이에 대해서 동 요강의 제4조는 다음과 같이 규정하고 있다.

"위원은 35인 이내로 하고, 시장이 위촉한다. 이의 구성은 현재 소각장 건설예정 4후보지로부터 각각 3명씩 12명과 일반시민으로부터 12명, 그리고 무사시노시내에 거주하는 관계전문가 11명으로 구성한다…….

그런데 공평성을 지향한다지만 공익대표시민, 중립적인 전문가, 시민 다수자의 의견을 대행하는 행정관계자만으로는 소수자이며 또한 직접 이해관계자인 주변지역 주민의 권리와 이익을 보호하는 데에는 한계가 있다. 용지를 선정하는 경우만이 아니라 소각장 건설공사와 지역대책시설, 건설 후의 처리장 관리와 운영에 있어서도 주변주민의 의향은 최대한 존중되지 않으면 안 된다. 따라서 쓰레기 처리장 입지 후보지의 주변에 살고 있는 주민이 이 위원회에 참여하는 것은 불가결한 조건이다…….'

4후보지 주변의 주민대표를 각각 3명씩 참여시키는 당위성을 무엇보다도 강조하고 있는 것이다. 그 후 '청소대책시민위원회'의 제언에 따라 위원인선을 마치고 12월 1일 발족한 특별위원회의 구성을 보자. 건설후보지 주변지역대표 12명 이외에 일반시민으로서는 사회단체대표 4명과 여덟 개의 지역공동체로부터 선출된 8명 그리고 11명의 전문가가 참여하고 있다. 예정후보지 주변 주민 중에 선발할 사람과 일반시민으로서 선발할 사람의 기준을 세부적으로 규정한 요강에 따라 선임했던 것이다. 그러나 산 넘어 또 산이었다. 시영 풀장 자리에 소각장 건설을 반대해오던 '쓰레기 문제를 생각하는 연락회'의 멤버 중 여론주도층인사들이 '시민위원회의 내용에 의문점이 있다'고 30항목에 걸친 공개질의를 제출한 것이었다. 따라서 시민위원회는 무엇보다도 이러한 문제제기에 대응하는 역할부터 수행해야 했다.

시민위원회의 이해조정

특별위원회는 발족하여 10개월 동안의 임기내에 26회에 걸친 회의를 열었고 다섯 차례에 걸친 보고서를 제출했다. 그리고 다섯 차례의 보고내용과 시민위원회의 운영상황을 시민들에게 알리기 위해서 매번 여덟 페이지로 된 별도의 홍보지를 다섯 차례 만들어 배포했다. 다섯 번의 회의 내용을 모아서 소상히 편집한 것이다. 물론 특별위원회의 모든 회의는 공개를 원칙으로 했지만, 방청하지 못한 많은 시민들에게 위원회의 활동에 관해 소상히 알림으로써 모든 시민이 쓰레기 문제를 함께 생각하게 하려는 의도에서였다.

그런데 말이 쉬워 26회에 걸쳐 회의를 했다고 하지만 그것은 쉬운 일이 아니었다. 서로 멱살잡이 직전까지 간 것만도 한두 번이 아니었다. 밤을 세워가며 장장 10시간 이상이나 긴 회의를 갖고, 드디어 타결점을 찾았다 싶으면 돌연 반대의견이 돌출했다. 몇 번인가 거의 합의에 이르렀다고 서로 좋아하며 새벽에 헤어졌지만 해가 뜨고 다시 저녁무렵이 되니 전날 했던 의견은 없었던 것으로 해달라는 소리에 배신감도 느껴야 했다.

그러기를 몇 달. 드디어 1980년 9월 28일에 밤을 새워가면서 장장 13시간 동안에 걸친 회의 결과 시민위원회는 4곳의 후보지 중에서 최적지를 선정했다. 그리고 그 결과를 29일 시장에게 제출했다. 시민위원들은 전 시장이 선정했던 시영 풀장은 부적격하다고 판정했고, 결국 시영종합운동장이 쓰레기 소각장건립에 최적지란 결론을 내린 것이다.

그러나 문제는 여기에서 그치지 않았다.

얼마 후인 10월 30일. 시영종합운동장 부근의 주민들이 들고 일어났던 것이다. 주민들이 반대투쟁조직을 결성하고는 반대의견서를 시장에게 제출했다. 한편 시영운동장부지의 옛 소유주인 구지주(舊地主)도 당시 시영운동장 부지 반환청구재판이 계류 중이므로 쓰레기 처리장을 다른 곳에 세워야 한다는 의견서를 제출해 왔다.

그러나 이러한 반대 움직임에도 불구하고 시장은 쓰레기 처리장을 시영운동장에 세우도록 결정하고는 '시의회폐기물대책특별위원회'에 이러한 사실을 통고하면서 구지주에게도 협력을 요청했다.

12월 3일. 신문은 최종 결정이라고 대서특필했지만, 그와 같은 시간에 구지주는 '추진반대'의 진정서를 의회에 제출하고 있었다.

진정서의 내용을 살펴보자.

진 정 서

금번 시장은 종합운동장내에 쓰레기 처리장을 설치하려 하나 지역주민과 구지주는 절대반대의 입장을 밝히는 바이다.

당 운동장은 1949년 시와 지주 간에 20년간의 임대계약을 맺고 건설한 것이다. 계약기간 만료 후 지주측이 토지반환을 시측에 요구했으나 시측이 이에 응하지 않아 지주측은 재판을 청구했었다.

당시 조역의 지위에 있던 현 시장은 재판정에서 "지주측의 기분은 이해할 수 있지만, 당 체육관은 시민의 레크레이션장으로서 우리 시에 있어서 유일한 공공 스포츠시설이다. 따라서 이 시설을 상실하는 것은 시로서는 치명적인 것이다. 지주께서는 이러한 점을 널리 양해해 주시길 바란다"고 증언했다.

이러한 요청에 따라 지주는 매매계약을 체결했던 것이다. 그런데 증언 후 불과 5년밖에 지나지 않은 시점에서, 증언대에 섰던 현시장이 운동장을 쓰레기 처리장으로 변경하려는 처사에 지주뿐만 아니라 지역주민으로서도 울분을 터뜨릴 수밖에 없다.

시장의 금번 처사는, 그 출발점부터 선량한 시민을 기만할 목적으로 수행한 것이라고 보지 않을 수 없다. (중략)

종합운동장은 현상태 그대로 유지해야 하며, 전·현 시장 모두 설명내용에 신빙성이 없으므로, 주민으로서 이해하고 협력할 수가 없다.

상기의 이유로 절대 반대한다.

그러나 지주의 진정서로도 시의회를 움직일 수가 없었다. 시민의 대표인 시의회로서는 또다른 시민대표였던 위원회의 결정을 존중해야 했기 때문이다. 시장도 '시보'를 통해 종합운동장으로 결정했다는 사실을 공포했다. 특별시민위원회는 시를 동서남북으로 나누어 현지 설명회를 개최했다.

다음은 1980년 1월 8일, 53명의 주민들에게 실시한 운동장 주변의 현지설명회 모습이다.

· 주민이 사회를 보도록 해달라.
· 작년 말에 시장이 반대운동추진위원회의 위원장댁에 수공예품을 선물로 가져왔던데, 배나무 밑에서는 갓끈을 고쳐매지 말아야지.
· 진 시장은 운동장터는 재판에 계류중이라 불가능하다고 했는데.
· 지주가 재판 때 운동장을 여러 주민이 이용한다는 것 때문에 매각했는데.

두 시간 반이 지나도록 협조의 목소리가 나올 분위기는 아니었다. 그러나 특별시민위원회는 또다시 현지설명회를 개최하고 지역의

깨끗히 정리된 무사시노시 기찌조우지(吉祥寺)역 기다구찌(北口) 광장

대표자들과 협의회·간담회를 거듭 거듭 실시했다.

그러나 별 효과가 없었다. 심지어 반대파들이 시장을 상대로 행정소송을 제기했다.

이러한 상황이 벌어지자 의회도 현지를 찾아가 설득작업에 나섰다. 주민들은 무사시노시 유일의 종합스포츠시설을 파괴하는 것에 대한 대안을 따졌고, 다른 후보지가 왜 부적격한지를 꼬치 꼬치 물었다. 의회는 특별시민위원회의 자료를 토대로 성의를 다해 대답했다.

소각장운영 시민협의회의 설치

드디어 숨통이 트일 것 같았다.

특별위원회에 시의회가 합세하고 나서야 반대파의 소리가 누그러지기 시작했던 것이다.

이윽고 크린센터 건설 특별시민위원회가 제언했던 '요강'의 규정에 따라 크린센터 건설지 주변 주민의 권리와 이익을 지키기 위해, 크린센터 및 주변의 개발계획, 센터의 건설과 운영에 관한 주요사항을 심의할 목적으로 지역개발위원회를 설치했다. 위원은 주변의 주민대표, 관계전문가, 행정관계자로 구성했는데, 특히 행정소송을 제기했던 반대파의 대표도 위원으로 참여했다. 동 위원회는 크린센터의 건설 시작과 동시에 활동을 개시했다.

동 위원회가 제시한 첫 제언은 배기가스의 기준을 설정하고 굴뚝의 높이를 결정한 것이다. 동 위원회는 그 후에도 크린센터 주변의 환경과 스포츠시설의 정비, 리사이클의 추진, 크린센터의 운영에 관하여 엄밀히 감시하면서 그 방향을 제시했다.

동 위원회는 1984년 10월 21일 크린센터의 건설완료와 동시에 해산하고, 크린센터 주변의 주민들로 구성된 '크린센터 운영협의회'에 그 기능을 인계했다. 행정소송을 제기했던 반대파들이 대거 참여하고 있는 이 운영협의회는 센터의 운영에 관해 엄격한 감시자로서의 기능을 현재에도 수행하고 있는 것이다.

현재 무사시노시의 시청 마당 바로 옆에 있는 쓰레기 소각장은 이처럼 시민참여라는 신발을 신고 고뇌의 산을 넘어 건설된 전형적인 시설인 것이다.

필자는 도쿄 무사시노시에서 쓰레기 소각장의 건설과정을 살펴보면서 지역개발은 '시스템개발'이라는 생각을 했다.

몇몇 소수의 사람이 지역을 개발하는 것은 아니다. '지역개발'의 성공은 다수의 다양한 사람을 어떻게 활용하느냐에 달려 있는 것이다. 어떻게 지혜를 짜내며, 서로 다른 의견을 조정하고 합의를 형성하고 실행해 나가느냐 하는 시스템의 중요성을 다시 한번 느꼈던 것이다. 사람을 활용할 시스템이 정립되어 있지 못하면 사람의 능력은 충분히 발휘되지 못한다. 마찰에너지로 소모되어 버리기 때문이다.

그러므로 지역개발은 시스템개발이기도 한 것이다.

개발의 시스템에도 여러 가지가 있다.

장래를 지향해서 계획과 구상을 정립하는 시스템, 계획과 구상을 종합적으로 실현해 나가기 위해 지혜와 파워를 모으는 시스템, 주민의 의견을 반영하는 시스템, 생활의 모순과 충돌을 완화시키는 시스템, 완성된 시설이나 제도를 관리·운영하는 시스템, 인재를 교류시키고 육성시키는 시스템 등이 그것이다.

그렇다. 인간을 연대시키는 시스템 그것이야 말로 지방자치의 필수적인 메커니즘이다. 시민회, 생활협동조합, 소비자위원회, 환경단체, 연구그룹, PC동호회, 사단법인, 그리고 반상회와 시민축제, 이벤트, 이 모두는 인간을 연대시키는 시스템인 것이다. 그리고 한 지역에 있어서 이러한 요소들의 모습은 곧 그 지방이 전개하는 지방자치의 모습인 것이다.

무사시노시는 1971년부터 지역의 장기계획도 '시민위원회'를 구성하여 짜도록 하는 전통이 있었다. 이미 오랜 세월 동안 주민참여의 광장은 열려 있었고 행정과 주민 간의 신뢰가 형성되어 있었던 것이다. 그러했기에 이러한 시민참여는 사회적 마찰에너지를 극복하는 시스템으로서 기능할 수가 있었다.

보다 많은 참여는 보다 발전된 참여를 잉태한다. 그런데 시민 모두가 참여하고 지역사회를 시민과 당국 간의 '공동작품'으로 만들어 가기 위해서는 평소에 시민참여의 광장을 열어 놓아야 하는 것이다. 이렇게 볼 때 무사시노의 쓰레기 처리장은 하루 아침에 만들어진 것이 아니다. 시민이 만든 무사시노시의 쓰레기 처리장이 이를 증언하고 있다.

지방자치는 오케스트라
지휘자와 연주자 그리고 관중의 하모니

불씨와 같은 부하는 상관을 감동시킨다. 그래서 상관에게 동기를 부여하고 새로운 아이디어를 제공한다. 진정한 리더십이란 직위와는 관계가 없다.

벌써 20년 전의 일이다. 일본 오끼나와현이 지역개발을 위한 특별대책을 세운 적이 있다. 작은 섬으로 구성된 오끼나와의 젊은이들이 대학진학을 위해 오끼나와를 떠나면 그 길로 돌아오지 않는 것에 대한 대책이 시급했던 것이다.

오끼나와현은 이 문제의 해결을 위해 국립 오끼나와대학에 프로젝트를 주었고, 오끼나와대학은 그 방책으로서 지역의 청소년들에게 애향심을 일깨우는 특별교육을 실시키로 했다.

지휘자와 연주자 그리고 청중

　여기까지의 이야기는 그저 평범하게만 들린다. 그러나 놀랄만한 사실은 오끼나와대학이 선택했던 이 프로그램의 담당 강사가 고작 인구 1만 2천인 야마카타현(山形縣) 오쿠니마찌(小國町)의 다카하시 무쯔미(高橋睦美)라는 기획계장이었다는 사실이다. 다카하시 계장의 강의는 학생들의 심금을 울리는 하나의 절절한 호소였고 초청자의 기대 이상으로 효과가 있었다.

　　"바다에 둘러 쌓인 오끼나와처럼 첩첩산중에 둘러 쌓인 오 쿠니마찌도 마찬가지의 섬이었습니다. 젊은이들이 고도성장과 도시화에 의해 대도시로 떠나고 지역에 남은 것이라고는 노인과 토지뿐이었지요. 저는 청소년들에게 자신이 태어난 토지의 의미와 풍요롭게 산다는 것이 과연 무엇인지를 생각하도록 하려고 했었지요."

　당시를 회고하는 다카하시 조역(助役)의 말이다. 다카하시 씨는 20년이 지난 지금(1994년) 오쿠니마찌의 조역(부단체장)으로 일하고 있다. 오쿠니마찌를 자치계(自治界)의 주역(主役)으로, 그리고 야마카타현내의 44개 정·촌(町·村) 중에서 주민소득을 1위로 만든 조역인 것이다. 그런데 그는 일류대학출신일 뿐 아니라 원래 오쿠니마찌가 고향이 아닌 낯선 타향이었다. 그가 오쿠니마찌에 취직할 당시에는 일류대학출신이 타향의 작은 산골 지방자치단체에 들어가는 것은 극히 예외적인 일이었다.
　필자는 타카하시씨에게 그 이유를 물어 보았다.

"선친의 유언 때문이었습니다. 선친께서는 여행을 좋아하셨는데 옛날에 야마카타현을 일주하시면서 해가 지면 낯선 시골집에서 하룻밤 묵어 쉬어가곤 하셨답니다. 그런데 야마카타현 내에서 유독 오쿠니마찌에서만은 재워주는 곳이 없더랍니다. 인심이 야박해서 재워주는 사람이 없는 줄 알았는데, 나중에 알고 보니 주민들이 원체 가난해서 아침 대접을 할 형편이 안 되었기 때문에 재워줄 수 없었다는 것이었습니다. 저희 선친께서는 이러한 사실을 가슴 아프게 생각하신 나머지 돌아가실 때 유언으로 저에게 오쿠니마찌를 잘 사는 고장으로 만들어 달라고 하셨습니다. 저는 아버지의 가슴을 물려받아서 평생사업으로 오쿠니마찌를 키우고 가꾸는 일에 제 역량을 다 쏟으려 했던 것입니다."

다카하시 계장의 역량 뒤에는 '명 지도자' 곤슈이찌로(今周一郎) 정장의 도량(度量)이 있었다. 1964년부터 무려 6기에 걸쳐 정장으로 재직했던 곤 정장은 연주자 다카하시가 마음껏 연주할 수 있는 분위기를 연출했던 것이다.

다카하시 계장은 육지 속의 섬 오쿠니마찌를 개발함에 있어서 국가의 제도나 지원에 앞서서 끊임없이 새로운 발상을 내놓았다. 그리고 이러한 발상을 나중에 중앙정부와 현이 정책으로 도입하게 했던 사례가 한두 가지가 아니다. 그는 지역개발의 핵심은 '인간'(人間)이라고 생각했다. 지역개발은 인간개발에서 시작하여 인간개발로 끝난다고 생각했다. 지역의 입지조건이나 자연조건의 유리성(有利性)보다는 그 곳에 살고 있는 주민들의 열의와 노력이 지역개발에 있어서 가장 중요한 기반이라고 생각했다.

허나 인재란 아무리 소질이 있고 의욕을 가지고 있어도 그것을 살려주는 토양이 없으면 개화(開花)하지 못한다. 물론 인재에도 여러 종류가 있다. 보배와 같은 인재(人財), 잘 쓰면 재목이 될 인재(人材), 일은 안 하고 잔재주만 부리는 인재(人才), 그저 있으니까 있는 있으나마나한 인재(人在), 있는 것이 오히려 재앙인 인재(人災)가 그것이다. 그런데 곤 정장은 인재(人財)를 받아들이고 인재(人材)를 키우는 풍토를 배양했던 것이다. 그리고 인재를 키우는 이러한 풍토는 연주자들에게도 전수되었다.

이러한 풍토에서 성장하여 나중에 조역이 된 다카하시는 필자에게 다음과 같은 말을 했다.

"부하들에게 일을 시키기보다 내가 직접 나서면 훨씬 처리 속도가 빨라지는 것이 많지만 저는 될 수 있는 한 직접 나서기를 자제합니다. 내가 직접 나서서 아이디어를 쉽게 줘버리고 방법을 일일이 일러주면 직원들의 창의력을 키울 수 없으니까요. 제가 언제까지나 이 자치단체에 남아있을 수 있는 것도 아니지 않습니까. 그래서 저는 지금부터는 퇴임하기 전에 부하들의 능력을 키워주는 것에 가장 관심을 기울이고 있습니다."

그런데 일본에 있어서도 대부분의 공무원들은 언제나 그렇다. 중앙관료들은 제도를 만든 것으로, 그리고 지방관료란 시설을 만든 것으로 그 공적을 뽐내려 한다. 그러므로 시설을 만들면서도 그 시설을 이용할 '사람'은 키우지 않는다. 거대하고 호화로운 시설을 만들어 놓고 개점 휴업에 들어가는 것은 시설을 만드는 것만으로도 자랑거리가 충분하다고 생각하기 때문이다.

사실 그럴까? 제도를 만들고 시설을 만든 지도자보다는 인재를 키운 지도자가, 그리고 인재를 키운 지도자보다는 풍토를 배양한 지도자가 더 큰 지도자가 아닐까! 인재란 아무리 소질이 있고 의욕을 가지고 있어도 그것을 살려주는 토양이 없으면 개화하지 못하기 때문이다.

하나의 지역은 세 가지 요소의 조화 속에서 발전해 나간다. '천(天)의 시(時)'와 '지(地)의 리(利)' 그리고 '인(人)의 화(和)'가 그것이다.

'천(天)의 시(時)'란 무엇인가? 그것은 중앙정부의 정책을 말하는 것이다. 중앙정부의 정책이란 시대에 따라 변한다. 중화학공업을 육성하다가 경공업으로 그 중심을 옮기는가 하면, 주변 사정의 변화에 따라 동해안쪽 개발에 힘을 쏟다가 서해안으로 관심이 바뀐 사례들이 이를 잘 나타내준다. 그러므로 지방의 개발에 중앙정부의 정책을 활용하는 데에는 그만큼 시대적·시간적인 궁합이라는 시운(時運)이 맞아야 한다는 것이다.

'지(地)의 리(利)'란 무엇인가? 그것은 말 그대로 지역이 가지고 있는 이점과 한계, 즉 '입지'(立地)의 특성을 말한다. 우리가 한 지역의 발전을 구상할 땐 무엇보다도 그 지역이 가지고 있는 입지의 특성을 최대한 살려야 할 것이다.

마지막으로 '인(人)의 화(和)'란 그곳에 살고 있는 주민들의 화합(和合)을 의미한다. 주민들이 지역에 애착을 갖고 있는 곳에는 지혜가 모인다. 훌륭한 지도자가 있는 곳에는 이러한 지혜가 꽃을 피우게 된다. 인화란 애착과 지혜의 조화로 이루어지는 것이다.

그렇다면 이러한 세 가지의 요소 중에서 지역발전에 가장 중요한 영향을 미치는 것은 무엇일까?

일찍이 맹자께서는 이러한 질문에 '천여불여지리(天時不如地理)요, 지리불여인화(地理不如人和)'라는 말로 대답하고 있다. 이 말을 현대적으로 해석하면, 중앙정부의 정치적 배려보다는 입지가 갖는 값이 더 크고, 입지가 갖는 값보다는 주민들간의 내부적인 화합이 더

두메산골 오쿠니마찌의 종합센터 안에 있는 25m 온수 풀장. 눈내리
는 겨울에도 수영을 즐길 수 있다.

중요하다는 것이다.

　내부적인 화합과 화음을 갖춘 하나의 자치체를 심포니에 비유할
수 있다. 전체를 컨트롤하는 지휘자가 있고, 연주자를 리드하는 콘서
트 마스터가 있으며, 훈련받은 연주자가 각자의 위치에서 제소리를
내는 것이 그것이다. 그리고 훌륭한 지휘자는 훌륭한 청중을 만들기
도 한다.

　자치체라는 오케스트라의 책임자인 단체장은 스스로 연주하는
사람이 아니다. 좋은 연주를 하게 하는 시스템의 관리자이다. 계장·
과장이 신나서 일하게 하고 시민단체와 주민들 그리고 기업들이 함
께 일하도록 연출가로서의 기량을 발휘해야 한다. 그러나 시스템의
관리자여야 할 단체장이 단역배우 노릇에 급급하다면, 그 곳의 지방
자치는 이미 잘못되고 있는 증거이다. 사령관이 소총수로 전락했기
때문이다.

　지방자치라는 오케스트라를 실질적으로 움직여 나가는 세력은

공무원이다. 그런데 바람직한 지방자치의 모습을 그려본다면 유연한 관료기구와 대국적 견지에 서서 이러한 관료를 부리는 지도자와의 협업체제인 것이다. 유연할 수 있다는 것은 '프로'기질이 있다는 것을 말한다. 좋은 연주자가 되기 위해서는 연주가가 '쟁이정신'이 있어야 하듯, 공무원에게는 '프로정신'이 있어야 한다.

그런데 지방자치라는 오케스트라는 주민과 협연(協演)을 해야 제소리가 난다. 필자는 명지휘자인 곤 정장과 콘서트마스터인 다카하시 그리고 공무원이라는 연주자와 향기를 품은 주민들로 구성된 오쿠니마찌의 교향곡을 소개할까 한다.

종이와 연필로 하는 중앙행정

도쿄에서 야마카타 신간센(山形新幹線)을 타고 북쪽으로 2시간 30분 가량 올라가면 우에스기요잔의 향리 요네자와시(米澤市)가 나온다. 그리고 요네자와시에서 다시 서북쪽으로 첩첩산중 길을 1시간 가량 가면 드디어 오쿠니마찌가 나온다.

1990년 현재 인구 1만 1,315명의 작은 자치단체. 11월부터 4월까지 무려 6개월 가량이나 눈발이 날리는 호설산촌(豪雪山村)이다. 1993년 한 해 동안 내린 눈은 모두 1,256cm였고, 12월 23일은 하루에만도 59cm가 내렸는데, 연중 최대 적설량이 169cm를 기록했다.

이러한 악조건의 산간오지 오쿠니마찌가 야마카타현(山形縣)의 44개 기초자치단체 중에서 주민소득 3위를 차지하고, 다른 농촌과는 달리 장가 못가는 노총각이 없는 이유는 무엇인가? 총면적 중에서 0.4%를 점하는 택지를 제외하면 농지라고는 불과 2.2%인 이 두메산골이 살아가는 비결은 무엇인가?

그것은 바로 지방자치였다. 이 역경(逆境)의 땅을 지방자치로 개간했던 것이다.

> "법이 있으므로 일이 있는 것이 아니지요. 지역이 있고 그 곳에 주민이 살고 있으며, 이들 주민들이 살아가는 데에 필요한 수요(需要)가 있으므로 행정과 일이 있는 것이지요. 그러므로 우리 공무원들의 업무란 법규가 아니라 주민들의 욕구에서 출발하는 것입니다. 그리고 주민들이 실제 무엇을 요구하고 있는지를 알기 위해서는 들리지 않는 소리를 들을 수 있어야 합니다."

1994년 8월 오쿠니마찌의 오노 세이찌(小野精一) 기획과장이 필자에게 한 말이다.

그렇다. 자치행정이란 법규를 방패로 수행하는 것이 아니다. 그리고 '준칙'을 근거로 '발상'을 하고, 제도적 '틀' 속에 갇혀 있는 한 지방자치의 꽃은 피지 않는다. 법과 예산이 있으므로 '일'이 있는 것이 아니다. 주민에게 꿈과 미래, 불만과 욕구 그리고 갈등이 있기 때문에 행정이 있는 것이며, 이러한 행정을 위해 법과 예산을 현장에서 만들어 나가야 하는 것이다. 그러나 중앙집권적인 행정에 매몰되어 있는 공무원들은 제도적 사고에 함몰되어 있다. 따라서 위에서 시키는 일에 대응한 '대책'은 세울 수 있어도 지역의 수요에 입각한 '정책'을 세우지는 못한다. 중앙집권은 '기획가형 공무원'을 키우지 못하고 '서기형 공무원'만 양산하기 때문이다.

1966년 오쿠니마찌에서는 주민여론을 종합적으로 조사했다. 그 결과 지역에 도시적 기능을 갖춘 문화센터의 건설이 가장 시급한 과제로 떠올랐다. 그러나 문제는 돈만이 아니었다. 93%가 산림이며 인구 1만 2천여 명의 조그만 자치단체에 무려 114개의 촌락이 산재(散在)하고 있어서 골고루 시설을 배치할 수가 없었던 것이다. 그래서 궁리 끝에 마찌의 중심부에 보육원, 노인센터, 청소년센터, 농민연구원, 스포츠센터, 도서관, 공연장 등등의 다목적 기능을 갖춘 종합집회시설인 '오쿠니마찌 종합개발센터'를 건설하기로 했다.

그러나 종합센터의 구상은 세워졌지만 그 실현은 간단치 않았다. 주민들이 이 센터에 기대하는 바를 설계에 담았지만 재원이 없었기 때문이다. 그래서 어쩔 수 없이 중앙정부를 설득하여 보조금을 타내는 수밖에 없었다.

당시 오쿠니마찌는 산촌진흥법에 의한 '진흥산촌'으로 지정되어 있었다. 그래서 우선 산촌진흥법의 주무관청인 경제기획청부터 설득하기 시작했다. 그러나 경제기획청은 돈을 줄 수 있는 현업기관이 아니었다. 그리고 자치성, 문부성, 농림성, 건설성, 후생성의 관계관들을 찾아다니며 설득해보았지만 허사였다. 당시 일본의 제도는 각 부처 소관의 시설들은 각각 분리하여 건설하도록 되어 있었던 까닭이다.

예컨대 지역공동체는 자치성, 공민관은 문부성, 취락센터는 농림성, 복지센터는 후생성이 관장하였다. 비슷한 기능을 수행하는 이들을 통합할 수 없는 고질적인 부처이기주의와 할거주의가 벽이 되고 있었던 것이다.

방법이 있다면 하나의 성(省)에 전 예산을 모두어 주고 그 성이 주무관청이 되어 시설을 건설하는 것이었다. 그러나 타 부처가 이를 받아들일 리가 없었다. 여러 부처가 각자 지방에 주는 영세한 보조금을 모아서 한꺼번에 쓸 수만 있다면 무척이나 유효할 텐데. 중앙은 그만큼 지방의 사정을 모르고 있었다. 국익보다도 부처이기주의라는 늪에 빠져 있었기 때문에, 그리고 종이와 연필로만 행정을 했기 때문에 농촌지역의 현실을 이해하지 못했던 것이다.

어느 나라나 현실(現實)·현장(現場)·현물(現物)이라는 3현주의(三現主義)에 입각한 것이 바로 지방자치이다. 그러나 중앙은 10년쯤은 시대에 뒤진 법규만 들먹거린다. 그들은 종이와 연필만으로 행정을 수행하기 때문이다.

심지어 중앙의 관료는 다음과 같은 말을 했다.

> "만약 각 성(省)의 예산으로 종합센터를 건설했을 때, 이 방은 농림성, 저 방은 문부성의 관할이라고 칩시다. 그러면 그 사이의 벽은 누구의 관할입니까? 아니면, 1층은 문부성의 관할이고 2층은 후생성의 관할이라면, 천장과 마루바닥의 사이는 누구의 관할에 속합니까?"

땀과 가슴으로 하는 현장행정

숨통이 막히는 중앙관료의 질문이지만, 오쿠니마찌는 거기서 멈출 수가 없었다. 지방자치는 땀과 애착으로 하는 것인데, 그들은 그것을 가지고 있었다. 각 성의 기획통, 재정통 중에서 그래도 지방의 의견을 이해하는 시각을 갖는 사람을 찾아다니며 열 번, 스무 번 설명을 했다.

드디어 대장성은 청신호를 보내왔다. 각 성이 예산을 조금씩 추렴해도 좋다는 해석을 내린 것이었다. 그러나 조금씩 보태줄 부처는 없었다.

그래도 경제기획청만은 종합센터의 구상이 함축하고 있는 효용성을 높이 평가하여 호의를 보여주고 있었다. 나중에 수상이 된 미야자와(宮澤) 장관이 열의를 갖고 후원해 준 것이다. 물론 미야자와 장관이 호의를 갖게끔 하는 데에는 첩첩산중의 어려움이 있었다. 다카하시 계장이 경제기획청의 간부를 면회하려 해도 국장은커녕 과장들도 만나주려 하지 않았다. 어렵게 만나도 말을 들어 주지를 않았다. 그래서 그는 최후수단을 동원하기로 했다. 직접 장관실로 쳐들어간 것이다.

"어디서 오셨지요?
예. 장관님의 고향에서 왔습니다.
무슨 일로 오셨지요?
장관님의 후원회 일을 보고 있는데 그 일로 급히 상의드릴 것이 있어서요."

비서에게 엄청난 거짓말을 했던 것이다. 드디어 면회가 허용되었다.

"아니 당신은 처음보는 사람인데!
예, 그렇습니다. 장관님. 용서해 주십시오. 저는 야마카타현 오쿠니마찌의 기획계장입니다. 저는 우리 지역과 국가를 위해서 저의 목을 내놓고 이방에 들어왔습니다. 제가 올리는 말씀을 잠시만이라도 들어 주십시오."

다카하시 계장의 설명을 듣고 난 장관은 고개를 끄덕였다. 그리고 간부들을 소십했다.

"장관 : 효율성면에서도 그렇고, 앞으로 각 부처가 지급하는 보조금 등으로 자치단체가 통합청사를 지을 수 있도록 하는 것이 어떨까요?

국장 : 역시 장관님의 생각은 혜안이올습니다. 멋진 발상이라고
　　　생각합니다.
장관 : 이 바보들아, 이건 내 생각이 아니야! 시골의 계장이 내
　　　게 가르쳐 준 것이란 말이야. 어찌해서 당신들은 시골 계
　　　장이 당신들에게 제안할 때는 그렇게 묵살해 버리고 내가
　　　말하면 혜안이라니! 당장 나가서 이 일을 처리하시오."

　　이러한 일이 있은 후 경제기획청과 야마카타현, 그리고 오쿠니
마찌가 일체가 되어 현지조사와 연구회를 수차 거듭했다. 그리하여
드디어 현업청이 아닌 경제기획청으로서는 사상 처음으로 스스로의
예산을 획득해서 사업을 하게 되었다. 경제기획청의 단독모델사업 제
1호로 오쿠니마찌의 종합개발센터가 건설된 것이다.
　　이 사업의 의미는 실로 컸다. 그렇게도 두텁던 중앙집권적 할거
행정에 대한 '정문(頂門)의 일침(一針)'을 작은 오쿠니마찌가 놓은
것이다. 실로 작은 마을의 큰 도전이 아닐 수 없다. 바로 이러한 사
실을 두고 지방자치가 정책의 지역적 실험을 가능케 하는 것이라고
하지 않았던가! 민주주의는 민중의 발의가 정책에 반영되어야 한다.
마찬가지로 민주주의 국가라면 지역의 의사가 국정에 반영되어야
하는 것이다.
　　이로부터 일본에서는 다목적 집회시설의 정비가 새로운 붐을 일
으키게 되었다. 또한 각 부처의 자세도 변하여 각 부처사업의 연대
(連帶)가 일반화되었고, 지방자치단체들에게서도 보조금을 타기 위해
시설을 만든다는 자세에서 지역의 개발철학에 입각하여 보조금을 만
들어 나가려는 풍토가 나타나기 시작했다. 아사히신문이 사설(1967년
9월 16일)에서 이 센터를 '21세기에의 축성(築城)'이라고 높이 평가
한 이유도 여기에 있었다.

주민이 만든 토지헌장

'종합개발센터'는 8회에 걸친 주민집회에서 주민들의 요구를 토대로 설계한 것이었다. 앞마당에는 밤에도 수영을 할 수 있는 풀장을 만든 것도 주민들의 요구에서 비롯된 것이다.

그러나 주민들은 요구만 하지는 않았다. 28%의 국비와 14%의 현비(縣費) 이외에는 마찌가 건설비를 부담했지만, 노인회를 필두로 하여 비품기증운동을 전개한 것이 그것이다. 당초 500만 엔의 모금을 목표로 전개된 이 운동의 모금대상자에는 생활보호대상자들은 제외되고 있었다. 그러나 생활보호대상자들도 "우리가 지금은 가난하지만 영원히 가난하란 법은 없다. 그러므로 종신토록 사용하게 될 종합센터에 비품을 기증하는 운동에 우리도 동참하겠다"고 나섰다. 그리하여 모금액은 700만 엔을 초과하게 되었다.

실로 산업화와 더불어 도시에는 정신적인 유랑민들만이 그리고 농촌에는 어쩔 수 없어 시골에 살고 있다고 생각하는 숙명토착민(宿命土着民)만이 살고 있다고 일컬어지고 있던 당시에, 종합센터의 건설은 그 자체가 지역공동체의 재구축을 의미하는 것이었다. 그런데 주민참여의 정신은 여기에서 밈추지 않았다.

1977년 오쿠니마찌의 오오다끼(大瀧)부락에서의 일이다. 당시 기획계장이던 오오노(大野) 씨가 동 부락을 방문하여 마을사람들에게 다음과 같이 말했다.

"지금부터의 지역개발은 마을가꾸기부터 시작해야 한다고 생각합니다. 그리고 이런 마을가꾸기의 기본은 마을의 토지이용계획을 세우는 것에서부터 출발해야 한다고 봅니다."

그런데 놀랍게도 이 말에 대한 대답을 주민들은 이미 준비해 놓고 있었다.

    "우리들은 이미 마을의 토지이용계획에 착수했지요. 마을에 방재 댐을 만들 계획으로 조사를 하다가 마을 한쪽의 산이 동경 사람에게 팔려나간 것을 알고 놀랐지요. 마을의 토지가 하나씩 외부에 팔려나가면 토지의 난개발뿐만 아니라 농촌의 정신적 질서도 붕괴되지요."

주민들은 토요일 밤마다 모여 5천분의 1지도로 마을의 토지이용계획을 세웠었고, 자손들이 토지를 더욱 유효하게 사용하고 마을이 발전하게 하는 토지헌장을 제정한 것이었다. 토지헌장의 내용은 오오타키 마을의 땅은 그 소유주가 누구이냐를 막론하고 마을 주민 모두를 위해 유효하게 활용되어야 한다는 것을 골자로 하여 마을 사람들이 마을의 토지를 지키자는 행동준칙이 포함되어 있다.

오오다키마을의 움직임은 다른 마을로 전파되기 시작했다. 이러한 움직임의 영향 때문인지, 1980년에 만들어진 '오쿠니마찌의 발전기본계획'이 주민들의 손으로 짜여진 것도 결코 우연은 아닌 것이다.

그렇다면 오오다키마을이나 오쿠니마찌의 주민들이 처음부터 세련되게 참여할 줄 아는 주민들이었던가? 그렇지는 않은 것 같다. 이곳에도 우여곡절이 많았던 것이다.

그러나 옛날에 루소(Rousseau) 선생도 말씀하시지 않았던가! "보다 많은 참여만이 보다 발전된 참여를 가능케 한다"고. 그러하였던 것이다. 오쿠니마찌의 주민들은 피아노를 치면서 피아노를 배우듯, 수영을 하면서 수영을 배우듯, 참여를 통하여 참여를 배운 것이다. 그래서 지방자치를 '민주주의의 학교'라고 하지 않았던가!

오쿠니마찌에 있는 일곱 개의 호텔과 마찌가 출자한 레스토랑의 요리는 그 재료의 거의 대부분을 지역내에서 생산한 것을 쓴다. 농산물을 멀리 시장에 판매하는 1차산업이 아니라 3차산업으로 연결한 것이다.

흰 숲의 나라 100년 계획

지방자치단체를 경영하는 기본은 토지활용과 자원개발이다.

오쿠니마찌는 도쿄 23구와 맞먹는 넓은 구역을 보유하고 있다. 그런데 오쿠니마찌는 이러한 넓은 구역의 모든 토지를 어떻게 활용해야 할지 정밀하게 계획을 세워놓고 그 모든 산과 들을 100년 계획하에 동일한 이미지로 통일하여 개발하고 있다. 100년 후에 오쿠니마찌 전역을 하나의 '흰 숲의 공원'이라고 부를 수 있는 22세기 계획을 세운 것이다.

일본의 자치단체들은 70년내부터 지방자치법에 근거하여 종합계획을 세워왔다. 그러나 오쿠니마찌처럼 전 지역을 하나의 이미지하에 개발하려는 100년 계획을 세운 곳은 없다.

그렇다면 왜 하필 '흰 숲의 공원'인가? 오쿠니마찌의 산야에는 너도밤나무, 졸참나무, 단풍나무가 주종을 이루고 있다. 이것을 '흰 숲'이라고 부르는 것이다. 흰 숲이라는 말은 독일의 '검은 숲'에서 따온 말이기도 하다. 검은 숲이 침엽수로 된 인조 숲이라 한다면 흰 숲은 너도밤나무를 주종으로 한 광엽수의 자연림이다. 그런데 오쿠니마찌의 겨울은 너도밤나무의 흰색 몸통과 흰색 가지 그리고 흰 눈으로 덮인 '흰 숲의 나라'가 된다.

'흰 숲의 나라'를 자연과 조화된 개성있고 활력있는 고장으로 만들려는 흰 숲 공원계획, 이 계획의 핵심은 '교류(交流)와 정주(定住)의 고향'을 지향하는 것이다. 그래서 오쿠니마찌는 전 지역을 하나의 이미지하에 두되 네 개의 구역으로 나누어 교류기지를 만들고 있다. 그것은 중앙종합레크레이션기지, 북부의 향토학생촌, 남서부의 향토가족촌, 남동부의 향토아동촌이 그것이다.

중앙레크레이션 기지에는 '건강의 숲'과 스키장, 종합체육관, 산림학습관, 온천건강관, 체험교류센터 등이 정비되어 있다. 향토가족촌에는 고사리공원, 국민숙사, 온천장, 캠프장, 은어양식장 등이 정비되어 있다. 또한 향토아동촌에는 방목장, 산채공원, 폭포 등이 있으며, 향토학생촌에도 도시의 학생들이 농촌을 체험하고 자연과의 조화를 느끼고 연마하는 시설들이 정비되어 있다.

그런데 도시와의 교류를 지향한 이러한 각종 시설들의 중추시설은 역시 '부나문화관'*이라 할 수 있다. 부나문화관은 21세기의 산림과 인간이 공생하는 방법에 대해 세계를 향하여 문제제기를 하며, 동북 일본에 널리 분포하고 있는 부나 숲이 일본과 오쿠니마찌에 어떤 영향을 미쳐왔는지를 연구하는 박물관의 기능을 수행하고 있다. 또한 지역의 역사와 문화·인재를 발굴하고 교육하는 장소로서, 지역의 문

---

* '부나'란 너도밤나무, 졸참나무, 단풍나무 등 원줄기와 가지의 색깔이 흰 나무를 총칭하는 것이다. 오쿠니마찌는 이를 이미지화하여 문화관을 부나문화관이라 칭하고 있다.

화와 산업을 연계시키며 조사와 연구를 하는 기구로서, 그리고 구체적인 시야를 갖고 정보를 발신하고 수신하는 국제교류의 전진기지로서도 기능하고 있다.

이처럼 오쿠니마찌가 '부나'와 공존할 수 있는 지역을 지향하는 속뜻은 지역경제의 활성화만이 아니라 자연 그 자체의 활성화를 꿈꾼 것이다. 그것은 현재 지구적으로도 인류 존망의 문제가 걸려 있는 환경보전이라는 과제에 이 작은 자치단체가 앞장선 것이다. 그렇다. 오쿠니마찌는 그 작은 몸집으로 지구를 지키려고 나선 것이다. 부나문화관의 건설은 곧 자연의 활성화야말로 지속가능한 지역경제의 활성화를 가능케 한다는 철학에 근거한 것이다.

전천후의 경영화와 인간의 향기

'제도가 있으므로 발상을 한다면 그것은 이미 진 게임입니다'라는 말처럼, 오쿠니마찌는 항상 새로운 계획을 실험하는 곳이다.

사실 농촌자치단체는 주민들이 지역에 남아서 생활하고 싶지만 남아 있을 수 없는 상황을 해결해야 한다. 소득사업을 개발해야 하는 것이다. 그런데 오쿠니마찌의 산업구상은 좀 특이하다. 단순히 공장의 유치가 아니라 '일의 유치'를 내건 것이 그 특징이기 때문이다.

일의 유치란 무엇인가? 그것은 자본과 노동력은 지역내에서 조달하고 일거리를 외부에서 유치하는 것이 그것이다. 자원박탈형 외지기업을 유치하는 것은 장기적으로 볼 때 바람직하지 못하다는 인식이 그 출발점이다.

재단법인 오쿠니마찌 자연환경관리공사(小國町自然環境管理公社)가 바로 이 일의 유치에 큰 몫을 하고 있었다.

오쿠니마찌는 연간 60만 마리의 '이와나'를 생산하여 지역을 찾는 관광객들이 전량 소비한다. 60만 마리 중 58만 마리는 인공산이다.

오쿠니마찌에는 모두 일곱 개의 호텔이 있는데, 이 중 다섯 개는 마찌정부가 출자한 제3섹터 호텔이다. 지역의 자연자원을 이용하여 도시인들의 자연학습장으로 활용케 한다는 취지에서 만든 이 호텔들은 실로 지역에 일을 유치하는 데 큰 몫을 하고 있다. 예컨대 1993년 한 해 동안에 이들 호텔에서 팔린 이와나(岩魚 : 우리나라의 은어와 비슷한 민물고기)만도 무려 60만 마리였다. 손님 1명이 1박을 하면 저녁상과 아침상에 한 마리씩 올라가고 술안주용 사시미로 이용되는 것을 감안하면 이 곳을 찾은 손님 수는 짐작이 간다. 종래에는 자연산 2만 마리만이 생산되었으나 마찌의 장려로 인공양식한 것을 전량 마찌가 수매하는 제도를 갖고 있다.

일을 유치하고 사람을 불러들이는 또하나의 예로서는 정유림(町有林)이나 국유림(國有林) 야산에 고사리를 가꾸어 멀리 도쿄나 센다이(仙台) 등지에서까지 고사리채취관광을 오도록 한 것도 그 하나이다. 여름철부터 가을까지 이틀에 한 번씩 입장을 허용하는 고사리채

취는 그 입장료가 1회에 2천 엔인데, 이틀에 평균 800만 엔씩 마찌의 재정수입으로 들어온다.

물 한 통과 주먹밥 3개가 서비스로 제공되지만, 산간오지의 중저질 쌀도 고사리를 캐러 산을 헤매다가 먹으면 꿀맛 같다. 이 덕분에 오쿠니마찌의 쌀이 비싼 값으로 팔린다고 한다. 사실 오쿠니마찌와 같은 산간오지의 농산물을 멀리 시장으로 팔러 다니면 이미 경쟁력이 없다. 그래서 도시인들이 제발로 사먹으로 오게 해야 하는 것이다. 이것이 소위 '일의 유치'인 것이다.

이처럼 오쿠니마찌는 그 강산을 이용하여 전천후의 경영화를 가동하고 있지만 결코 관광산업이란 말은 쓰려하지 않는다. 그들은 도시인들에게 기생하여 얻어먹는 관광사업이 아니라 각박한 도시를 포용하고 있다고 생각하기 때문이다. 그래서 그들은 녹색산업이라는 말을 즐겨 쓴다.

그런데 호텔을 경영하거나 자연을 이용한 장사는 마찌를 대신하여 그 자본금의 전액을 마찌가 출자한 재단법인 자연환경관리공사가 맡아서 한다. 그러나 자연환경관리공사가 하는 장사 밑천은 자연이 아니라 인간이었다. 오쿠니마찌가 아니면 찾아볼 수 없는 '인간의 향기'야말로 가장 큰 자본이 되고 있는 것이다.

1993년 일본은 흉작으로 일본산 쌀이 품귀현상을 빚었다. 웃돈을 주고도 살 수가 없었다. 그러나 오쿠니의 주민들은 호텔 종업원을 중심으로 하여 자기 집에서 생산한 쌀을 호텔에 갖다 주고 자신들은 태국산 쌀로 비꿔 먹었다. 지역을 찾아오는 손님에 대한 말없는 애정, 그리고 지역에 대한 무한한 애착의 표현이었다. 심금을 울리는 관중의 태도, 오쿠니마찌라는 오케스트라의 관중들에게서 스며나오는 이러한 향기야말로 오쿠니마찌의 가장 큰 재산인 셈이다.

자연환경공사는 직접적 이익을 남기기보다는 일을 유치하기 위한 수단의 하나였지만, 일과 더불어 많은 이익도 남겼다. 그러므로 그 이익금은 국제교류사업과 같은 공익사업을 지원하는 재원이 되고 있다. 인도네시아의 국민학생들을 매년 초청하는 것도 동 공사의 지원에 힘입은 것이다.

혁신경영과 200년 계획

일본에서도 지방자치단체를 찾아가 가장 큰 애로점이 무엇이냐고 물어보면 한결같은 대답이 나온다. '돈과 권한이 없다'는 것이다.

그러나 필자가 보기에는 그렇지 않다. 가장 모자라는 것은 돈과 권한이 아니다. 인재가 없고 인재를 활용하는 능력이 없다는 것이다. 그래서 대부분의 자치단체들은 주어진 권한과 재원도 충분히 활용하지 못하고 있는 것이다.

돈과 권한 그리고 인재의 결핍은 농촌으로 갈수록 더욱 심하다. 그런데 오쿠니마찌에는 산촌지역의 문제를 선견적·정책지향적으로 논의·해결하기 위해 각종의 전문지식을 결집하고 조사·연구활동을 추진하는 선단산촌연구소(先端山村硏究所)가 설립되어 있다.

원래 연구소란 10년 앞의 '달력'을 만드는 곳이다.

1985년부터 법인회원 7단체와 61명의 개인회원으로 구성된 후원회의 지원으로 운영되는 동 연구소는 정보와 지식의 교류를 통해서 산촌이 가지고 있는 가능성을 발굴하고 산촌 특유의 새로운 산업과 문화를 싹트게 하는 브레인으로서 기능하고 있다. 그런데 동 연구소는 다른 지역의 연구소들과는 그 조직구성에 있어서 색다른 면이 있다. 두 명의 연구고문과 소장은 모두 도쿄에서 일하고 있는 전문가들이다. 그리고 연구원들은 공무원과 주민 또는 외지의 인력을 그때 그때 필요에 따라서 비상근으로 수혈을 한다.

오쿠니마찌는 주민이 가진 능력뿐만 아니라 청내의 공무원들이 가진 능력도 협주(協奏)에 의해 더욱 증폭되도록 하고 있다. '오쿠니마찌 행정사무사전협의에 관한 요강'에 의하면, 이미 1974년부터 타부서의 도움을 필요로 하거나 상호관련이 있는 업무를 수행할 때에는 주무과와 기획과의 공동주최로 관련계장이 모두 모여 사전협의를 하고 후속적으로 관련과장이 협연하도록 하고 있다.

여기에서 쉬운 산수가 생각난다.

행정의 생산성이란 의욕과 애착을 가지고 도전하면 두 배가 올라간다. '우리 계,' '우리 과'만이 하는 식의 할거주의가 아니라 관련부서가 발을 맞추면 또다시 두 배가 올라간다. 뜻을 세우고 리더십을 철저히 하면 또다시 두 배가 올라간다. 이리하여 조직의 생산성을 여덟 배까지 올리는 것을 생각해 볼 수 있는 것이다.

오쿠니마찌의 산촌연구소나 사전심의제도는 모두 뜻을 세우고 발을 맞춤으로써 지역의 가능성을 조금이라도 더 높이려는 것이다.

한편 적극적인 행정을 전개한 결과로서 오쿠니마찌에는 각종의 공공시설이 정비되어 있다. 예컨대 정립병원(町立病院), 특별양호 노인센터, 보육원, 유치원, 도서관, 체육관, 온수풀장, 온천건강관, 스키장, 종합스포츠공원과 부속합숙소, 산림학습관, 각종 집회시설, 레스토랑 등등이 그것이다. 이들 모두는 마찌가 출자한 것이다.

그러나 이러한 시설들을 행정이 운영하기도 어려웠지만, 자연환성관리공사가 관장하는 데에도 한계가 있었다. 이러한 상태에서 체험적으로 나온 것이 행정개혁의 필요성이었다.

오쿠니마찌에서는 행정사무의 간소화와 더불어 가능한 한 행정이 직접 담당하는 방식을 탈피하고 청부 또는 위탁방식을 택하는 것이 유리하다고 판단한 것이다. 주식회사 오쿠니마찌 지역산업공사(小

國町地域産業公社)는 이러한 필요에 부응하여, 즉 공공시설의 관리운영, 사무의 수탁, 노무자 파견, 관광시설의 운영보조, 환경보호, 환경미화 등등의 업무를 담당하기 위하여 설립한 것이다.

타자수나 운전수를 정식 공무원으로 채용하면 매년 호봉이 올라간다. 그러나 이들은 호봉이 올라가고 숙련도가 높아진다고 해서 일을 더 많이 하는 것은 아니다. 신참이나 고참이나 똑같은 일을 하는데 월급은 두 배로 차이가 난다면 공평하지 못하다. 그리고 단순노무를 하는 자와 머리를 쓰고 기획·연출하는 자가 동일한 봉급을 받는다면 머리를 써야 하는 직책을 기피하게 되고 창의력은 고갈된다.

그래서 마찌가 76%, 민간이 24%를 출자한 제3섹터인 지역산업공사가 오쿠니마찌의 운전수, 타자수, 청소부, 정립병원의 간호부 등등을 공급하고 있다. 오쿠니마찌는 이러한 감량경영으로 인하여 창출한 잉여이익을 조금이라도 더 주민들에게 돌려주려고 노력하고 있는 것이다.

오쿠니마찌의 청사는 그 자체가 마치 박물관이 될 수 있을 정도로 화려하다. 낡은 건물을 헐고 새로 지은 것이다. 그러나 아무리 새로 지은 것이라고는 할지라도 산골의 작은 자치단체의 청사로서는 너무 화려하다. 그래서 정장에게 물어보았다. 청사 건물에 세금을 너무 낭비한 것은 아닙니까?

"우리 청사 건물은 200년 후가 되면 호텔로 사용될 것입니다. 앞으로 제3섹터와 민간위탁 그리고 감량경영과 주민참여가 확대되면 행정이 할 일은 점점 줄어들게 될 것입니다.

저희들 생각에 200년 정도가 지나면 공행정(公行政)이 직접 해야 할 일은 거의 없다고 봅니다. 따라서 마찌행정(町行政)을 위해서는 본청사 내의 방 한 칸 정도만 쓰면 될 것입니다. 그래서 저희들은 청사의 나머지 건물은 모두 호텔로 임대할 계획을 세우고 언제든지 호텔로 개조할 수 있도록 설계했지요."

200년 이후의 용도를 구상하고 청사를 설계했다니 이건 또 무슨 소리인가? 20년 후이면 재개발에 들어가는 건축문화에 살고 있는 나를 조롱하고 있는가! 이 말이 허풍인지는 몰라도 하여간 한국에 두고 온 내 아파트를 생각하니 씁쓰레한 기분을 감출 수가 없었다.

오쿠니마찌에 대한 현지조사를 마치고 나오면서 필자는 지역발전의 필요조건과 충분조건을 곱씹어 보았다.

간선교통망의 정비, 산업의 진흥, 안정된 취업기회의 확보 등이 그 필요조건이라면, 지역에 마음을 함께 하는 '인화'(人和)가 있느냐가 그 충분조건이라고 생각했다.

일찍이 맹자께서 말씀하신 대로 "천시불여지리(天時不如地利)요 지리불여인화(地利不如人和)"라는 것이 그것이다. 그런데 중앙집권적인 구조하에서도 필요조건은 충족될 수 있다. 그러나 중앙집권이 아무리 능숙할지라도 그 충분조건을 지역에 제공할 수는 없다. 이제 나라와 나라 사이에 국경이라는 커텐이 엷어져 지방의 도시들이 스스로의 얼굴로 국제화에 동참해야 하는 이 마당에 지방의 활력이 곧 국가의 활력이요, 지방의 경쟁력이 국가의 경쟁력이 아닌가? 일본 전역에서 찾아볼 수 있는 활력있는 지방자치단체, 이것이 일본의 활력이 아니겠는가!

그러나 뛰어난 심포니처럼 이상적인 지방자치제는 하루 아침에 완성되지 않는다. 그것은 한 시대의 정신이 다음 세대로 전수되면서 이루어지는 것이다. 새로운 연주자가 그리고 새로운 청중으로 이어지는 전통 속에서 만들어지는 것이다.

생애학습도시의 꿈을 실천하는 사람들

생애학습 토지조례의 도시

집집마다 평균해서 10만 엔, 그리고 회사마다 100만 엔씩 모금을 해 일본 국철이 해주지 않는 신간센 역사(驛舍)를 스스로 건설했다. 유실된 고성(故城)도 시민들의 모금으로 복원했다. 뿐만이 아니다. 고속도로관리공단에서 차일피일 미루고 있던 고속도로 인터체인지도 시민들이 스스로 돈을 걷어 추진을 앞당겼고, 시가 미국 오리건 주에 건설한 '생애학습촌'도 주민이 나서서 모금을 한 덕분이었다.

각종의 구획정리사업과 공공사업은 계획만 세우면 일사천리로 집행된다. 용지매수와 감보율(減步率) 조정에 주민 모두가 협력가로 나서기 때문이다.

시민의 소리에도 품질이 있다

일본 시즈오카현(靜岡縣) 가케가와시(掛川市)에서의 일이다. 인구 7만여 명의 시민들은 2차산업에 44%, 3차산업에 43.3%, 나머지 12.6%만이 농업에 종사하고 있다. 유수한 공장과 기업이 있어도 주 산업을 물으면 차(茶)와 갈포제품(葛布製品)을 먼저 내세우고 있는 이 전원도시에서 무엇을 어떻게 했길래 이러한 일이 가능했는가?

창조적인 기업은 반드시 '비전'을 가지고 있다. 그리고 이러한 기업의 종업원은 그 '비전'을 스스로 느끼고 받아들이는 것에 의해 자신이 그 곳에 속해 있는 의미를 재발견한다.

하나의 지방자치단체를 경영하는 것도 마찬가지이다. 모든 주민이 지역을 그들의 공유물로 자각하고, 따라서 모두가 공동으로 활용할 '공동의 장'을 함께 건설하기 위해서는 지역도 지향하는 이념이 있어야 한다.

이념은 테마를 낳고 테마는 모두가 함께 행동할 시나리오를 쓰게 한다. '주민 주체의 도시'를 그 이념으로, 그리고 생애학습도시(生涯學習都市)를 그 실천테마로 하고 있는 가케가와시의 행동 시나리오를 보면 이러한 말이 실감난다.

1977년 당시 산림조합의 전무로 일하고 있던 43세의 신무라 준이찌(榛村 純一) 씨가 가케가와시의 시장으로 뽑혔다. 그는 당선 후 '주민 주체의 도시'를 만들어야 한다는 이념하에 행동하는 테마로서 '생애학습도시'를 선포했던 것이다.

첫 당선 후 20년째 시장으로 봉직하고 있는 그에게 많은 질문이 쏟아졌다. 어떻게 해서 그렇게 엄청나고도 독특한 일들을 끊임없이 추진해 왔습니까?

"그것은 한마디로 말해서 무엇보다도 시민의 소리를 잘 들었기 때문입니다.

그런데 시민의 소리에도 네 가지 종류가 있습니다. 의견과 요망 그리고 고정(苦情)과 아이디어가 그것이지요. 지도자는 이러한 시민의 소리를 적절히 재고관리하면서 그 품질을 어떻게 높일 것인가를 고민해야 합니다."

신무라 시장이 시민의 소리를 재고관리하면서 그 품질을 높이는 수단은 다름 아닌 '생애학습도시'라는 테마를 실천하는 것이었다.

"일본사회는 일찍부터 '화'(和)의 사상을 기조로 사회를 통합하려 해 왔습니다. 그러나 화(和)란 말은 원래 곡식(禾)과 인간의 수(口)를 조화시킨다는 의미에서 농경시대를 그 배경으로 하는 것이었습니다. 그러나 전 후 40여 년이 지난 오늘날, 농업만으로는 먹고 살 수 없게 되었고, 직업도 분화하여 혼주사회(混住社會)가 되었습니다. 따라서 현대에 와서는, '화'(和)라는 이념만으로 지역을 통합할 수가 없게 되었지요. 그래서 저는 '화'(和)를 대체할 결합원리로서 '생애학습(평생학습)운동'을 도입하여 새로운 지역개발의 기법으로서 그리고 시민총참여시스템을 개발했던 것입니다."

1979년 일본에서 최초로 '생애학습도시선언'을 했던 가케가와시장 신무라 씨의 말이다.

평생학습도시 선언

가케가와시는 1980년 3천억 엔이 소요되는 생애학습 10개년 계획을 수립하고 이의 추진에 돌입했다. 생애학습계획은 다름이 아니다. 지역개발이란 인간개발에서 비롯하며, 산다는 것은 모두가 학습이라는 철학을 실천해 나가는 것에 그 바탕을 두고 있다. 인생이란 생애학습이고, 직업도 생애학습이며, 시정(市政)도 생애학습이라는 관점에서 생애학습운동을 전개한 것이다.

그런데 가케가와시가 지향하는 생애학습운동의 기본이념은 일본 명치유신 때의 문명개화와 부국강병에서 출발했던 학력편중 사회를 탈피하려는 운동이기도 했다. 사실 일본의 교육은 은연중에 잘못된 선입견을 반영하고 있다.

그것은 첫째로 어른은 교육을 마쳤다는 것, 즉 교육은 인생의 초기에 학교에서 하는 것이란 편견이 그것이다. 따라서 최종학력만으로 그 사람의 가치와 인생을 결정지어 버리는 사회가 되었다. 말하자면 학교에서 기초지식을 배운 것으로 배움을 결산해 버리는 학력결산사회(學歷決算社會)가 되어버린 것이다. 모든 것을 출신학교로 평가해 버린다. 따라서 무엇을 어떻게 연마하며 깨우치고 있는가에 따라 한 사람의 인품과 가치를 평가하려 들지 않는 사회가 되어 버린 것이다.

둘째, 교육이란 지역과 부모곁을 떠나는, 즉 탈 지역·탈 양친교육으로 채워져야 한다는 것이 그것이다. 그래서 교육하면 의례 부모곁을 떠나 도회지로, 해외로 나가야 한다고 생각했던 것이다.

그러나 신무라 시장은 이러한 잘못된 인식을 바로잡자고 나섰다. 지역과 양친을 존경하는 교육, 지역과 양친에게 배우는 교육으로 바꾸어야 한다고 생각했다. 그리고 이를 위해서는 지역과 양친이 존경할 만한 가치가 있는 존재가 되어야 한다고 생각했다.

이러한 깨달음에서 비롯하여 도시개발도 도시계획도 인간개발이요, 인간개발은 생애학습이라는 결론을 얻은 것이다.

생애학습도시를 지향하는 가케가와의 사람들은 '지방의 시대'라는 말 대신에 '수소의 시대'(隨所の 時代)라는 말을 제창하여 쓰고 있다. '수소'라는 말은 장소의 은혜를 따르라는 뜻이다. 산에서 태어난 사람은 산의 장점과 은혜에 따라서 살고, 도시에 태어난 사람은 도시의 장점과 은혜에 따라 살아야 한다. 따라서 가케가와에 살고 있는 사람은 가케가와시가 처해 있는 지역의 역사와 풍토를 살려나가면서 가케가와의 주인이 되어야 한다는 것이다.

'지방의 시대'라는 말이 널리 쓰이고 있지만, 일본의 역사상 '지방'이라는 말에는 도시와의 차별적 어감이 내포되어 있다. 뿐만 아니라 지방의 시대라는 말은 힘도 없이 중앙집권에 어거지로 대항하는 위기를 갖고 있기 때문에 쓰지 않는다는 것이다.

그런데 수소의 시대를 살아가도록 평생학습을 게을리 하지 않으면 지역의 주민들은 '선택토착민'(選擇土着民)이 된다고 한다. 태어나 자란 고향에 대해 투덜투덜 불평을 하며 살아가는, 그리고 어쩔 수 없이 그 곳에서 살아간다고 생각하는 사람이 '숙명토착민'(宿命土着民)이라고 한다면, 좋아서 살며, 그 곳에서 무언가를 한다는 것이 의미가 있기 때문에 살고 일한다고 생각하는 사람을 '선택토착민'이라고 할 수 있다. 가케가와의 평생학습운동은 다름아닌 숙명토착민을 선택토착민으로 변화시키자는 것이었다. 그래서 이농향도(移農向都)의 발길을 돌리려는 것이었다.

'수소의 시대'라는 인식하에 선택토착민으로서의 긍지를 가지고 살아가는 가케가와시민. 그러므로 그들은 우리 지역, 우리 산, 우리 강, 우리 대학, 우리 교실이라는 생각을 갖고 있다. 생애학습운동의 요체인 것이다.

전시(全市) 상상(想像)의 도서관화 계획

가케가와시에서는 모든 것이 생애학습으로 통한다. 지역개발도 행정 및 재정의 운영도 생애학습의 자료이다. 지역의 산업과 경제도 생애학습의 일환으로 추진된다. 심지어 상점에서 물건값을 흥정하는 말투도 생애학습어이다. '얼마로 깎아 주세요'가 아니다. '얼마가 되도록 연구해 보세요'라는 흥정에 '연구해 보겠습니다'라고 대답하는 경우도 그것이다.

'자연과 농주상공(農住商工) 그리고 레크레이션시설이 아름답고 조화롭게 공존하는 도시, 사려깊은 시민이 많은 마을'을 꿈꾸며 시작한 생애학습운동이 생활속에 뿌리를 내린 것이다. 1980년 4월 가케가와시는 주민조사를 통해 정립한 18가지의 프로젝트를 토대로 '생애학습 10개년 계획'을 수립했다. 각 주민들은 이들 프로젝트 중에서 취향에 맞거나 자신이 있는 곳 또는 중요하다고 생각하는 내용에 자유롭게 참여힘으로써 모든 프로젝트를 전시적(全市的)으로 추진하고 있는 것이다.

생애학습운동의 일환으로 제일 먼저 시작한 것은 가케가와를 배우자는 '지역학'*이다. 가케가와의 역사·문화·통계 등을 재미있게 공부하면서 금지를 갖는 지기충실문화인(自己充實文化人)를 기우자는 뜻에서 시작한 것이다. 또한 지역개발은 근본적으로 그 곳에 살고 있는 사람이 지역에 애착을 느끼고 금지를 갖도록 하는 것에서 출발해

---

* 가케가와에서는 이를 '掛川學事始'라고 표현한다.

야 한다고 생각했던 것이다.

지역에 애착을 갖는 시민들이 시정에 참여하는 시스템으로서 소위 '시민총대회시스템'도 개설했다. 주민 주체의 시정을 펴나가기 위해서는 행정은 주민들에게 신뢰받는 정보를 제공하고 또한 주민 주체의 시스템을 제공해야 한다. 이를 위해 가케가와는 자치구(自治區)*별로 3명씩의 주민을 소위 '시민총대'(市民總代)에 임명하고, 매년 10월부터 16개의 초등학교별로 지구집회(地區集會)를 개최하며, 4월에는 중앙집회로 민의반영을 결산한다.

그런데 가케가와시가 전개하고 있는 생애학습운동의 중심센터는 역시 3층건물로 지은 '중앙생애학습센터'이다. 1983년 시민회관의 기능과 공민관의 기능을 겸비한 중앙센터를 건설했던 것이다.

이 센터의 제1층은 시내 139개소의 공회당과 절 등의 집회시설을 연결하고, 이와 관련된 주민들이 모여 공부하고 회의하는 집회시설이 구비되어 있다. 2층은 16개의 초등학교구와 6개의 중학교구 그리고 유치원, 탁아소, 농협 등이 연결된 시설군이 입주해 있다. 3층에는 전시민이 모여 활용하는 시설, 예컨대 체육·스포츠, 건강과 질병관리, 예술·문화, 교통·산업, 기타 자원개발에 관한 종합연구센터를 구비해놓았다.

그런데 가케가와에서는 사람이 모이는 곳은 모두가 생애학습시설로 활용하고 있다. 예컨대 우체국과 기차역은 물론이고 심지어 대형슈퍼마켓도 각종의 정보를 습득하고 교류하는 정보센터의 역할을 하도록 하고 있다. 따라서 중앙생애학습센터는 공회당과 지역마다의 각급 학교에 부설로 설치되어 있는 지역생애학습센터와 그 외 슈퍼마켓들까지도 네트워크화하여 생애학습을 독려하는 기능을 하고 있다.

---

* 가케가와의 자치구(自治區)는 우리나라의 동(洞)규모에 해당하는 주민자치조직의 일종이다.

생애학습 운동네트워크에 있어서 또한 빠질 수 없는 것이 도서관이다. 도서관은 지역의 생애학습을 위한 거점으로서 각종의 자료와 정보를 제공하는 곳이기 때문이다. 그런데 가케가와시는 중앙도서관과 지역의 분관(分館) 그리고 미니도서관과 이동도서관을 중심으로 청소년들을 위한 독서운동을 전개하는 이외에도 다른 지역에서 볼 수 없는 또 하나의 독특한 구상을 갖고 있다.

21세기를 대비하여 소위 '전시(全市) 상상(想像)의 도서관화 계획'을 추진하고 있는 것이 그것이다. 이것은 시내 36개소에 명소(名所)·명원(名園)·명물(名物)을 만들어 놓고, 그 곳에 언제고 시민이 찾아가면 멋진 도서관에 왔다는 실감을 느낄 수 있도록 하며, 그곳에서 필요한 정보를 얻고 필요한 체험을 할 수 있게 하자는 구상이다.

프랑스의 문호(文豪) 앙드레 말로가 말한 '전세계 상상의 미술관 구상'에서 따온 이 구상은 도시 전체를 하나의 생애학습캠퍼스로 만들려는 것이다. 말하자면 인간의 5관(五官) 모두를 만족시키는 장(場)으로서, 시내 36개소의 명소와 각 시설을 네트워크화하여, 시 전체를 교실로 만든 것이다. 주민들은 이러한 교실에서 5감(五感)을 사용하여 여행하는 마음가짐으로 지역이란 무엇인가?! 인간이란 무엇인가?! 사회란 무엇인가?!라는 끊임없는 화두(話頭)를 가지고 자신과 지역을 배우게 하려는 것이다.

전시(全市) 생애학습공원화 계획

상상의 도서관네트워크와 그 궤를 같이하는 또 하나의 계획이 바로 '전시 생애학습공원화 계획'(全市 生涯學習公園化 計劃)이다.

전시 생애학습공원화 계획이란 무엇인가? 이 계획은 '우리의 가

정은 도시의 풍경, 우리 집 점포도 도시의 얼굴'이라는 실천 슬로건
을 생활화하고자 하는 것이다.

가케가와의 시민들은 18개의 항목 중에 관심분야를 중심으로
지역별·단체별로 생애학습운동을 전개하고 또한 이를 네트워크화하
여 시 전역으로 연계시키고 있다.

또한 각 주민이 스스로가 참여하는 생애학습운동을 10년마다
점검하도록 한 것이 있는데, 그것은 소위 '연륜의 모임'(年輪의 會)이
다. 생애학습이라는 차원에서 인생을 10년마다 가결산(假決算)하자는
이 모임은 지나간 10년을 되돌아보고, 다가올 10년을 전망해보자는
취지에서 만들어졌다.

연륜의 모임은 양친에게 감사드리고 인생의 뜻을 세우는 20세
에서부터 시작하여 10년 간격으로 모임을 갖고 있다. 20세란 바로

지역개발이란 지역의 사람들이 자신들의 생활을 지탱하고 인간다운
생활을 영위하게 하는 '공동의 장'을 건설하는 것이다. 그런데 가케가와
시의 '테마'인 생애학습운동이란 곧 공동의 장을 어떻게 건설할 것인가
를 스스로 학습하고 참여하는 운동인 것이다. 사진은 가케가와시의 주
민들이 모금하여 복원한 성곽의 모습.

성인식을 치루는 해이다. 이때부터 인생 30년을 반성하고 목표를 세우는 이립식(而立式), 무언가 하나의 일에 자신감을 갖는 불혹식(不惑式), 자신을 알고 인생 제2의 목표를 세우는 지천명식(知天命式), 인생을 관조하면서 60년 인생을 자중자애하는 이순식(耳順式), 건강을 돌보며 절실한 마음으로 살아가는 종심식(從心式), 남은 여생을 즐겁게 관조하며 살아가는 산수식(傘壽式), 꾸밈없고 담백한 경지를 미소로 담아내는 졸수식(卒壽式)이 바로 연륜의 모임이다. 이러한 연륜별 모임은 각 연대별로 선임되어 있는 운영위원들이 기획하고 연출한다.

그런데 가케가와 전시역을 뒤덮고 난 생애학습운동네트워크는 이제 해외로까지 진출하고 있다. 자매결연을 맺어 교류를 해오던 미국 오리건 주의 유진시(Eugene city)에 제3섹터인 '주식회사 오리건 생애학습촌'을 설립하기에 이르렀던 것이다.

'주식회사 오리건생애학습촌'은 72ha에 달하는 연수농장을 만들어 놓고, 농장경영을 함은 물론이고, 특히 중·고·대학생과 농업후계자, 그리고 일반시민·공무원들이 지구촌 시대의 주민으로서의 국제감각을 키우는 학습촌인 것이다. '수소의 시대'가 지향하는 것처럼 가케가와의 사람이 미국에 가면 미국식으로 살아가는 방법을 익힘으로써 국내적으로는 도쿄와 오사카의 주민들을 능가하는 경쟁력을 키우는 센터가 되었다.

평생학습운동의 일환으로 만들어진 이 농장은 결국 일본의 자치단체 중에서 미국에 농장을 소유한 유일한 자치단체라는 긍지를 주민에게 부여하기도 했다.

그런데 1980년에 수립했던 10개년 계획은 당초 예산보다 300억 엔을 더 소요하면서 목표달성을 완수했다. 그리고 1990년에 설정한 '제2차 생애학습운동 10개년 계획'은 '지구삼림(地球森林)·미감 활력(美感活力)·덕육안심(德育安心)'이라는 도시이념을 실천하는 더욱 성숙한 목표를 지향하게 되었다.

페미니즘의 도시와 여성의회

가케가와시는 페미니즘의 도시이기도 하다.

가케가와에는 주민도 그리고 시직원도 그 반이 여성이다. 유치원·탁아소·초등학교의 선생이나 시립병원은 여성직원이 과반수를 넘었다. 그래서 신무라 시장은 여성의 능력이 개발되고, 여성이 밝고 건강하게 생활하면 가케가와의 분위기는 보다 명랑해질 것이며, 건강도 복지도 한 차원 높아질 것이라고 생각했다.

그래서 신무라 시장은 가케가와를 '페미니즘의 시정'이 되어야 한다고 생각했다. 그리고 페미니즘의 시정을 실천하는 수단으로서 선거관리위원을 남녀 반반씩으로 임명하는 것을 비롯하여 각종 위원회에 여성위원의 비율을 높여나갔다.

오늘날 여성의 의사(意思)가 가정의 의사가 된 현실에 직면하여 여성이 선택하는 도시야말로 살기 좋은 도시, 경쟁력 있는 도시가 된다고 생각했던 것이다.

여성은 학력이 높을수록 네 가지의 이유로 대도시를 선호한다. 그것은 첫째, 대도시로 갈수록 남녀차별이 적다는 점이다. 둘째, 좋은 사람을 만나거나 쇼핑과 취미생활 등에 있어서 선택의 폭이 넓다는 것이다. 셋째, 개성 있는 생활을 하더라도 용납된다는 것이다. 넷째, 프라이버시가 보호된다는 것이다.

그런데 곰곰이 생각해 보면 가케가와처럼 소도시라 할지라도 여성에 대한 편견만 없앤다면 두번째의 이유를 제외하고는 그 모두가 해결할 수 있는 것이기도 하다. 시정에 여성참여를 늘리려 했던 것은 다름 아닌 이러한 마음씀씀이에서 비롯한 것이다.

시대의 발자욱 소리를 들을 수 있는 프로의 주관은 다름 아닌 객관이어야 한다. 지도자는 시대의 소리에 객관적일 수가 있어야 한다.

그러나 모든 문제에 객관적일 수 있다고 자부하는 천재들도 흔히 실패하는 것은 이성(異性)에 관한 것이다. 특히, 여성에 대한 차별과 편견은 지식수준이나 학력과는 상관없다는 것을 우리는 일상에서 경험하고 있다. 여성에 대한 관념은 단순히 지식을 얻는 것만으로 변하는 것이 아니다. 유아기의 잠재적인 기억, 태어난 이후의 환경에서 오는 정보, 성장과정 속에서 겪는 무수하고 복잡한 경험과의 조우, 그리고 의식적인 학습과의 교차 속에서 먼지처럼 쌓여온 것이다.

그러므로 본인도 전혀 기억하지 못하는 유아기부터 축적된 남성우월주의적 경험에 토대를 두고 여성을 위한 새로운 발상을 한다 해도 그것은 이미 지배자의 논리이기가 쉽다. 그리고 지배자의 논리는 필자가 농아정치(聾啞政治)라고 표현하는 또 하나의 모습을 결과할 수가 있다.

농아정치란 한 가지의 장애를 유발시킴으로써 두 가지의 장애를 가지고 살아가게 하는 것이다. 예컨대 귀머거리는 말을 하지 못한다. 소리를 듣지 못했으므로 비슷한 소리를 흉내내지 못하는 것이다. 그러나 따지고 보면 귀머거리는 입이 막혀 있는 것이 아니다.

마찬가지로 오늘날 우리 사회는 사회적 약자·여성들이 정보를 갖시 못함으로써, 그리고 책임질 자리에 참여하지 못함으로써 원천적으로 그들의 의견을 말할 수 없는 경우가 많다. 그래서 남자들은 말 못하는 이들을 위해서 대신 말한다면서 페미니스트를 자부하는 경우가 적지 않다.

그런데 가케가와시야말로 이러한 상황을 배제하고 나섰다. 남녀

공동참여사회를 만드는 디딤돌로서 가케가와 여성회의(女性會議)를 발족시킨 것이다. 1981년에 부인의회(婦人議會)라는 이름으로 발족하여 줄곧 많은 역할을 해오던 것을 1990년에 그 명칭마저 '여성회의'로 바꾸었다.

여성회의는 지방자치를 학습하고 가케가와시의 현상과 미래를 여성의 입장에서 생각하며, 또한 '모의시의회'를 통해서 지역의 문제를 여성의 입장에서 제안하고, 이를 시정에 반영시키는 기능을 한다.

여성회의는 임기 1년인 27명의 여성으로 구성되며, 필요시 수시로 개최하는 민생·환경, 문화·교육, 시민·경제전문위원회를 두어 회의의 전문화를 기하고 있다. 또한 여성회의는 본회의와 전원협의회를 각각 1년에 한 차례씩 개최하는데, 이때에는 여성회의의 의장이 지방의회의 의장처럼 회의를 진행한다. 따라서 당연히 시장 이하 집행부의 모든 간부는 회의에 출석하고 질의에 답변해야 하며, 제시된 의견을 행정에 어떻게 반영했는지에 관해서는 「여명」(あけぼの)이라는 여성회의 소식지를 통해 발표하도록 하고 있다.

더욱이 이러한 여성회의의 권위를 더욱 높이고 있는 것은 여성회의 본회의와 전원협의회에 시의회 의장도 공식적으로 참여하며, 이 밖에 많은 지방의원들이 자발적으로 방청한다는 것이다.

일본사회는 법률적으로 남녀평등이 보장되어 있지만, 사실상의 평등은 아직 요원하다. 그러한 증거로서 1975년 멕시코에서 열린 '국제여성회의'에서 일본의 미개성이 성토된 것만 보아도 알 수 있다. 그래서 일본정부는 최근 각 자치단체에 보조금까지 지급하면서 여성참여확대방안을 강구토록 하고 있다. 그 결과 각 자치단체들은 소위 '여성행동계획'이라는 제목하에 여성참여확대방안을 짜놓았지만 그 대부분이 종이계획에 불과하다.

그런데 생애학습의 도장인 가케가와의 여성회의는 여성들의 자치의식제고와 아울러 남성이 주도하는 지방정치에 소외된 여성들의 입장을 반영하는 구체적인 수단이 되고 있다.

21세기 농정비전

가케가와는 그 산업도 생태산업을 지향하고 있다. 자연계와 생태계 그리고 기술계와 인공계를 조화롭게 공존시킨 새로운 산업단지로서 소위 '에코폴리스공장단지'를 만들었다. 그리고 거기에 환경친화적 대기업을 유치한 것이다.

그런데 가케가와시의 이들 기업에 대한 기대 또한 다른 도시와 다른 점이 많다. 대기업의 도시에 대한 역할은 세금과 고용만이 아니라는 것이다. 그 기업이 갖는 상품의 문화력(文化力)과 인재의 육성기능, 그리고 '메세나' 기능이 중요하다는 것이다.

그러나 가케가와는 결코 지역의 기업체들에게 앉아서 손을 내밀지 않는다. 가케가와시가 추진하는 각종의 생애학습운동 그 자체는 이미 기업의 인재육성운동과도 궤를 같이하는 것이며, 지역에 들어온 기업의 직원들은 외로운 회사형 인간이 아니라 시민사회의 일원이 될 수 있게 해준다. 기업의 유치에 가케가와라는 상품은 높은 구매력을 갖고 있는 것이다. 또한 이러한 조건은 기업측에서도 인재를 쉽게 확보할 수 있게 해준다.

그런데 가케가와의 사람들은 아직도 가케가와의 주 산업이 무엇이냐고 물으면 주저없이 농업이라고 대답한다. 사실 일본 최대의 차(茶)생산지이기도 한 이 곳은 농업을 버리는 도시화를 추진하지 않았다. 농업을 포용하는 도시화정책을 일관해서 견지해 왔던 것이다. 일찍부터 농지·산림·농가의 세대분해(世代分解)에 의해 황폐해져

가는 농촌을 등지고 개발되는 모래 위의 회색도시를 거부했던 것이다. 이러한 가케가와의 정신을 한 마디로 대변해 주는 것이 바로 7년간의 조사·검토 끝에 1994년에 마련한 '가케가와시 21세기 농정비전'이다.

식문화(食文化)와 전원도시 그리고 농업경영의 질을 높이기 위해서는 시민 모두가 손을 잡고 농업을 지탱시키는 역군이 되어야 한다는 전제하에 작성된 이 비전은 그 내용이 독특하다.

일본에서도 보통 농정비전이라고 하면, 그 내용은 당연히 농가의 개별적인 영농문제가 주류를 이룬다. 그러나 가케가와의 농정비전에는 '공생·협동의 지역농업시스템'이라는 소위 '가케가와형 농업'의 기본이념을 실천하기 위한 네트워크를 구상한 것이 그 중심을 이루고 있다.

따지고 보면 지역개발의 핵심을 쥐고 있는 것은 토지이용문제, 산림문제, 농지문제다. 농지와 산림을 계획적으로 보전하는 것이야말로 농업과 지역개발의 기본인 것이다. 그런데 가케가와는 농업의 비전도 그들이 1991년 일본에서 처음으로 만든 소위 '생애학습지역개발 토지조례'에 의거하여 '전시 생애학습공원화 계획'의 일환으로 구상한 것이었다.

생애학습 지역개발 토지조례

모두 4장 25조로 구성되어 있는 '생애학습지역개발토지조례'는 가케가와의 모든 철학을 담고 있다.

"가케가와시와 시민은 지역개발과 토지에 관한 소유·이용·

조사·평가·거래 등을 행할 때, 자연환경의 보전을 포함한 복지우선의 입장에서 상호 적정한 방침과 협정계획을 가져야 한다. 또한 지가(地價)가 상승했을 때에는 보덕추양(報德推讓)의 정신에 의거 그 이익을 시민사회에 환원하고 사회적 공정의 확보에 이바지해야 한다.

　　이를 위하여 제정하는 본 조례에 따라, 토지가 사유물이라 할지라도 공공성이 강한 것임을 생애학습으로 이해하고, 토지의 이용은 '5공익 5양질 체제'(五共益 五良質 體制)*에 의한 시민 참여의 토대하에서 종합적이면서도 계획적으로 수행하도록 한다."

　생애학습 지역개발 토지조례 전문의 일부이다.

　토지의 공공성을 학습하여 토지조례에 의한 토지이용의 규제도, 그리고 이를 토대로 한 지역개발도 '생애학습'의 일환으로 추진하자는 것이다. 즉, 바람직한 토지이용은 단순히 규제만으로 확보되는 것이 아니라 사람들의 사고방식을 개조하는 것부터 시작해야 달성된다는 뜻에서 일종의 정신운동을 전개하자는 것이다.

　이러한 점에 관해서 신무라 시장은 다음과 같이 말했다.

　　"법률이란 전국 획일적인 것입니다. 또한 할거적·사후대책적 성격을 갖는 행정은 그 기본이 성악설(性惡說)에 근거하고 있는 것입니다.

　　이에 비하여 우리 시의 토지조례는 독자성·종합성·신건성을 발휘한 가운데, 성선설(性惡說)에 입각하여 숭고한 이상을 조

---

* 5공익 5양질 체제는 지역개발의 결과 지권자·마을·개발사업자·진출기업·전입자·시정부라는 다섯 주체 모두가 혜택을 받고 모두가 질이 높아지는 체제를 말한다.

문화한 것입니다."

'토지조례'의 기본발상을 좀더 살펴보자.

첫째, 토지란 지역사회 공통의 필요성 및 지역의 자연적·사회적·경제적·문화적 환경을 고려해서 적절히 이용해야 한다는 것이다.

둘째, 토지란 투기적 거래의 대상이 되어서는 안 된다는 것이다.

셋째, 토지개발에 의하여 특히 이익을 얻은 자는 그 이익에 따른 적절하고도 공평한 부담을 해야 한다는 것이다.

그런데 '토지조례'의 특색은 다음과 같은 세 가지로 요약할 수 있을 것 같다.

첫째, 토지의 소유와 이용에 관해서 지역학습을 추진하고, 지권자와 지역주민이 양보의 미덕에 의해 지역의 장래비전을 숙지·이해하여 보다 바람직한 지역개발을 함께 손잡고 추진해야 한다.

둘째, 개발과 보존을 공존시키며, 시민과 지권자 그리고 시정부가 합의에 의한 '협정구역'을 설정하고 전시(全市)의 토지를 유기적·체계적으로 기획하고 조정하여 이용한다.

셋째, 토지의 사권(私權)과 이권(利權)에 우선하는 자치단체의 계획권을 수립하고, 철저한 주민참여에 의한 지역개발과 이를 위한 합의성립(合意成立)의 원천을 형성한다.

그렇다면 '토지조례'의 골자와 주요 절차는 어떤 내용인가?

첫째, 21세기의 지역개발은 장소에 따라(隨所) 조례로써 그 이상을 추구해야 하는 시대라는 것을 천명했다. '토지조례'의 전문과 총칙 5조는 바로 이러한 정신을 선언하고, 특히 양보의 정신을 고양시켜 토지의 공공성과 생태성을 생애학습하도록 하고 있다.

둘째, 생애학습도시는 토지이용과 지역의 미래상 및 토지소유의 책임을 명확히 하는 것으로 추진된다는 것이다.

이를 위해서 모든 시민은 각자 자신이 소유한 토지의 이용에 관해 방침과 계획을 가져야 한다. 또한 시의 자치구는 자기 지역의 미래상(未來像)을 철저히 논의하여 토지이용방침을 수립해야 한다. 그리고 시정부는 토지이용에 관해서 철저한 주민참여를 통하여 체계적인 방침을 세워야 한다.

셋째, 위 둘째의 사항은 다음과 같은 4단계의 절차에 따라 구체화한다.

① 특히 지역개발의 방침을 결정해야 할 곳, 그리고 계획협정을 하는 것이 바람직한 곳은 '특별계획 협정촉진구역후보지'*로 선정한다.

② 철저한 주민참여에 의해 지역개발계획을 책정하고, 산림농지보전사업·토지구획정리사업·토지개량사업·민간참여개발사업 등등의 실시절차를 수립한다.

③ 특별계획협정구역의 협정을 체결하기 위해서는 지권자 80% 이상의 동의를 얻어야 한다.

④ 주민과 시는 합의에 의하여 사업에 착수하고, 필요에 의해 시가 용지를 매수한다.

넷째, 개발에 따라 공공부담이 증가하는 경우에는 개발사업자에게 부담금을 요구할 수 있다.

다섯째, 협정을 위반하거나 협정에 대한 반사회적 행위는 거듭

---

* 특별계획 협정후보지는 다음과 같은 지역을 대상으로 한다.
  ① 영구농지, 영구산림지로 보존해야 할 곳, 치산치수상 중요한 곳.
  ② 토지구획정리사업과 토지개량사업을 추진해야 할 곳.
  ③ 다목적 용지조성이나 리조트개발 등으로 '5공익 5양질 체제'가 명확히 성립하는 곳.
  ④ 기타, 시장이 조례의 목적을 달성하기 위해 필요하다고 인정하는 곳.

반성을 촉구하고 최종적인 거부자는 그 이름을 사회에 공표한다.

최종적인 벌칙은 사회에 그 이름을 고발하는 것으로서 반사회적 인간임을 천하에 알리는 것이다.

끝없는 비전과 테마

현재 20년째로 시장직에 봉직하고 있는 신무라 준이찌 씨. 그는 끝없는 비전을 외친다. 수도펌프에 붓는 한 바가지의 물처럼 한 가지의 성공은 다른 성공을 불러들이기 위한 '맞음 물'이 되어야 한다고 생각하는 듯하다.

그가 신간센역을 건설하기 위해 시민모금을 결정하자 1년 후 모금액은 예상액을 5억 엔이나 초과했다. 시민들도 모두 놀랐다. 1979년 선언했던 '평생학습도시 운동'은 중앙정부를 감동시켰다. 그리하여 1988년 문부성은 종래의 '사회교육국'을 '생애학습국'으로 그 명칭을 바꾸었던 것이다.

그러나 모든 일이 그렇듯 신무라 시장의 행진에도 어려움은 말할 수 없이 많았다.

'지방자치의 본지(本旨)란 자기 지역의 토지이용계획을 자치단체가 스스로 세우고 집행하는 것이다. 그리고 토지문제에 있어서는 조례가 국법을 초월하는 부분이 있어도 인정되어야 한다'고 생각했던 그의 기본적 사고는 중앙집권구조와 실정법에 대한 겁없는 도전이었던 것이다.

뿐만이 아니다. "토지는 원래 총유물·공유물이므로 물가상승률보다 더 오른 땅값 상승분은 그 80%를 '공'(公)에 귀속해야 한다"고 했던 그의 표현이 '공'(公)을 '시'(市)로 이해하려는 사람들로부터 공격을 당하기도 했다. 그리고 이러한 그의 철학을 실현하기 위해 조례로서 '주민 주체의 공공이용권'을 설정하고 강제력을 확보한 후 이러한 강제력이 제1의 권력인 국가권력에도 우월하고, 제2의 권력인 개인의 소유권도 규제·유도·강제할 수 있게 하는 '제3의 권력'을 조례에서 창조하고 싶었다. 그러나 그의 생각과는 다른 실정법의 늪속에서 실제로 만든 '토지조례'에 '제3의 권력'이라는 표현은 그 자취를 감추고 있다.

따라서 신무라 시장이 당초 의도했던 내용과는 상당히 변질된 '토지조례'가 우여곡절 끝에 만들어졌던 것이다. 그러나 시장이 꿈꾸던 그러한 조례가 되진 못했어도 '토지조례'는 매스컴이 연이어 대서특필했고 학계로부터도 찬사를 받았다.

벌레가 파먹는 듯한 지역개발 그리고 지가앙등에 '무언가 대책이 없을까?'하고 발만 구르던 세상에 그 대안을 내놓았기 때문이다. 그리고 모두가 토지대책을 중앙정부에만 책임지우던 당시에 자치단체가 주도적으로 대응하려는 모습을 '조례'라는 형태로 제시했기 때문이었다.

문화의 향기가 넘치는 도시.
유일문화 가케가와.
아름다움 마음. 아름다운 도시. 아름다운 사람.

가케가와를 소개하는 인쇄물에 단골로 등장하는 표현들이다. 그런데 이러한 슬로건을 한 마디로 담은 테마 '생애학습도시'는 애초에 이농향도(移農向都)의 발상을 멈추게 하고 주민 모두가 스스로를 선택토착민으로서의 긍지를 갖게 하자는 농경문화적 배경에서 태어난 것이다.

학습도시와 교육도시

'생애학습도시' 그것은 실로 모든 슬로건·철학·비전을 하나에 담는 그릇이다. '생애학습도시'는 형용사가 아니라 명사이다. 명사로 표현한 지역의 테마는 그 방향을 스스로 제시하고 있고 또한 그 주체가 누구인지도 말하고 있다.

지역도 하나의 상품이다. 그런데 지역이라는 상품의 가치를 높이는 상품화계획의 첫단계는 무엇보다도 그 용도를 분명히 하는 것이다.

예를 들어보자. 여기 '물을 넣는 그릇'이라고 표현한 것이 있다. 그러나 물을 넣는 그릇이라는 말을 들을 때 우리는 무수히 많은 용기(容器)를 상상할 수가 있다. 그러므로 이 말만을 듣고는 무엇을 만들어야 할지 이해하기가 어렵다.

그렇지만 '뜨거운 물을 담아도 찬물을 담아도 장시간 온도가 보존되는 용기'라고 한다면 그것은 '보온병'이 된다. 용도가 분명한 것이다.

이러한 예를 도시의 슬로건으로 바꾸어 설명해 보자.

예컨대 '활기차고 살맛나는 도시건설'을 지역개발의 방향으로 내걸고 있는 도시가 있다고 하자. 그러나 '활기차고 살맛나는……' 곳을 위해 무엇을 어떻게 해야 할지 이 슬로건은 제시하지 못하고 있다. 더욱이 이러한 테마는 도대체 어느 곳의 테마인지 그 주체도 분명치 않다. '우리 시의 테마다,' '우리 회사의 테마다,' '우리 공장의 발전을 위한 테마다' 하는 이 말을 듣는 순간 느끼고 기억나게 하지 못하면 그것은 더이상 테마가 아니다.

그렇다면 지역개발에는 왜 테마가 필요한가?

그 이유는 간단하다. 하나의 지역에는 많은 사람이 살고 있기 때문이다. 그리고 이러한 사람들은 그 입장도 역할도, 사고방식이나 경험도, 그리고 살아온 내력도 모두가 다르다. 그런데 지역이란 이런 모든 사람들의 손으로 가꾸어 가는 것이다. 그러므로 입장이 다르고 사고방식이나 지식수준이 다른 주민 한 사람 한 사람이 구체적으로 무엇을 해야 옳은지를 가늠할 테마가 있어야 하는 것이다.

따라서 지역개발을 위한 테마는 어린아이도 어른도 이해할 수 있는 것이어야 한다. 지역개발은 일부의 어른들만이 하는 것이 아니다. 아이들이나 손자들까지도 손과 마음을 합쳐야 하는 것이다.

그렇다면 지역개발을 위한 테마는 어떤 조건을 충족시켜야 하는가? 그것은 첫째, 형용사가 아니라 행동목표를 설정한 것이면 더 좋다. 둘째, 누구나가 이해할 수 있는 표현이어야 한다. 그래야만이 모든 사람의 테마가 될 수 있는 것이다. 셋째, 현장에 있는 역사와 소재를 활용해야 한다. 넷째, 테마의 주체가 주민이어야 한다. 테마의 주체가 주민도 아니고 학생도 아닌 가장 흔한 예의 하나는 '교육도시'라는 표현이다. 이는 같은 명사형 테마라 할지라도 넷째의 조건을 충족시키지 못하고 있다. 교육이라는 말은 가르치고 육성하는 것이다. 그러므로 교육도시라고 말할 때 그 주체는 어디까지나 가르치는 사람이나 기관이 중심일 뿐 배우는 사람은 손님이요 객체에 불과하다.

어쩌면 오늘날 우리 사회가 이처럼 높은 교육열에도 불구하고 사회는 점점 병들어가는 현상은 남을 가르치려는 사람만 있을 뿐 진정 스스로 배우려는 사람이 없기 때문인지도 모른다. 그러므로 교육부나 학교에서는 교육이라는 말을 쓰더라도 시민사회는 학습이라는 말을 써야 한다. 그리고 같은 논리로 시민사회의 학습열을 조장하고 유도해야 할 지방자치단체로서는 교육도시가 아니라 학습도시라는 말을 써야 마땅한 것이다.

그런데 한 지역이 학습도시가 되려면 현재의 우리처럼 '가정교육,' '학교교육,' '사회교육'만으로는 부족하다. '향토교육'이 빠져 있는 것이다. 사실 필자가 생각하는 학습사회는 가정교육과 향토교육에서부터 출발해야 하는 것이다.

　생애학습운동이란 가정교육·사회교육·학교교육을 유기적으로 통합한 것이며, 이러한 사업이야말로 교육위원회뿐만 아니라 지방자치단체의 장이 주민과 손을 잡고 함께 책임져야 할 숭고한 역사사업인 것이다. 그러므로 교육자치야말로 지방자치단체장이 책임져야 할 가장 중요한 업무인 것이다.

테마10 생명을 지키는 지방자치단체
포괄의료행정으로 병원이 필요없는 사회를

일본에서 최초로 노인에게 무료진료를 실시한 곳은 일본에서도 가장 가난한 자치단체였다. 때는 1960년, 이와테현(岩手縣) 사와우찌무라(澤內村)에서였다.

사와우찌무라가 처음 도입한 65세 이상 노인 무료진료 제도는 이와테현의 여러 자치단체로 전파되기 시작했고, 드디어 1973년에는 중앙정부도 이를 받아들여 70세 이상의 노인에게는 무료진료를 하도록 했던 것이다.

"국민의 생명을 지키는 것은 나라의 책임입니다. 그러나 나라가 이 책임을 수행하지 않는다면 우선 우리(自治體)가 합시다. 중앙정부도 반드시 훗날에 이 세노들 받아들이게 될 것입니다."라고 말하던 고 후까자와(深澤) 촌장의 말이 현실화된 것이었다.

생명과 건강을 지키는 정치

'생명과 건강을 지키는 정치,' 이 말은 일본의 초등학교 6학년 사회교과서(교육출판사)에서 사와우찌무라의 예를 들어 주민의 생활과 지방정치가 얼마나 밀접한가를 설명하고 있는 내용의 제목이다. 또한 중학교 지리교과서 일본편(地歷社刊)에도 '생명을 지키는 사와우찌무라'라는 주제를 설정하고 무려 다섯 페이지에 걸쳐 사와우찌무라를 소개하고 있다. 이 교과서는 그 서두에서 이 난을 통해서 꼭 배워야 할 사항은 다음과 같은 내용이라고 쓰고 있다.

"오오우산맥(奧羽山脈)의 산중에 위치하고 있어, 호설(豪雪), 빈곤, 다병(多病)이라는 삼고에 시달려온 사와우찌무라는 지금도 산간벽지이지만, 의료를 영리로서가 아니라 주민을 위한 의료로 확립한 독특한 지방자치단체이다. 그렇다면 어떻게 해서 이처럼 훌륭한 자치단체가 탄생했을까?"

이와테현과 아끼다현(秋田縣)에 접하고 있는 사와우찌무라는 1,000m가량의 산들로 둘러쌓인 작은 자치단체이다. 면적은 무려 288km²로서 가가와현(香川縣)의 6분의 1에 달하지만, 그 대부분이 500m에서 1,000m에 가까운 산지로 구성되어 있어 인구라곤 불과 4,600여 명에 불과하고, 더욱이 주민들은 여기 저기 점재(點在)하는 촌락에 흩어져서 살고 있다.

1987년도의 조사에 의하면, 1,092세대 중에서 858세대가 농가이지만, 농사만으로 생활이 될 정도의 땅을 가진 농가는 37세대에 불과하다. 따라서 농사 외에 한 가지의 다른 일을 겸하고 있는 집이 238가구이고, 두 가지의 일을 겸하고 있는 가구가 821호인데, 그 대부분이 토목이나 건축현장에 나가서 노동을 하고 있는 실정이다.

지역 안에는 직장다운 직장이라곤 없어 품팔이하러 외지를 넘나드는 주민이 적지 않다. 그리고 거의 대부분의 주민이 아침 6시경에 집을 나와 지역 밖에서 일용직이나 임시로 고용되어 일하다가 저녁 8시경에 집으로 돌아오는 생활을 하고 있다. 그러니 주민의 소득은 낮을 수밖에 없다. 1987년 당시 주민 1인당 소득이 123만 3천 엔이었으니, 아끼다현(秋田縣)의 평균소득 145만 4,270엔보다 적을 뿐만 아니라 1시간 거리에 있는 모리오카시(盛岡市)의 205만 3,344엔에 비하면 6할에 불과하다.

이처럼 가난한 사와우찌무라이건만, 일본에서도 최초로 노인의료비를 무료화했던 배경은 무엇일까? 사와우찌를 본따 13년 후에는 일본 정부도 노인의료비 무료화정책을 실시했지만 도입 10년만에 정부는 이러한 정책을 폐지했다. 그러나 사와우찌만은 고집스럽게 이 제도를 견지하고 있다. 그 이유는 무엇인가?

사와우찌무라의 청사 옆 언덕배기에는 들어가 보면 접수대가 넓은 3층 건물의 촌립(村立) 병원이 서 있다. 그런데 넓은 접수대가 있어도 진찰이나 치료는 누구도 접수 순서대로 하지 않는다. 병원에 온 사람 중에는 급히 치료를 해야 할 사람이 있는가 하면, 천천히 검사를 해서 절차를 밟아 치료를 해도 될 사람도 있기 때문이다. 접수창구 옆 건강상담실에는 베테랑 보건부(保健婦)와 간호부가 대기하고 있다가 환자들에게 병원에 온 이유를 물어 급하지 않는 환자는 급한 환자를 위해 조금 기다리게 하는 것이다.

대합실이 편히 앉아서 서로 이야기를 나눌 수 있는 응접실처럼 꾸며져 있어서 노인들의 사교장으로 오인될 분위기이다.

이 병원에서는 도시의 병원처럼 두세 시간 기다렸다가 2~3분간 진료를 받고 쫓겨나오듯 되돌아서는 일은 물론 없다. 병실의 베드

와 베드 사이도 넓게 꾸며 간병하는 가족도 함께 쉴 수 있도록 해놓
았다. 그렇다고 해서 간병인에게 침대료를 받는 일은 물론 없다.

　너무나도 당연하지만 구급차도 병원에 있다. 도회지처럼 긴급환
자가 나타나면 소방서에 전화를 해서 한밤중에 의사가 없다는 소리
를 귓전에 남기고 이 병원 저 병원을 울며 다니는 그런 풍경은 절대
상상할 수가 없다. 사와우찌병원은 하루 24시간을 꼬박 새워 오픈하
고 있기 때문이다. 더욱이 언제 어느 때이건 왕진을 거절하는 경우란
있을 수가 없다. 급하지 않으면서도 야밤에 병원을 찾거나 중환자도
아니면서 왕진을 청하는 사람도 있다. 이런 사람 때문에 의사도 간호
사도 지칠 경우가 많다. 그러나 병원은 건강교육의 장소로서 주민과
의 대화를 무엇보다도 중시하고 있기 때문에 화를 내거나 주민에게
핀잔을 주는 일은 절대로 없다. 말 그대로 건강정치의 장이 펼쳐지고
있는 것이다.

촌립병원과 의료행정

　사와우찌무라가 무엇보다도 힘을 쏟고 있는 것은 예방의료시스
템이다. 병원내에 무라의 '건강관리과'가 있다. 병원의 원장이 촌의 건
강관리과장직을 겸하고 있는데, 과장으로서 그의 가장 중요한 업무는
보건부(保健婦)와 힘을 합쳐 질병의 예방에 만전을 기하는 것이다.

　사와우찌무라에서는 35세에서 59세까지의 주민은 누구라도 불
과 5,670엔의 개인부담으로 인간 '도크'*를 이용할 수 있다. 인간도
크는 조금 큰 병원이면 어디에도 다 설치되어 있지만 비용이 너무

---

* 예방의학의 한 방법으로서, 병의 조기발견이나 건강지도를 위하여 병원에 단
　기간 입원하여 정밀검사를 받는 것을 말한다.

비싸 농촌 사람들은 이용할 엄두를 못내고 있는 실정이다.

그러나 사와우찌무라에서는 35세에서 59세까지의 주민을 대상으로 집단검진을 하고 있는데, 보통 일터에 나가야 하는 대부분의 사람들은 아침 일찍 집을 나와 늦은 저녁에 귀가하기 때문에 인간도크를 이용하기란 마음처럼 쉽지 않다. 더욱이 집단검진으로는 그 결과를 알기까지 한 달 가까이나 걸려, 그 사이의 불안과 초조로 스트레스에 시달리는 사람도 적지 않았다. 따라서 이를 시정하여 사와우찌무라에서는 전주민을 대상으로 인간도크서비스를 받도록 했는데, 하룻밤을 병원에서 보내고 다음날 오후 3시가 되면 검진결과를 모두 알 수 있게 했다. 이러한 서비스는 동 시책의 대상자인 35세부터 59세까지의 주민은 5,670엔을 부담하게 하고, 대상 외의 희망 주민은 1만 5,450엔을, 그리고 지역외의 사람인 경우 남성은 3만 8,520엔 여성은 4만 890엔을 부담하게 하고 있다. 그만큼 지역주민을 위해 자치단체가 많은 부담을 하고 있는 것이다.

사와우찌무라에서는 매주 두 번에 걸쳐, 그리고 1회당 8명씩 인간도크서비스가 1년 내내 진행되고 있는데, 이러한 성인병종합검진시에는 단순한 검진만이 아니라 오히려 대상자에 대한 위생교육에 더욱 중점을 두고 있다. 또한 주민들이 평소 가지고 있던 적나라한 생각들을 진찰과 검진과정에서 발굴하고 채집하며, 주민이 스스로의 건강상태를 인지하여 일상생활 속에서 자기자신을 컨트롤하도록 유도하고 있다. 그런데 1박 2일간의 입원생활은 병원과 주민 간만이 아니라 주민 상호간에도 대화의 채널을 만들어, 질병의 발견과 예방뿐만 아니라 주민간의 유대를 키우는 계기도 되고 있다.

또한 사와우찌무라에서는 성인병은 무엇보다도 예방에 만전을 기해야 한다고 생각해서 인간도크 이외에도 별도로 건강상담과 위생교육을 실시한다. 예컨대 건강상담은 매월 공민관이나, 부락을 단위

시와우찌무라의 건강관리과에서는 모든 주민의 건강관리대장이 있다. 무라의 보건부는 이를 토대로 가정방문을 해 가면서 주민들의 질병예방과 치료에 철저한 관여를 한다.

<사진은 건강상담을 하는 보건부(保健婦)>

로 하여 노인클럽, 보건위원, 부인회 등이 주최하기도 한다. 또한 위생교육은 각 지역에서의 건강상담과 병행하여 보건부가 단독으로 하거나 경우에 따라서는 영양사나 치과위생사를 한 팀으로 구성하여 공동으로 실시하기도 한다.

건강상담과 위생교육은 일종의 방문활동이므로 주민에 밀착된, 즉 일상생활의 연장으로서 실시하기 때문에 행정과 주민 간의 일체감을 조성하는 계기가 되기도 한다. 이 밖에도 위생교육은 지역마다 찾아가서 실시하는 것 이외에도 '건강증진모임'이나 CATV 프로그램 또는 당뇨병교실, 기타 정신장애자 가족모임, 독거노인지원모임 등등 여러 채널을 통해서 추진한다.

한편 사와우찌무라에서는 1969년 7월부터 하루 두 차례씩 유선방송으로 '농민체조'를 각 가정에 내보내는데 이는 촌민운동회, 노인

스포츠대회, 신체장애자 스포츠대회 등의 준비운동에도 활용하고 있다. 이처럼 사와우찌무라가 추진하고 있는 의료행정은 보건과 의료 그리고 복지를 일체화하여 소위 '포괄의료'라는 개념하에 전개되고 있는 것이다. 질병의 처치를 병원에만 내맡기지 않고, 더욱이 주민들이 병원에 가지 않을 수 있도록 예방의료를 행정이 전면에 나서서 수행하고 있는 것이다.

이처럼 사와우찌무라에서는 의료서비스가 의사의 사정에 따르거나 영리를 위해서 전개되는 것이 아니다. 어떻게 하면 주민의 건강을 지킬 수 있을까 하는 관점에서 전개되고 있는 것이다. 그렇다면 어떻게 하여 이러한 의료시스템이 궁핍한 벽촌 사와우찌에서 가능하게 되었던가? 이를 살펴보기 위해서는 사와우찌무라의 과거를 살펴볼 필요가 있다.

죽어야 의사진찰을 받던 곳

사와우찌무라는 10월부터 눈이 내리는 곳이다. 그리고 한번 눈이 왔다 하면 2, 3m는 쉽게 쌓여 버린다. 집들이 눈에 파묻히고, 교통은 두절되어 겨울만 되면 육지 속의 섬이 되는 것에 모든 주민은 체념적으로 익숙해져 있었다. 워낙 가난하고 작은 자치단체였기 때문에 지역내에는 의사도 와주지 않았다. 살아있는 동안에는 의사로부터 치료를 받지 못하고, 죽은 후에 사망진단서가 없으면 내장을 할 수가 없으므로 의사에게 데리고 가는 것이 보통이었던 것이다.

1957년의 일이었다. 후까자와(深澤) 씨가 촌장이 되었을 때의 일이다. 한 해 동안 사와우찌무라에서 태어난 158명의 아이들 중에서 11명이나 사망했던 것이다. 그리고 출생 후 1,000일이 되면 아이들 중 69.6%만이 생존했던 것이다. 당시 사와우찌무라는 약 1,200세대 중 125세대가 생활부조를 받고 있을 정도로 빈곤한 상태였다. 주민의 10분의 1이 국가로부터 보조금을 받아야만 입에 풀칠을 할 수가 있었다.

후까자와 촌장은 칼을 뽑아들었다. 눈과 빈곤 그리고 질병을 지역의 3악으로 규정하고, 주민과 함께 이 문제를 정면으로 부딪쳐 해결해야겠다고 결심했다. 밤을 새워가면서 주민들과 토론을 하고 머리를 싸메고 궁리에 궁리를 거듭했다.

그리하여 제일 처음 손을 댄 것이 '눈과의 전쟁'이었다. 소위 '동절기 교통확보 기성동맹'을 결성하고는, 외상으로 10톤짜리의 제설차를 주문제작했다. 이 제설불도저는 여름철이 되면 개간을 하거나 경지정리를 하여 수익을 올리고 여기에서 얻은 이익금으로 외상을 갚도록 하면서 겨울에는 제설작업을 하도록 했던 것이다.

5년이 지나자 지역내에는 경지가 두 배로 늘어났고, 당연히 소득도 증가했다. 불도저 1대가 4km의 도로를 제설할 수가 있었다. 그후 점점 불도저수를 늘려 1961년에는 지역내로 통하는 28km의 간선도로가 눈이 와도 소통이 될 수 있었다. 이러한 제설차 덕분에 겨울철에 아무리 눈이 와도 병원에 갈 수 있게 되었다. 여기에서 주민들은 큰 용기를 얻었다. 오랜기간 동안 어쩔 도리가 없다고 체념하고 있었던 폭설의 문제도 모든 주민이 힘을 합치면 해결할 수 있다는 것을 촌민 모두가 깨우쳤던 것이다.

후까자와 씨가 촌장이 되었을 때 자치단체가 세운 병원에는 의사라곤 원장 한 사람뿐이었다. 그래서 촌장은 국립 이와테 의과대학에 두 명의 의사를 파견해 달라고 요청했다. 그러나 그 결과 지역에 와 준 의사는 80살이 넘은 고령이어서 귀가 먹었고 왕진은 아예 생각도 할 수 없는 꼬부랑 늙은이였다. 두번째로 온 의사는 그 자신이 우울증 환자였으며, 세번째로 온 사람은 공수도에 미쳐 있던 야쿠자와도 같은 의사였는데, 그는 또한 마약중독자였다.

이처럼 실망에 실망을 거듭한 나머지 촌장은 이와테 의과대학과 결별하고 도호쿠(東北)대학에 요청하여 3개월씩 교대로 의사를 파견받다가, 1960년이 되어 비로소 두 명의 의사를 정식으로 채용할 수 있게 되었다. 촌장은 이를 계기로 하여 1960년 12월, 65세 이상의 노인과 유아의 의료비 무료화를 촌의회에 제안하고 이를 실시했다. 이어서 다음 해에는 또한 그 연령을 낮추어 60세 이상의 노인은 누구나 무료진료의 혜택을 받도록 했다.

그러나 이러한 정책을 도입하는 데에는 말할 수 없는 어려움이 잇따랐다. 재원도 재원이거니와 중앙정부로부터 조사를 나온 행정감찰국측은 '국민건강보험법'을 위반했다고 시정명령을 내리고 으름장을 놓았다. 그렇지만 촌장은 물러서지 않았다. 오히려 촌장은 한걸음 더 앞서서 주장하기 시작했다.

"이러한 정책을 도입하지 않으면, 우리 지역의 주민들은 헌법이 보장하고 있는 건강하고 문화적인 최저한도의 생활을 영위할 수 없게 된다. 중앙정부가 오히려 법률위반을 들먹거린다면 대법원에까지 가서 옥석을 가려 보겠다"고 대응하면서 임선태세를 갖추었다.

이런 일이 있은 후 다른 여러 도시에서, 그리고 1973년에는 중앙정부에서도 드디어 노인의료비 무료화를 도입하기에 이르렀던 것이다. 그러나 중앙정부는 해마다 눈덩이처럼 불어나는 의료비부담을 억제할 목적으로 1983년에 소위 고령화사회대책을 발표하고 '노인보건법'을 제정해 버렸다.

노인의료비의 무료화는 재정부담을 가중시킬 뿐만 아니라, 더욱이 고령화사회에 진입하고 있는 상황에서 이를 개선해야 한다면서 노인의료비 무료화를 전면 철폐하도록 한 노인보건법을 제정했던 것이다.

　그런데 이러한 노인보건법이 제정되기 전까지만 해도 이와테현 내에서는 무려 14개 자치단체가 노인의료비의 무료화제도를 도입했었다. 그러나 노인보건법이 시행되면서 무료화정책을 철폐하는 자치단체가 하나 둘씩 나타났다. 후생성의 외곽단체에서 의료비의 심사와 지불을 담당하고 있는 '사회보건진료보수기금' 측이 '노인보건법'의 취지에 반하는 정책을 취하고 있는 자치단체는 제재를 하겠다고 통고해 오는 등 정부측의 압력이 여러모로 가해져 왔기 때문이었다.

　일본은 우리나라와 달리 개별 자치단체별로 의료보험조합을 구성한다. 따라서 적자가 생기면 지방자치단체가 예산으로 보전을 해주어야 한다. 물론 의료보험회계는 국민건강보험회계라고 해서 그 재원은 국민건강보험세로부터 나오는 재원과 국고보조금이 기본으로 되어 있지만, 어느 자치단체도 이것만으로는 부족하다. 모두가 적자인 셈이다. 국민건강보험회계가 적자인 점은 사와우찌무라도 예외가 아니다.

　그러나 사와우찌무라는 노인의료비를 무료화하고, 철저한 예방의료를 행정의 주요 임무로 함으로써 그 어느 자치단체보다도 자치단체가 부담하는 의료보험회계의 적자를 대폭적으로 줄일 수 있었다. 사실 의료보험회계가 적자로 되는 주원인은 어느 곳이나 노인들의 만성적 질병 탓이었다. 그러나 노인의료비 무료화는 심리적으로 노인들이 병원을 더욱 가깝게 생각하게 해서 평소 질병을 예방하는 데에 관심을 더 쏟게 했고, 그만큼 질병의 발병률을 낮게 하는 데 기여했다.

　일본의 국민건강보험법에서는 의료보험에 가입할 경우 의료비분담을 피보험자 본인의 경우는 10%, 그리고 피부양자는 30%를 부담하도록 하고 있다. 그런데 일본 정부의 취지는 오늘날에 와서 노인들도 각종의 연금혜택을 받고 있어 유료화를 하더라도 이 정도의 부담은 스스로 해결할 수 있다는 것이었다. 그리고 노인들이 세금은 안 내면서 각종의 복지서비스혜택을 많이 받고 있어 재정적자의 원인이 되고 있는 점도 개선해야 한다는 것이다. 특히, 환자의 본인부담이 적어지면 적어질수록 많은 환자가 대거 병원으로 몰려와 결국 의료비가 상승하게 될 터이므로 노인의료비를 유료화하는 것이 더 합리적인 것이라는 점을 정부측은 강조했었다.

포괄의료와 건강관리과

물론 사와우찌무라에도 국가의 방침에 반하는 '노인의료비 무료화제도'를 폐지하라는 압력이 끊이지 않았다. 각종 국가보조금과 교부세 산정시에 두고보자는 으름장과 경고가 날아왔다. 그러나 이러한 상황에서 사와우찌무라는 주민토론회를 개최하고, 특히 노인들의 의견을 들으면서, 마지막으로 촌의회가 만장일치로 무료화정책을 존속시키기로 함으로써 그 고집을 꺾지 않았다.

사실 오늘날의 의료보험제도는 문제점 부성이다. 예컨대 의료보험제도란 병이 났을 때 비로소 서비스가 시작된다. 그리고 대부분의 지방자치단체는 병이 난 환자가 많을 때 의료보험기금의 적자를 보전해 준 것으로 할 일을 다했다는 얼굴을 하고 있다.

그러나 명의는 병을 잘 치료하는 사람이 아니다. 명의는 병이 나지 않게 할 수 있어야 한다. 행정도 마찬가지이다. 그렇다면 오늘날 우리 사회에는 병을 고치는 의사는 많아도 병이 나지 않게 하는 의사는 얼마나 되는가?

의료란 지금까지는 그저 병들었을 때의 치료행위라고 생각해 왔다. 그러나 의료란 예방에서부터 재활, 그리고 건강증진 등을 모두 포함하는 것이다. 따라서 의료란 단순히 질병의 치료뿐만 아니라 건강에서부터 죽음에 이르는 전과정을, 다시 말하자면 건강에 관한 모든 일체의 사항을 의료의 대상으로 삼는 소위 포괄의료(包括醫療)라는 발상으로 문제에 임해야 하는 것이다. 따라서 오늘날의 지역의료는 이러한 포괄의료의 사상을 전제로 하고, '치료와 예방을 일체화'시켜 일관성있는 의료를 실현시키는 방향으로 나아가야 하는 것이다.

이렇게 생각할 때, 지역의료란 '지역주민이 그 생활기반 속에서 스스로 건강을 유지하고 증진시켜, 생활의 향상을 도모함에 필요한 보건의료의 기술을 조직적으로 제공하고, 그 생활을 지지해 나가는 일련의 과정'이라고 표현할 수가 있는 것이다. 이러한 표현이 제시하는 가장 중요한 포인트는 의료의 대상범위를 널리 잡고, 또한 주민 자신에게 주체성을 강조하고 있다는 점이다.

그런데 이러한 사상을 실천하기 위해서는 의료행정과 보건행정 그리고 복지행정을 일체화시키는 작업부터 서둘러야 한다. 사실 따지고 보면 좁은 의미의 의료가 질병의학과 관련된 것이라면, 보건은 예방의료와 그리고 복지는 생활의료와 관련된 것이 아닌가. 따라서 지역의료는 하나의 포괄의료로서 의료·보건·복지가 하나로 일체화되어야 비로소 성립할 수 있는 것이다.

물론 의료·보건·복지는 각자 독자적인 전문영역을 갖고 있을 뿐만 아니라 역사적인 발전과정도 달라 이들이 상호 융합하기란 말처럼 쉬운 것이 아니다. 그러나 예컨대 주민 주체의 입장을 취한 재택복지의 실천현장을 두고 가정해 보자. 이들 간의 상호보완관계는 분명해진다. 그리고 보건위생서비스와 의료서비스 간의 유기적 연계를 강화시킴으로써, 장기적으로 볼 때는 질병의 감소·경증화·조기회복 등의 효과가 기대되는 것이다. 따라서 점점 늘어가는 의료수요에 대하여 제한되어 있는 의료자원의 효율적인 활용을 위해서도 이러한 상호보완적 연계와 일체화는 중요한 것이다.

그렇다면 지금의 우리는 어떻게 하고 있는가? 우리의 보건소는 아직도 권력적인 공중위생개념을 전제로 일하고 있지는 않은가? 보건소란 지방자치단체를 대변하는 지역의료의 일환임에도 불구하고 아직도 어디까지나 하나의 독립기관처럼 별도로 일하는 곳이 되어 있지는 않은가? 지방자치단체의 지역의료정책에 있어서도 보건소가 주체적인 위치에 있지 못하고 그저 객체적인 존재로 기능하는 한 포괄의료도 지역의료체계의 일체화도 불가능한 것이다.

다시 이야기를 사와우찌로 돌리자.

사와우찌무라의 일체화된 포괄의료 공급체계는 건강관리과와 주민복지과의 협연으로 실천하고 있다. 사와우찌무라는 이미 1963년에 무라에 건강관리과를 설치하고, 촌립 사와우찌병원의 부원장으로 부임했던 마스다 스스므(增田進) 씨를 건강관리과의 과장으로 임명했다. 그리고 촌립병원내에 위치하고 있는 건강관리과 밑에는 생활개선센터와 보건계, 위생계, 관리계를 두고 있다. 보건계에는 4명의 보건부를 배치하고 모든 주민의 가정을 방문케 하여 그 건강상태를 조사하고 건강과 관련하여 주민과 대화를 나누도록 했다. 이러한 행정의 결과는 금방 나타나기 시작했다. 예컨대 과거 그렇게도 높던 유아사망률이 제로가 된 것도 그 결과였던 것이다.

주민을 위한 주민의 의료행정

1965년 1월. 후까자와 촌장이 암으로 사망했다. 촌장의 유해가 외지의 큰 병원에서 사와우찌로 돌아온 시간은 11시가 지난 늦은 밤이었건만, 1천여 명이 넘는 주민들이 혹한의 눈발 속에서도 몇 시간이고 기다리고 있었다.

"우리들의 생명은 촌장님 덕택에 지킬 수가 있었단다. 너희들이 이 다음에 커서도 이러한 사실은 결코 잊어서는 안 된다. 알았지!" 라고 함께 나온 아이들에게 일러주고 있는 어른들의 목소리가 여기 저기서 들렸다.

그런데 후까자와 촌장의 유지(遺志)는 다음의 후계자 촌장들에게 전승되었다. 무라와 병원이 일체가 되어 주민의 생명과 건강을 지키는 노력은 지금까지도 계승되고 있는 것이다.

물론 사와우찌무라가 노인의료비 무료화제도를 처음 실시했을 때만 해도 많은 문제가 있었다. 공짜라니까 필요없이 약을 탐내는 사람, 그리고 약을 내버리는 사람도 없지 않았기 때문이다. 그러나 의사와 보건부와의 대화를 거듭하면 할수록 주민들은 이해의 폭을 스스로 깊게 했고, 결국 모두가 질병의 예방과 건강유지를 위해 함께 노력하게 되었던 것이다.

후까자와 촌장은 생전에 이런 말을 한 적이 있었다.

"촌립병원에 환자가 많아 병원수입을 늘리고 흑자경영이 되었다고 좋아라 하는 직원들의 심사를 나는 이해할 수가 없다. 병원의 기본의무는 병이 나지 않도록 하는 것이다. 병원이 필요없도록 하는 것이 병원의 역할이란 말이다."

이러한 지도자의 영향인가?

사와우찌무라는 인플레를 감안할 때, 해를 거듭할수록 주민 1인당 의료비부담이 줄어들고 있다. 중병에 걸리는 사람은 거의 없게 되었고, 또한 고액의료비를 지출해야 할 일이라고는 거의 없게 된 때문이다. 예컨대 1981년의 경우 1인당 노인의료비는 이와테현의 평균이 40만 1,249엔이었고, 이와테현 내에서 가장 높은 곳이 64만 8,325엔이었던 것에 비하여 사와우찌무라는 18만 6,729엔이었다. 그리고 1993년의 경우 이와테현의 평균이 62만 8,436엔, 최고가 80만 1,626엔이었던 것에 비하여 사와우찌는 41만 5,633엔이었다.

현재 65세 이상의 고령자 비율이 무려 33%를 넘는 사와우찌무라. 그래서 사와우찌무라는 젊은 사람들이 매력을 느끼고 외지사람들이 고향으로 삼고 싶다는 생각이 드는 그러한 지역을 개발하는 방안에 골몰하고 있다.

지역의 기간산업인 쌀농사와 축산의 장래는 더욱 어두워만 가고 있는 가운데, 이제 생명을 지키는 건강행정에서처럼 산업행정에서도 새로운 아이디어를 필요로 하고 있는 것이다. 그런데 이러한 아이디어의 하나는 바로 지금까지 이용가치가 없고 장애물로만 여겨 왔던 눈을 이용하는 것이다. 이용가치가 없다고 여기는 것을 자원으로 활용하여 산업과 관광에 활력을 일으킨다면 그것이야말로 일석이조인 셈이다. 사와우찌무라의 '설국문화연구소'(雪國文化研究所)는 바로 이러한 소망을 안고 태어난 새로운 꿈나무로 성장하고 있다.

이벤트로 승부 건 작은 마을의 큰 도전
불안에 도전하는 이벤트의 산업화

사람과 사람의 만남이 곧 지역개발이었다. 인구라곤 겨우 1,050명, 그러나 그 이름은 너무나도 유명한 토야마현(富山縣) 토가무라(利賀村). 매년 여름이면 이 곳에서 열리는 '세계연극제'에 각국의 극단과 관객이 이 작은 마을로 몰려온다. 1992년에는 '세계메밀박람회'도 성공시켰다. 이제 이 작은 마을은 세계를 상대로 문화와 정보를 발신시키고 있고, 국제적인 문화교류라는 크나큰 소용돌이를 연출하고 있다.

그러나 거슬러 올라가 보면 토가무라는 너무나도 빈곤한 자치단체였었다. 겨울이면 눈에 갇혀 고립되는 심심산골의 지형만 보아도 그 사정을 알 수 있다. 토야마현의 남서쪽 끝부분에 위치하고 있는 이 자치단체는 총면적 178km² 중에 그 97%가 산림·임야이며, 눈이 왔다 하면 3m의 적설량이 보통인 호설지대이기도 하다.

인구 천 명에 예산은 39억 엔

우선 먼저 토가무라의 현상을 상징적으로 나타내는 하나의 숫자를 소개해 보자. 39억 엔. 이것은 1995년도 토가무라 일반회계 당초 예산액이다. 여기에다가 특별회계예산을 더하면 45억 엔이 넘는다. 현재 일본열도에는 어딜 가 보아도 긴축예산을 짜느라 법석이지만, 토가무라는 예외적으로 예산액이 전년도에 비해 15.9%가 늘어났다.

토가무라는 각종사업을 만들어 중앙을 끌어들이는 작업에 명수이기 때문에 이러한 세입을 확보하고 있는 것이다. 이러한 사실은 실제 이 자치단체를 방문해 보면 쉽게 알 수 있다. 지역내에는 극장과 공원을 일체화시킨 '토야마현 토가예술공원'(富山縣 利賀藝術公園)을 비롯하여 '메밀의 마을,' '명상의 마을' 등 개성적인 다섯 개의 마을(鄕)이 점재(点在)하고 있다. 도무지 교통사정이 열악한 산 속의 시골이라는 생각이 들지가 않는다. 그러나 이러한 시설들은 어느 것 하나 즉흥적인 발상으로 만든 것은 없다. 하나 하나의 모든 시설은 '사람'과의 운명적인 '만남'에서부터 잉태된 것이다. 그리고 이러한 시설들의 탄생은 이 곳의 장래를 믿고 활동하고 있는 많은 사람들이 만든 것이기도 하다.

장대한 스케일과 대담한 발상으로 지역을 일구는 것으로 유명해진 토가무라. 이러한 발상과 기법을 배우고자 일본의 전역에서 많은 시찰행렬 또한 끊이지 않는다. 그런데 여기에서 번뜩 머리를 스쳐가는 것이 있다. 그것은 토가무라의 재산은 '인연과 믿음'이라는 사실이다. 새로운 사람과의 만남이 토가무라의 과거 그리고 현재를 만들었고 또한 장래를 밝게 하고 있기 때문이다.

애초에 토가무라가 돈이 있었기 때문에 일을 만든 것이 아니었다. 오히려 돈될 만한 직장이라곤 없었고, 겨울이 되면 반년 가까이

토가산방(利賈山房)의 내부. 토가무라에 폐가로 산재해 있던 전통
가옥 10여 채를 옮겨와서 만든 것이다. 토가 연극의 산실이 되었고 주
민들의 토론회장으로도 활용된다.

나 눈에 파묻혀 살아야 하는 교통두절, 교육환경과 의료체제의 열악
등 도시와는 눈에 띄는 격차가 1960년부터 1970년까지 10년간 젊
은이를 주축으로 한 전 인구의 40%를 도시로 향하게 했다.

그러나 돈이 없어도 자원이 없어도 남아 있는 것은 사람이었다.
입가심할 것이 없을 정도로 가난한 집안일수록 사람을 활용해야 하
는 것이다.

필자가 토가무라를 여러 독자들께 소개하려는 것은 그 엄청난
지역개발의 배경에는 어떤 사람들이 있었으며, 그들이 어떻게 머리를
짜 궁리를 하고 대응해서 오늘의 토가무라를 건설했는지를 함께 느
껴보려 함에서이다.

토가무라라는 이름을 일약 유명하게 했던 것은 1982년 7월 24
일부터 8월 7일까지 개최되어 세계적인 연극제가 되었던 제1회 '토
가 페스티발'이었다. 미국, 영국, 폴란드, 부탄, 인도, 일본 등의 6개국

으로부터 열두 단체가 참가했고, 일본 국내외에서 1만 3천 명의 관광객을 불러모았던 연극제가 계기가 된 것이었다. 그런데 이 연극제를 처음 개최할 때 가장 놀란 사람들은 다름 아닌 토가무라의 주민들이었다. 산골짜기의 작은 마을에 외국인을 비롯한 젊은이들이 떼를 지어 몰려왔기 때문이다. 그리고 '우리처럼 작은 마을일지라도 엄청난 일을 꾸밀 수가 있구나'하는 것을 토가무라의 사람들은 실감했던 것이다. 그런데 이러한 실감은 이후 이곳의 지역개발과정에 용기와 자신감을 부여했고, 드디어 잇따른 이벤트를 성공시키는 원동력이 되었던 것이다.

인연은 귀중한 자원

토가무라의 지역개발은 한 연출가와의 만남에서부터 시작된 것이었다. 그 운명적인 만남은 눈발이 내리고 있던 1976년 2월 11일, 마침 무라가 메밀축제를 개최하고 있던 중에 이루어졌다. 이날 토가무라를 방문했던 사람은 당시 동경의 젊은이들 사이에 인기가 있었던 와세다 소극장(早稻田 小劇場)의 스즈키(鈴木) 단장이었다. 지방에 새로운 연극활동의 터전을 구하러 다니던 스즈키 씨는 토가무라에서 주민이 살지 않는 전통 폐가옥들을 이전하여 만든 문화단지를 보는 순간 이를 극장으로 활용할 수 있다는 직감을 했다.

당시 무라정부는 도시와 교류하는 거점으로 사용하기 위해서 무라내에 산재하고 있던 폐농가의 합장가옥*을 이축하여 합장문화촌을 만들어 놓고 있던 참이었다. 무라정부는 젊은이들의 직장확보를 위해

---

* 합장가옥(合掌家屋)이란 못을 안 쓰고 재목을 합각으로 연결하여 만든 일본 전통식 목조건물.

공장을 유치하려 동분서주해 보았지만 지역의 입지는 이러한 계획을 좌절시켰다.

그런데 당시 일본은 각지에서 관광붐이 일고 있었는데, 이러한 분위기에도 자극받아 토가무라는 농림업이나 공장유치로서가 아니라 산촌문화를 활용해서 지역을 개발하자는 전략을 세우고 있었다. 그리고 이러한 전략의 첫 실천으로서 행한 것이 합장가옥의 이전으로 문화촌을 만든 것이었다.

마침 스즈키 씨는 평소 '연극이란 출연자와 관객이 하나의 장소와 시간을 공유해서, 대화가 동시적으로 성립하는 광장'이라는 지론을 갖고 있었다. 그러나 대도시에서는 경제적인 효율성 등의 이유로 더이상 광장을 연극장으로 활용하기란 어렵다고 판단한 나머지 지방에서 새로운 연극 창조의 터전을 찾아다니던 중이었던 것이다. 또한 스즈키 씨는 전부터 '극장이라는 개념에 봉사하기 위해 만들어진 건조물이 아니라 인간이 실제로 살고 있는 공간을 있는 그대로 극장으로 활용할 수는 없을까'하고 생각해 오던 차에 합장가옥을 보는 순간 즉석에서 극장으로 사용하고 싶다고 생각했던 것이다. 드디어 그는 이러한 계획을 무라정부에 제출했다.

그러나 무라는 와세다 소극장의 존재에 대해서 전혀 모르고 있었을 뿐만 아니라, 더욱이 이처럼 험하고 외딴 작은 시골에서 연극활동이 될 것인지에 의아심을 가질 수밖에 없었다. 그래서 여러모로 조사를 시작했다. 지역에 가끔 찾아오는 문화인들의 의견을 묻기도 했다. 그런데 스즈키 씨의 열정적인 언변에 감동을 받은 나머지 의회와 협의한 결과 총 6동으로 구성되어 있는 합장가옥 중 2동을 5년 계약으로 임대키로 했다.

어느덧 눈덮인 산야를 신록이 대신 감싸는 6월이 되었다. 연극단 일행 30명이 마을에 들어왔다. 촌민들은 영화나 텔레비전에 나오는 배우들의 이미지를 기억하고는 있었다. 그러나 머리를 풀어헤치고 수염을 기르는 등 제멋대로의 모습을 했을 뿐만 아니라 몸에 걸치고 있는 의복도 시골에서는 볼 수 없었던 모습들이었다. 그래서 촌민들의 입장에서 볼 땐 하여간 가까이 하기가 꺼림칙한 인간들 한 패거리가 들어왔던 것이다. 촌민들 중에는 아연한 듯 뭔가 잘못되어 가고 있다고 입질을 하는 사람도 있었다.

스즈키 씨 자신노 그 당시의 광경을 "마치 연합적군파들이 무라를 탈취하려고 쳐들어온 것은 아닌가 의아심을 갖는 주민이 있었다"고 술회하고 있다. 그런데 임대로 빌린 합장가옥의 내부는 연극단원들의 손에 의하여 1동은 400명을 수용할 수 있는 토가산방(利賀山房)으로, 또 하나의 건물은 단원들의 합숙소로 개조되었다. 무라정부도 상하수도며 도로 등 환경정비를 하여 연극활동에 지장이 없도록 지원을 해 주었다.

드디어 단원들의 연극연습이 시작되었다. 땀에 뒤범벅이 된 격렬한 연습, 특히 스즈키 씨의 훈련방식은 소름이 끼칠 정도로 박진감과 엄숙함에 충만해 있어 온 지역에 화젯거리가 되었다. 밤이 되면 주민들은 일터에서의 피곤함도 잊어버리고 연습풍경을 보려고 몰려들었다. "연극의 내용은 이해할 수 없어도 이처럼 진지한 연습장면을 보는 것만으로도 이거야말로 대단한 것이구나"라고 평가하는 주민들이 점점 늘어나기 시작했다.

인구 천 명에 세계연극제

스즈키 씨는 토가무라에서 연극활동을 성공시키고 정착시키기 위해서 5년 분의 회비를 한꺼번에 납부하는 회원을 전국에 걸쳐 모집하였다. 그 결과 전국에서 800명의 회원을 모았고, 그 재원의 일부를 극장 개조비로 충당했다.

이처럼 고군분투한 준비 끝에 드디어 공연일이 가까워졌다. 그렇지만 관객이 어느 정도나 와 줄 것인가 하는 것, 그것이야말로 무라로서는 최대의 관심사였다. 기대 반 불안 반 속에서 기다림은 초조함을 더해 갔다. 공연일이 가까워지면서 문의전화가 줄을 이었고, 공무원들은 버스를 확보하고 민박집을 수배하는 등 부산히 움직였다. 다행히 직영버스를 운행하고 있었고 도시와의 교류 등을 위해 20호가 민박영업을 하고 있어서 큰 힘이 되었다.

드디어 1976년 8월 28일. 제1회 기념공연이 막을 올렸다. 극장 '토가산방'에 미쳐 못들어간 관객이 발을 굴렀고, 극장 안은 만원버스처럼 운신할 수가 없을 정도로 꽉 찼다. 영화감독, 여배우, 학자, 문인 등 저명한 사람들의 얼굴이 여기저기서 눈에 띄었지만, 도쿄를 중심으로 하여 모여든 600여 명의 관객층은 젊은 연극팬들이 주류를 이루고 있었다.

내부의 무대공간을 살펴보자. 일본의 전통건축양식으로 만든 독특한 무대공간에서 열연되는 연극은 연기하는 배우와 관객이 피부를 맞대고 호흡을 주고받는 듯한 일체감을 주었고, 감동과 흥분의 도가니속에서 연극의 막은 내렸다.

"도쿄같은 대도시에서도 흥행이 어려운 판에 눈발이 날리면 교통마저 두절되기 십상인 산간 오지에서 연극은 무슨 얼어죽을 연극이야"라며 이 곳에서 연극활동을 구상한 것 그 자체가 이미 하나의 폭거라고 이죽거리던 사람들은 머리를 갸우뚱거렸다. 그러나 스즈키 씨는 다음과 같은 말로 산촌연극제의 발상을 털어놓았다.

'도쿄 경유가 아닌 독자적인 문화창조의 신념과 선견지명에 의한 지방문화의 창출'이야말로 지방시대가 요구하는 예술이라는 것이다. 첫 기념공연의 성공 그리고 스즈키 씨의 예술관(藝術觀)은 이후 무라의 개발방향을 결정적으로 바꾸어 놓게 된다.

와세다 소극장의 공연활동이 언론기관에 의해 전국적으로 보도되면서 해를 거듭할수록 관객은 늘기 시작했다. 그리하여 임대계약이 끝나는 1980년을 맞이하여 무라정부는 스즈키 씨와 협의 끝에 토가무라의 발전방향을 '문화입촌'(文化立村)에 두기로 했다. 그리고 극단과 공존공영의 길을 찾아 7천만 엔의 예산을 들여 극장 '토가산방'을 개축하고 숙박시설도 늘렸다.

제5회 공연이 끝난 직후 스즈키 씨는 2년 후에 토가무라에서 세계연극제를 개최하자고 제안했다. 무라정부는 이러한 제안을 두고 여러차례 협의를 거듭했다. 그러나 너무나도 엄청난 대규모 이벤트인지라 이에 상응하는 설비를 갖추어야 한다는 부담 때문에 엄두가 나질 않았다. 극장시설만 해도 500석 규모의 '토가산방'만으론 도저히 무리였기 때문에 야외 가설무대개설방안을 놓고 현과 상담을 해보았다.

뜻밖에도 토야마현의 지사는 이왕이면 세계연극제에 어울릴 만하게, 그리고 그 자체가 하나의 관광자원이 될 만한 멋진 극장을 만들어야 한다고 조언해 주었다. 그래서 7천만 엔을 들여 그리스의 야외극장을 본따 800명을 수용하는 물에 뜨는 듯한 야외극장을 건설했다. 드디어 1982년 7월 24일부터 15일간에 걸쳐 공연을 하기로 했다.

'세계는 일본만이 아니다! 일본은 도쿄만이 아니다! 여기 토가부라에서 세계와 만나자!'란 슬로건을 내걸고 일본에서는 처음으로 세계연극제를 개최하기로 한 것이다. 연극활동이 전개된 지 6년간의 축적된 경험이 있었다지만, 세계연극제는 무라로선 정말로 감당하기가 어려운 사업이었다. 그러나 국제적인 문화이벤트를 기필코 성공시켜야 한다고 생각했던 나까오키(中沖) 지사의 큰 관심에 힘입어 현청 안에는 이례적으로 '토가페스티발 '82 추진협의회'가 설치되었고, 이 것을 중심으로 강력한 후원체제가 만들어졌다.

무라에서는 조역(助役 : 부단체장)을 위원장으로 하는 실행위원회 를 만들고, 각 과장을 반장으로 해서 70명의 전 직원을 연극제의 실 행위원으로 배치했으며, 연극제 중에는 청년단, 부인회, 소방단원 등 의 협력을 얻어서 촌민의 총화로 만반의 준비를 했다.

이처럼 모든 이의 마음을 모아 개최한 세계연극제 '토가페스티 발 '82 추진협의회'에는 미국, 영국, 폴란드, 인도, 부탄, 일본이라는 6 개국의 열두 극단에서 참가한 200여 명의 출연자에 의해 대성황을 이루었다. 오랜 세월 동안 한결같이 조용하다 못해 적막감이 감돌던 산골 자치단체에 세계 각지로부터 자치단체 인구의 열 배가 넘는 1 만 3천 명의 관객들이 몰려 들어왔다. 지금까지 육지 속의 섬이라고

총인구라고는 1천 명에 불과한 토가무라에 1983년 일본 최초로 건 설된 야외극장. 고대 그리스의 원형극장에서 이미지를 얻은 이 극장은 양 측면에 무대가 있어 다목적으로 이용할 수 있다. 수용인원은 800명.

불리던 오지마을이었지만, 이 기간 중에는 세계의 중심이 된 것 같은 착각을 일으킬 정도였다. 마을은 축제의 광장이 되었고 국제적 감각이 충만한 교류가 여기저기에서 그 씨를 뿌리기 시작했다.

이처럼 대성공을 본 제1회 '세계연극제 토가페스티발 '82'를 출발로 해서 해를 거듭할수록 더욱 성대한 축제가 되고 있는 토가국제연극제는 이제 토야마현에서도 최대의 국제적 문화이벤트로 정착하고 있다.

몸으로 말하는 연극. 그러므로 세계인이 모여서 몸으로 대화를 나누는 토가연극제. 그런데 토가예술공원을 소개하는 팜플렛에는 다음과 같은 선전문구가 실려있다.

> 언어만이 언어가 아니다.
> 말만이 말인 것은 아니다.
> 어둠 속에 떠오르는 몸과 음악이
> 미지의 말을 건네준다.
>
> 있는 모습 그대로의 풍성한 자연이
> 이런 저런 말을 속삭여 온다.
> 바람의 언어, 빛의 언어, 나무들의 언어
> 그리고 몸과 음악이 발하는 언어들.
>
> 바람이 춤을 추고 나무가 노래하며
> 몸이 말을 하는 자연과 영혼의 연극제.
> 이제 이곳에서 세계를 향하여
> 새로운 시대의 언어가 태어난다.

세계연극제가 개최된 다음 해, 스즈키 씨를 이사장으로 하는 재단법인 국제무대예술연구소가 설립되었다. 동 연구소는 소위 스즈키 방식이라고 불리는 배우훈련법을 중심으로 한 하계국제연극대학을 개설하여, 각국에서 모집한 학생과 배우를 대상으로 연극훈련을 시켰다.

이처럼 '합장문화촌'의 여름은 연극을 위시하여 실로 지역사회를 국제화된 장소로 가꾸었고, 일상적으로 토가무라에 각국의 사람들이 들락거리는 모습은 이제 주민들에게도 그저 평범한 일로 받아들일 정도가 되었다. 또한 토가무라에 체재하는 외국인들도 특유의 명랑함과 친숙함으로 주민들의 행사에도 주저하지 않고 참가하게 되어 상호교류의 장은 날로 넓어지게 되었다.

외국인과의 친밀한 관계형성은 상호간에 이해와 국제감각을 배양하는 토양이 되었다. 또한 이에 자극을 받은 지역의 젊은이들은 하나 둘씩 외국어 공부에 관심을 갖기 시작해서 영어회화와 외국문화 연구 써클활동 등을 하기 시작했다. 그리고 주민 하나 하나의 변화는 지역에 사계절마다 빅이벤트를 창출하는 원동력이 되었다.

사계절 축제

토가무라에서는 봄이 되면 오랜 겨울잠에서 깨어난 아름다운 신록 아래에서 '사자축제'가 개최된다. 사자축제는 먼 옛날부터 촌민들의 생활 가운데에 이어져온 것으로서 5일간 계속된다. 그런데 이 날이 되면 모든 주민들은 함께 즐기며, 특히 지역을 떠났던 일가친척과 이웃들이 고향에 돌아와 지역의 인구는 일거에 세 배로 늘어난다. 이들은 함께 피리를 불고 장구를 치며 함께 '사자무'(獅子舞) 행렬이 되어 돌아다닌다.

여름에 개최하는 축제는 연극제인 '토가페스티발'이다.

가을이 되면 산촌의 아름다운 단풍 속에서 '산촌축제'를 이틀간에 걸쳐 개최한다. 산촌축제에서는 지역내의 산과 들, 그리고 강에서 얻은 각종의 은혜로운 산물들을 재료로 하여 만든 음식들로 간이점포를 차리고, 이벤트 광장에서는 촌의 각종 전통행사를 재현하며, 관광손님들에게는 산촌의 음식과 문화생활을 체험하는 기회와 기쁨을 만끽할 수 있는 축제를 베풀고 있다.

산촌축제 때에도 불과 이틀 동안에 1만인 가까운 외부관광객이 몰려온다. 이러한 이벤트야말로 도시와 농촌의 교류촉진과 연결되고, 또한 토가로서는 토산품의 매상과 지역 이미지의 앙양에 크게 도움을 주고 있다.

겨울이 되면 2월 22일을 전후로 하여 3일간 '메밀축제'를 개최한다. 무라에서 직영하는 체육공원을 주무대로 해서 그 자체가 하나의 예술품이라 할 수 있는 높이 7~8m나 되는 눈사람이나 눈으로 조각한 건물들을 광장에 만들어 세우고, 순수 메밀가루로 만든 메밀국수를 중심으로 여러 가지의 농촌요리와 향토상품들을 준비해서 관광객을 맞이하고 있다.

메밀축제기간 동안에 전시할 작품들을 위해 눈을 모으는 것은 군부대로부터 협력을 얻기도 한다. 축제에 쓰이는 불상(佛像) 등을 만들기 위해서 10여일 전부터 초등학생에서 노인에 이르기까지 지역의 각종 단체는 물론, 최근에는 외지의 기업도 참가하고 있다. 그런데 이들은 모두 자원봉사자들이다.

메밀축제 광장의 정면에는 대형무대를 만들어 놓고, 향토민요대회를 위시해서 각종의 쇼를 개최하기도 한다. 특히 밤이 되면 연도(沿道)의 설벽(雪壁)을 파 만든 작은 움집 앞에 3천 개나 되는 모닥

불이 눈을 깜박거리고, 광장 안에는 불빛에 비친 수십 개의 눈조각상 (雪像)들이 매혹적이다. 누구라도 하나의 환상적인 세계에 잠입한 듯 넋을 잃는다.

아! 그렇구나!

역시 말만이 말인 것은 아니었다.

빛의 언어, 바람의 언어, 나무들의 언어 그리고 새로운 시대의 언어가 가슴 속에 솟아오르지 않는가!

감동에 젖은 가운데 뜨거운 메밀국수를 후후 불면서 먹는 그 맛 또한 어디다가 비길 것인가!

과거 눈에 짓눌려 겨울이면 울며 지내던 토가무라로서는 이러한 메밀축제와 눈축제야말로 이제 정반대의 발상으로 지역에 활력을 불어넣는 자산이 되고 있다. 메밀축제로 유명해진 이 곳에 일본의 전역에서 메밀축제에 참가하겠다는 사람이 해를 거듭할수록 늘어나 이제는 하루를 더 늘려 3일간 개최하게 되었다. 이 행사에 무려 2만 명이 넘는 외지 사람들이 찾아오는 것을 보아도 그 인기는 짐작이 간다.

이처럼 사계절에 걸친 토가무라의 이벤트는 모두가 성공적으로 개최되고 있다. 그렇다면 그 성공의 비결은 어디에 있는가? 그 비결은 무엇보다도 역시 주민 총참여라는 힘이 그 원동력이라고 해야 할 것이다.

사실 행정이 주도하면서 외지의 사람들에게 임금을 지불하고 시키는 이벤트는 그것이 외형적으로 아무리 성공했다고 할지라도 별의미가 없다. 그곳에 살고 있는 주민들에 의한 것, 그리고 주민 모두의 마음을 더하여 개최한 이벤트이어야만 관광객들에게도 감동을 줄 수 있는 것이며, 오래도록 유지되고 지역발전의 원동력이 될 수도 있다.

그런데 한편에서 볼 때 이벤트가 성공했다 할지라도 그것 자체가 하나의 산업이 되는 것은 아니다. 그것은 어디까지나 지역개발에 활력과 자극을 주는 하나의 수단에 불과한 것이다. 사실 토가무라는 빅이벤트를 성공시켜 전국에 지역의 정보를 발신시킴으로써 일약 전국적인 지명도를 얻을 수가 있었다. 따라서 남은 과제는 이러한 지명도를 지역경제에 어떻게 활용할 것인가 하는 것이었다.

세계 메밀박람회와 이벤트의 산업화

겨울이벤트인 메밀축제 중에도 순메밀국수 먹기는 무엇보다 인기가 높아 손님이 가장 많이 몰리고 있다. 희망하는 관광객들을 모두 수용할 수가 없어서 마을 입구를 차로 가로막아 도로를 차단해야 할 상황까지 벌어졌다.

토가무라는 여기에서 힌트를 얻어 메밀을 활용한 연중 관광산업을 진행시킬 계획에 착수했다. 그리고 이러한 구상을 실천하기 위해서 일본에서 메밀박사로 통하고 있던 신슈대학(信州大學)의 우지하라 아키오 교수를 위시하여 일본 전역에 걸쳐 지금까지 토가무라와 인연이 있는 여덟 명의 자문위원단을 구성했다. 그리고 이 자문위원단의 제안으로 토가무라는 소위 '메밀의 마을'을 건설키로 했다.

'메밀의 마을'이란 메밀로 만든 음식을 먹으면서 농촌을 연구하고 체험하는 시설을 구비해 놓은 마을을 만드는 것이었다. 그런데 이과정에서 메밀박사 우지하라 교수가 갖고 있던 한 장의 사진은 토가무라의 발전에 결정적인 영향을 끼치게 된다. 그것은 네팔에서 피어있는 붉은 메밀꽃을 찍은 사진이었다. 가련한 자태를 다소곳이 보이고 있는 그 사진을 보는 순간 메밀의 원산지인 네팔에 가서 그 원형과 문화를 탐색해 보고 싶다는 욕구가 모두에게 생겨났던 것이다. 우지하라 교수와 미야자키 미찌마사(宮崎道正) 촌장의 인솔로 19명의 조사단이 네팔을 향했다.

혹한의 1월 3일. 그것도 해발 3,000m에다가 도무지 통신시설도 없는 인구 460명의 산촌을 찾아나선 것이다. 당시 네팔의 수도 카투만두를 경유해 가는 공항마저 혹한으로 폐쇄된 상태였다. 그러나 일행은 이 길만이 토가무라가 살 길이라 생각하고 추위와 싸울 완전무장을 갖추어 길을 재촉했다.

이러한 고생을 짐작했음인지, 네팔의 '쭈그체'촌의 모든 주민이 마을 입구까지 나와 민속악기를 불면서 일행을 맞이해 주었고, 감동적인 환영대회를 베풀어 주었다. 이후 현지조사단은 메밀을 빻는 물레방앗간이며, 메밀과 관련이 깊은 주민생활의 모습과 각종 전통의식 등을 두루 두루 둘러보았다. 그리고 드디어 양 지역은 자매결연을 맺었다. 자매결연의 조인식이 끝난 후 일행은 비록 가난하지만 순박한 주민들이 마음으로는 어느 곳보다도 풍요롭게 살고 있는 모습을 체험하면서, 300여 점이나 되는 전통 농기구와 생활민예품들을 선물로 받아 토가무라에 가지고 왔다. 그리하여 이러한 선물들을 '메밀전시관'에 전시했다.

'메밀전시관'의 1층에는 이밖에도 세계의 메밀문화에 관해서 각종의 자료를 전시하고, 2층에는 토가무라의 생활문화를 소개하고 있다. 또한 개인이나 그룹이 메밀반죽과 요리를 체험적으로 실습할 수 있는 '메밀공방', 그리고 메밀음식을 시식하는 '맛보기방', 손님 숙박시설로 이용하는 '손님방' 등이 구비되어 있다.

그리고 1989년 10월 20일에는 드디어 '메밀의 마을' 전체를 완성시키고 네팔 '쭈그체' 촌장일행을 초대하여 성대히 '메밀의 마을'을 개촌했던 것이다.

네팔의 쭈그체촌에 조사단을 파견하고 자매결연을 맺기까지의 이야기는 당시 동행했던 NHK텔레비전에 의해 일본 전역에 걸쳐 몇 번이고 재방송할 정도의 스토리를 담고 있었다. 그런데 이러한 방송의 영향 탓도 있었는지, 개촌한 이래 '메밀의 마을'은 연일 관광객을 부르고 있어 지역활성화에 막대한 공헌을 하고 있다.

또한 1992년에는 토야마현에서 통산성(通産省)의 지도하에 '제1회 저팬엑스포 토야마'가 개최되었는데, 당시 토가무라도 협찬으로서 일본에서는 최초로 '세계 메밀박람회'를 개최하였다. 8월 7일부터 9월 6일까지 무려 31일간에 걸쳐 개최된 이 박람회는 토가무라의 발전에 또 하나의 이정표를 만들었다.

'메밀의 세계-그 지평과의 만남'이라는 테마로 일본 내의 지방자치단체뿐만 아니라 전세계로부터 참가자들을 받아들여 메밀국수를 비롯한 메밀요리 노천시장 개장, 그리고 야외무대에서 각국 각지의 다양한 민속예능경연대회를 개최하기도 했다. 토가무라처럼 초미니 자치단체가 동네 사람들의 가슴을 모아 개최한 박람회에 입장했던 입장객의 숫자만도 13만 6천여 명에 이르렀다. 당초의 기대보다도 더 많이 몰려든 관광객들은 토가무라의 명성을 다시 한번 떨치는 일을 해주었던 것이다.

명상의 마을

메밀의 뿌리를 찾아 네팔에 갔을 때 그 곳의 주민들은 사난했음에도 불구하고 평온이 있음을 누구보다도 미야쟈키 촌장은 실감했다. 따라서 네팔의 소박한 문화와 정신을 토가무라에 전파하여 정신적 풍요로움을 가꾸어 보면 좋겠다는 생각을 했다. 또한 미야쟈키 촌장 일행은 네팔의 쭈그체촌을 방문했을 때 숨을 죽이고 침을 삼키면서 감동적으로 접했던 것이 있었다. 그 마을 출신의 화가가 그린 불교성화 만다라(曼荼羅)였다. 당시 그 성화를 그렸던 화가를 직접 만난 촌장은 만다라에 감동한 나머지 토가무라에 와서 만다라를 그려 달라고 요청했었다. 이후 이들 화가들은 토가무라에 1년 6개월간을 체류하면서 4점의 만다라를 그렸고, 그 후 다시 도일할 때 4명의 조수를 데려와 지금도 만다라 제작에 몰두하고 있다.

한편 일본에 있어서도 현대의 물질적 번영이 인간정신의 공동화를 초래했고, 또한 범람하는 정보공해 속에서 사람들은 자신의 존재를 상실해 가고 있었다. 실제로 사람들은 자신이 자신의 모습으로 살고 있는지를 실감하지 못하면서 살아가고 있는, 풍요 속의 자기상실증에 빠져 있는 것이다. 인간으로서의 행복감은 물질적인 풍요만에 있는 것이 아니라 정신적인 풍요도 함께할 때 비로소 실감할 수 있다는 것은 누구나가 다 아는 사실이다. 그리고 누구나가 이 양자를 동시에 갈망하고 있다. 그러나 하루 하루를 살아가다 보면 생활이 그렇게 허용하지 않는 것이다.

그런데 토가무라의 대자연 속에 무언가 마음의 휴식과 안락을 주는 그러한 장소를 만든다면 많은 도시인들을 포용하고 쉬게 하는 쉼터가 될 수 있을 것이라는 생각이 제시되었다.

사실 고도물질문명의 시대에 종말이 오면 그 다음에는 정신문화의 시대가 다시 올 것이라는 생각은 누구나가 하는 것이다. 그러나 이러한 시대를 미리 대비해서 자연 속에서 정신적 휴식공간으로서 '명상의 마을'을 정비하자고 구상했지만 이를 실천하는 것은 그리 쉬운 일이 아니었다. 하지만 이러한 명상의 마을은 토가무라가 개최하는 이벤트와 각종 시설이 인간의 만남을 통해서 마음과 마음을 교류하게 한다는 취지에도 공헌하는 것이어서 또 하나의 세일즈 품목이 될 것으로 생각되었다.

드디어 명상의 마을을 만드는 작업에 박차를 가했다. '명상의 마을'(瞑想の館)을 건설하고 그 벽에 사방 4m나 되는 만다라를 걸었다. 이 밖에도 티베트 불교 등과 관련된 자료와 불상 및 불교장식품들도 명상의 관에 전시하였다. 1992년에는 연수시설인 '공상의 관'(空想の館)과 숙박시설인 '명수의 관'(瞑水の館)도 건설했고, 현재까지도 부대시설을 정비중인데, 돌담은 네팔의 기술자가 네팔 방식으로 쌓게 하는 등 세심한 노력을 경주하고 있다.

현재 명상의 마을은 도시의 주민들을 비롯한 많은 사람들이 머리와 마음을 새롭게 가다듬는 명상공간으로서 또한 정신수양을 하는 장소로서 많이 활용되고 있다. 특히 '명상의 관'은 그 위치하고 있는 장소 그 자체가 '입체만다라'를 감상하게 할 수 있는 곳에 세워졌기 때문에 종합적인 심신휴양소로서 더욱 사랑을 받고 있다.

이벤트는 테마산업

이쯤해서 이벤트 그 자체에 대해서 좀 생각해보자.

지금까지 일본에서 가장 성공적인 이벤트는 고베시(神戶市)가 1981년에 개최했던 소위 '포트아일랜드박람회', 즉 이를 줄여서 '포트피아'라고 했던 박람회였다. 당시 포트피아에는 무려 1,600만 명이 입장을 했었고 65억 엔의 흑자를 기록했다. 전무후무한 기록이었다.

그렇다면 포트피아가 성공할 수 있었던 요인은 무엇이었는가! 당시 고베시가 포트피아를 개최하면서 내걸었던 테마는 '새로운 해양문화도시의 창조'였다. 누가 보고 듣더라도 금방 그 의미를 알 수 있는 표현이었다. 따라서 섬나라인 일본의 중앙정부도 자치단체와 기업들도 많은 관심과 참여를 했던 것이다. 사실 대부분의 자치단체들은 매립지가 생기면 곧장 기업유치를 위해 동분서주한다. 그러나 고베시는 바다를 메운 매립지에서 빅이벤트인 포트피아를 개최하여 매립지의 활용계획을 충분히 PR함으로써 이미 장래를 위한 기업유치활동을 간접적으로 전개한 것이다. 그리고 포트아일랜드의 이미지가 높아지자 이 기회를 이용하여 다음에는 이곳을 '패션타운'으로 선언했다. 그리고는 야구장의 일백이십 배나 되는 광활한 매립지에 부인복과 스포츠관계 주요 기업의 본사가 진출하도록 했다. 이처럼 고베시는 매립지를 2모작(二毛作), 3모작(三毛作)으로 활용했던 것이다.

원래 지역개발이란 1백 년을 내다보는 대이벤트이다. 고베시는 지역개발의 한 수단으로서 이벤트를 활용했던 것이다. 그러나 일본의 도처에서 전개되고 있는 이벤트를 보면 그저 이벤트를 위한 이벤트로 끝나는 경우가 많다. 박람회 등이 끝나면 그 개최지는 겨울 들판처럼 황량하게 비어 버린다. 심지어 어떤 박람회는 수지타산만을 맞추기 위해 입장권 예매에만 혈안이 되어 박람회시설의 시공업자나 관련업자, 또는 공무원과 사회단체에 폭력단이 하는 수법처럼 입장권을 강매하는 경우도 있다.

이벤트를 위한 이벤트를 개최하다 보니 주민들의 반응 또한 냉담하다. 일본의 어떤 고도(古都)에서 개최한 박람회를 참관하기 위해 택시를 탔다. "교통체증만 되고 도대체 무엇 때문에 이런 일을 하는지 모르겠어요"라는 택시기사의 태도는 사뭇 시큰둥하다.

그렇다면 멀리서 찾아온 나는 바보란 말인가!

손님을 바보로 보는 이벤트행사가 성공할 리 없다. 그런데 손님을 바보로 아는 곳일수록 주체자들은 당장의 채산에만 혈안이 되어 있다. 이벤트를 활용하여 개최지의 주민들이 주인으로서 손님을 맞이하는 주인교육을 시키는 것 등은 애당초 계획에도 없다. 그러니까 앞의 예와 같은 운전수가 나오는 것이다. 또한 이벤트 개최의 목적이 분명치 않아 여기에서 나오는 테마도 명확치 못하다. 물론 형식적으로는 테마를 내걸고 있지만 그러한 테마는 없는 것이나 마찬가지인 경우가 대부분이다.

사실 우리나라의 자치단체들도 매년 각종 시민제전, 군민제전, 단풍제전 등등의 이름으로 이벤트를 개최하고 있다. 그러나 그 이름만 다를 뿐이지 어딜 가 보아도 그 내용은 거의가 비슷하다. 독창적인 개성이 없고 따라서 테마가 없다. 마케팅적 사고로 기획하는 경우란 더욱 없다. 있는 것이라곤 야바위꾼의 기만과 사기행각 그리고 잡상인들의 바가지 상혼이 아닌가!

어디 그런 곳이 아이들을 데리고 갈 만한 곳이던가! 그러나 따지고 보면 야바위꾼보다도 더욱 사기를 치고 있는 것은 위풍당당하게 축사나 격려사를 하고 있는 자치단체의 관계자들이 아닌가!

우리나라의 이벤트 행사들을 보면, 우선 기획단계에서 자발성이 결여되어 있고 그 추진과정에 통일성도 결여되어 있는 경우가 흔하다. 행사계획이 이를 수행할 사람과 무관하게 짜여지거나 연계되어 있지 않고, 부적합한 테마와 더욱이 테마에 어울리지 않는 프로그램이 속출하여 전체적인 통일성과 특색이 없다. 그리하여 그 행사가 왜 그 고장에서 개최되는지 향토축제의 의미를 이해하지 못하게 되는 경우도 흔하다. 또한 이벤트 행사가 주민의 참여로 완성되는 축제이기보다는 뭔가 보여주겠다는 식으로 프로그램을 진행하다 보니 행사를 위한 행사가 되어 버린다.

그렇다면 앞으로 어떻게 해야 할 것인가? 앞으로는 기획단계에서 미리 행사 전체를 내용적으로 지배할 수 있는 큰 주제를 정하고, 이를 중심으로 각 프로그램을 구성하고 연결해야 할 것이다. 그리고 주민들이 참여하고 공감하는 절차와 내용을 연출하는 것도 무엇보다 중요한 관건이다.

이벤트는 하나의 승부인 것이다. 그러나 목적이 없는 승부는 의미가 없다. 그러므로 이젠 이벤트를 위한 이벤트는 사라져야 한다.

필자가 일본의 이벤트로서 고베시의 사례를 상세히 소개하기 보다는 토가무라를 소개한 이유가 여기에 있다. 고베시는 큰 경제력과 상승하는 경기 그리고 입지적 조건을 천재적으로 활용한 대표적인 곳이다. 그러나 토가무라는 무엇 하나 이용할 것이 없었지만 그래도 분명한 테마와 이를 산업으로 연결시키는 지혜, 그리고 주민총참여라는 마음을 모았던 그 눈물겨운 모습이 우리에게 귀감이 되고 있기 때문이다.

스포츠맨의 근육과도 같은 지역개발

이제 토가무라가 추진해 온 지역개발의 흐름을 정리해 보자. 사실 토가무라는 지금까지 크나큰 불안과 조금씩 싹트는 자신감이 교차하는 가운데 그 개발을 추진해 왔다. 그것은 한마디로 '불안에 대한 도전'이라는 말로 표현할 수도 있을 것 같다.

과거 1975년경만 하더라도 하루에도 몇 가구씩 인구가 줄었다. 따라서 토가무라는 '다른 자치단체가 하는 것처럼 해서는 입지조건이나 기상조건 때문에 살아갈 수 없다'고 생각하기 시작했었다. 지도자들은 이구동성 응급주사라도 맞아야 한다고 말했지만, 그러나 무언가 묘안이 나타나질 않았다.

그러던 차에 산촌 특유의 정보와 문화를 창발함으로써 도시 사람을 끌어들이자는 전략을 세웠었다. 말하자면 정주인구(定住人口)가 아닌 교류인구(交流人口)의 증대정책을 세웠던 것이다. 그리고 이를 실천하는 방법으로서는 산촌의 전통적 유산인 '합장가옥'을 활용한 문화촌을 건설했던 것이다.

그러나 그 이후 촌정부가 와세다 소극장에 합장가옥을 임대해준 것이나, 쓰즈키 씨가 세계연극제를 제안했을 때도 말할 수 없는 불안에 쌓였고, 심지어는 말도 안 되는 짓거리를 한다고 생각하는 사람이 더 많았던 것이다. 뿐만이 아니다. 네팔의 쭈그체촌을 방문하려 했을 때 전화 하나 없는 그 곳을 찾아가고 교류를 추진하려 하자 많은 사람들이 무모한 짓이라고 말했지만 미야쟈키 촌장은 네팔의 오지마을을 네 번이나 방문했던 것이다.

이렇게 볼 때 토가무라의 오늘은 한마디로 말해서 '불안에 대해 도전하는 자세'가 가져온 결과였다. 1986년 제1회 '메밀축제'를 개최할 때에도 그랬다. 기획조정실장인 노하라(野原) 씨에 의하면, "도대체 이러한 교통 오지 호설지대에 과연 관광객이 와 줄것인가를 전혀 예측할 수 없었다"고 한다. 그런데 막상 당일이 되니까 몰려드는 관광객으로 10km나 넘게 교통체증을 빚었고, 공무원들은 이중으로 비명을 질러야 했다.

그러나 노하라 실장은 지금도 '메밀축제일'이 가까워오면 며칠이고 잠을 이루지 못한다고 했다. 벌써 열 차례가 넘게 개최했건만 혹시 손님이 적으면 어떻게 할까, 잠이 오질 않는 것이다.

토가국제산촌문화체험촌(명상의 마을·메밀의 마을) 사무국장으로서 노하라 실장과 함께 토가무라의 지역개발을 최전선에서 담당하고 있는 나까다니(中谷) 씨는 "지역개발이란 스포츠맨의 근육과도 같다"고 말하고 있다. 스포츠맨이 운동에 손을 놓으면 금방 근육이 풀려버리듯, 마찬가지로 지역개발도 끊임없이 노력하지 않으면 주민의식을 포함한 모든 것이 원점으로 되돌아가 버린다는 것이다. 다시 말하면, 정신차리고 끊임없이 정진하지 않는 한 매력도 활력도 없는 지역으로 쇠락하는 것은 눈깜짝할 사이라는 것이다. 그러므로 언제나 하나의 지역은 새로운 이상과 장래를 향하여 항상 새롭게 도전해 나가지 않으면 안 된다.

그렇다면 공무원이 아닌 마을 사람들은 토가무라를 어떻게 생각하고 있을까? 토가무라의 행정과 주민의 관계에 관해서 이 곳의 젊은이들이 만든 그룹인 사무(作夢)클럽의 멤버 미나하시(南端) 씨는 다음과 같이 말하고 있다.

> "우린 무언가 새로운 것을 하지 않으면 살아남을 수가 없습니다. 그러므로 이벤트이건 무엇이건 간에 모두 함께 움직이지 않으면 안 됩니다."

옆에 있던 친구 노하라(野原) 씨가 말을 이었다.

> "행정이 모두가 잘하고 있다는 뜻은 아닙니다. 그렇지만 주민의 뜻을 정중히 들으려는 자세만은 변함이 없습니다."

새로운 가능성에 연속적으로 도전해온 토가무라. 거기에도 찬반양론이 있었고, 비판과 질책이 있었다. 그러나 일단 일을 벌려 '자! 합시다'라고 말할 때이면 언제나 행정과 주민은 혼연일치가 되었다. 토가무라에서 많은 사람을 만나 말을 들으면 들을수록 자치단체를 이끌고 있는 행정과 촌민이 좋은 의미에서 '불안을 공유'하고 있다는 느낌을 받을 수가 있다.

"토가무라가 여기까지는 올 수 있었지만 그러나 앞으로도 끊임없는 '불안에의 도전'에 봉착해 있습니다"라는 나카가와 씨의 말처럼, 지역개발은 끝없는 장정(長征)인 것이다.

이처럼 토가무라에서는 모든 주민이 똘똘 뭉쳤고, 촌은 어떤 시련에도 도전했다. 그리고 그 성과로서 인구 천 명인 이곳에 1994년에만 41만여 명의 관광객이 찾았고 이 중 13만여 명은 하루이상 묵어간 숙박객이었다. 그러나 이러한 성공에도 불구하고 과거 어려웠던 시절과 고도경제성장기에 도시로 빠져나간 만큼의 인구회복은 아직 실현되지 못하고 있다. 다만 최근에는 다른 농촌과는 달리 새로운 인구의 감소는 나타나지 않고 있지만, 그래도 주민 인구가 고령화해 가는 추세를 억제하지는 못하고 있다.

그러므로 토가무라가 그 먼 장래를 생각할 때에는 보다 매력적인 지역개발사업에 더욱 박차를 가하지 않으면 안 된다. 젊은이들이 찾아와 살고 싶어하는 지역을 만들지 않으면 안 된다. 지역이라는 상품도 항상 새로움을 더해가지 않으면 외면당할 수밖에 없기 때문이다.

토가무라는 현재 의욕과 관심이 있는 젊은이들에게 산촌생활을 체험하게 하고, 체험결과에 따라 지역내에 정주(定住)하도록 장려하는 제도를 만들었다. 1995년에는 소위 '청년산촌협력대'를 만들고 모집광고를 냈는데, 각지에서 12세대 24명의 도시인들이 입촌(入村)하여 현재 농촌체험을 하고 있다. 그리고 이 중에서 한 사람이라도 더 많은 사람이 토가무라의 생활에 매력을 느껴 정주를 희망하도록 일터를 마련하고 또한 환경정비에 만전을 기하려고 지금도 공무원들과 주민들은 노력하고 있는 것이다.

정당에 흔들린 주민의 소리
교육자치의 실험과 좌절

지방자치단체가 해야 할 가장 중요한 일을 한마디로 말하라면 어떻게 대답할 것인가? 그것은 인간을 키우고 자원을 개발하는 것이다. 그렇다면 오늘날 우리의 지역사회는 인간을 키우는 데에 최선의 노력을 다하고 있는가?

"선생님 집에 다녀 오겠습니다."

이 한 마디 말은 우리 사회의 교육환경을 가장 잘 나타내는 말인지도 모른다. '어머니, 아버지 학교에 다녀 오겠습니다'란 말이 '선생님 집에 다녀 오겠습니다'라고 바뀐 이유는 설명할 필요도 없다. 그것은 새벽같이 학교를 가서 밤늦게 귀가하여 잠시 눈을 붙이고 다시 학교에 가는 입시위주의 교육현실 때문인 것이다.

담 안엔 장미, 담 밖엔 쓰레기

교육은 본래 인간이 보다 잘 살기 위한 수단이다. 그리고 인간은 자기 자신을 둘러싼 지역사회 속에서 살아가는 것이기 때문에, 교육은 무엇보다도 지역에 있어서 인간생활의 문제에서 출발해야 한다. 그러나 오늘날의 교육에는 더불어 사는 지역사회란 없고 그저 경쟁만이 있을 뿐이다.

그러므로 오늘날 교육문제를 둘러싸고 우리가 심각히 대처해야 할 과제 중에서 지역과 교육의 관계, 특히 '교육에 있어서 지역사회의 바람직한 역할'을 정립하는 것은 무엇보다도 중요한 일이다. 즉, 교육을 학교와 행정에만 내맡겨 둘 것이 아니라 지역의 주민과 행정 그리고 교육현장 등이 일체가 되어 지역에서 교육이 존재해야 할 방향을 함께 걱정하고, 지역에서의 소리가 교육행정에 반영될 수 있도록 하는 제도적 장치를 구축해야 하는 것이다.

그렇다면 오늘날 우리 주민들은 교육문제에 어떤 모습으로 참여하고 있는가?

한마디로 말해서 '담 안엔 장미, 담 밖엔 쓰레기' 그것이다.

담 밖에는 쓰레기 악취가 진동하여도 내 담장 안에만 장미를 피우려고 안달이니 아무리 애써도 장미향기가 그윽할 리 없다. 우리 국민 모두가 교육평론가가 되어, 이제 '4천만 총교육평론가'들이 모여 사는 우리나라의 교육이 점점 중병을 앓고 있는 이유도 모두가 '내 담 안의 장미'에만 눈이 가 있기 때문은 아닌가? 그러나 '선생님 집에 다녀 오겠습니다'라는 말에서 느낄 수 있는 것처럼, 오늘의 우리 아이들은 담 밖에서 생활하고 성장한다. 부모가 아무리 애를 써도 품 안에만 둘 수가 없는 현실인 것이다. 그런데도 모두가 담장 안의 장미에만 신경을 쓴다.

그런데 일본 도쿄의 나까노구(中野區)에서는 '어느 아이라도 내 아이 내 자식이라고 부를 수 있는 교육구(敎育區)를 만들자'라는 슬로건을 내걸고 교육행정에 주민참여를 제도적으로 보장하려는 실험을 했었다. 그래서 필자는 1989년 2월 말 당시 제3차 교육위원선거 구민투표를 막 끝내고 분주히 움직이고 있는 나까노구의 교육위원회로 발길을 옮겼다.

나까노구는 그 특유의 제도를 채택함에 있어서 실정법 위반이라는 이유로 문부성과 심각한 대립을 빚었지만, 주민자치정신에 입각하여 이를 해결해 나간 경험은 우리에게도 큰 교훈이 될 것이다.

일본은 1948년 교육기본법에 기초한 '교육위원회법'을 제정하여 교육위원의 주민직선제(일본에서는 이를 교육위원공선제라고 부른다)를 제도화하였다. 그러나 교육위원의 공선제가 새로운 제도일 뿐만 아니라 이 제도에 대한 일반 국민의 이해가 충분히 이루어지지 않은 탓으로 다른 선거에 비해 투표율이 낮았고, 조직력을 동원한 후보자가 쉽게 당선된다는 점에서 공선제의 한계가 노정되었다.

따라서 이러한 문제점을 개선하기 위해 1956년부터는 공선제를 대체한 임명제가 전국적으로 실시되었다. 즉, 1956년 6월 30일 법률 제162호로 제정된 '지방교육행정의 조직 및 운영에 관한 법률'(이하에서는 '지교행법'이라 칭함) 제4조에서 교육위원은 당해 지방자치단체장의 피선거권을 갖는 자로서 인격이 고결하고 교육, 학술 및 문화에 관하여 식견을 갖는 자 중에서 지방자치단체의 장이 의회의 동의를 얻어 임명하며, 그 임기는 4년으로 하도록 규정하고 있다. 그리고 동법은 제3조에서 교육위원회는 5인의 위원으로 조직하는 것을 원칙으로 하되, 다만 정·촌(町·村)의 교육위원회는 조례에 의하여 3인의 위원으로 조직할 수 있도록 하고 있다. 일본의 교육자치제는 현재에도 이러한 내용을 그 기본으로 하고 있다.

주민발안으로 만든 교육자치

그런데 이러한 틀 속에서도 유독 도쿄의 나까노구만은 구장(區長)*이 구 의회의 동의를 얻어 교육위원을 임명하기에 앞서서, 구민들의 의향을 '참고'하기 위하여 교육위원 후보자결정에 관한 구민투표를 실시하고 있다. 여기에서 '참고'로 한다는 것은 구장이 교육위원 후보자의 선정에 있어서 투표결과에 표시된 구민의 의향을 반영하도록 하여 구민의 기대에 부응한다는 것이다. 이러한 제도를 일컬어 나까노구에서는 '교육위원 준공선제'라고 부르고 있다.

나까노구에서 교육위원을 선정하여 임명하는 절차는 다음과 같다.

교육위원 후보자 구민투표제는 일반의 정치선거와는 상이한 소위 '문화선거'라는 성질을 갖는 것이다. 그런데 구장이 구민투표실시를 공고하면 입후보자는 20세 이상의 구민 60인 이상 100인 미만의 추천을 얻어 입후보등록을 한다. 그리고 구민투표에 들어가기 이전에 구장과 입후보자 간에 체결한 선거운동규칙에 어긋나지 않는 범위 내에서는 자유롭게 선거운동을 할 수 있다. 또한 선거운동에 개인부담을 경감시키기 위해서 선거공영제를 채택하고 있는데, 그 내용으로서는 공보발행, 선거포스터의 게시, 합동연설회의 개최, 소형인쇄물의 교부, 좌담회의 장소제공 등등이 있다. 이러한 선거운동을 거쳐 구민투표를 시행한 후 구장은 투표결과를 참고하여 교육위원 후보자를 선정하고 구의회의 동의를 얻어서 교육위원을 임명한다.

그런데 나까노구는 교육위원 준공선제를 채택한 목적을 다음과 같이 천명하고 있다.

첫째, 구민의 소리를 교육위원 후보자 선정에 반영시키고, 교육

---

* 區長은 우리나라 특별시나 광역시의 구청장에 해당함.

위원회를 구민에게 보다 가까운 존재로 만들어 교육·행정에 주민참여
를 보다 적극적으로 하게 함에 있다. 둘째, 구민투표를 계기로 하여
'교육이란 무엇인가,' '교육은 어떻해야 하는가' 등등에 관해서 문화활
동으로서의 지역의 교육에 관한 논의가 지역사회, 가정, 서클 등에서
활발히 이루어지게 하려는 데에 그 목적이 있다는 것이다.

나까노구에서 교육위원 준공선제를 채택한 계기는 구민투표 조
례제정을 위한 주민발안(initiative)에서부터 비롯한다.

1978년 9월 1일. 1만 9,223명의 주민이 일본지방자치법 제74
조 1항의 직접청구 규정에 근거하여 구장에게 교육위원 후보자 결정
에 관한 구민투표 조례제정을 요청하는 직접청구를 했던 것이다. 이
조례 제정 청구서의 요지는 다음과 같다.

　　인간은 자기 자신을 둘러싼 지역사회 속에서 살아가는 것이기 때문
에 교육은 지역에 있어서 인간생활의 문제에서부터 출발해야 한다. 그
런데 지역에서의 소리가 교육행정에 반영될 수 있도록 하는 제도적 장
치를 우리는 교육자치라고 표현한다.

"오늘날 아이들을 둘러싼 교육문제는 학벌사회와 수험체제 속에서 진학시험이 교육의 목표로 둔갑했고……, 여러 가지 퇴폐문화의 와중에서 몸과 마음 그 모두가 건강한 청소년을 육성할 제 조건이 제대로 충족되지 못하여 비행으로 줄달음치는 청소년이 적지 아니하다. 이러한 상황으로 인하여 교육이 크게 몸살을 앓고 있는 현재, 아이들을 정말로 순수하게 자라게 하고 또한 학부모, 주민, 학교관계자와 구행정이 아이들을 위해 진정으로 협력해 갈 책임이 있다고 생각한다.

그러므로 구는 교육기본법의 정신을 교육행정에 살리고, 주민요망에 부응한 교육행정이 이루어지도록 하기 위해 구민투표로 교육위원의 후보자를 선출하는 방법을 취하도록 구민투표 조례제정 청구서를 제출한다."

우편엽서로 뽑는 교육위원

구의회는 상기와 같은 직접청구를 받아 참고인의 진술을 듣고 공청회에서 공술인의 의견을 청취하면서 심의를 하였다. 그리고 많은 격론 끝에, 1978년 12월 12일 구민으로부터 청구된 조례의 원안을 수정하여 특별위원회에서 가결(찬성11, 반대10)하고, 이윽고 제4회 구의회 본회에서 가결(찬성26, 반대19)시켰던 것이다.

그런데 이것을 회부받은 당시의 오오우찌 구상(大內區長)은 교육위원의 임명권은 구장이 지닌 전속적인 권한이므로 '의회의 의결이 법령에 위반한다'는 의견표시와 함께 구의회에 재의(再議)를 요구했다. 그러나 구의회는 재차 같은 내용으로 조례를 가결시켰다. 하지만 이에도 불복한 구장은 급기야 상급 자치단체인 도쿄지사에게 동 조례의 위법성 여부의 심사를 요청하였다.

　오오우찌 구장으로부터 재정(裁定)요청을 받은 도쿄지사는 상기 조례안의 합법성을 주장하면서 다음과 같은 중재판단을 내렸다.

　　　"지방자치단체가 '지교행법'이 정하는 장의 권한을 법적으로 제약하지 않는 범위 내에서 필요한 규정을 설정하는 것은 위법이라고 해석할 수가 없다. 그런데 본건 조례 제2조는 '구장은 전조의 목적을 달성하기 위하여 교육위원 후보자를 선정함에 있어서 구장이 실시하는 구민투표의 결과를 존중해야 한다'고 규정하고 있다. 즉, 동 조에 의하면, 구장은 교육위원 후보자 선정에 있어서 구민투표의 결과를 '존중'하면 족하므로 구민투표의 결과에 법적으로 구속되는 것은 아니라고 해석된다. 따라서 본건 조례는 장의 권한을 법적으로 제약하는 것은 아니므로 교육위원의 임명제를 정하고 있는 법률에 위반하는 것이 아니라 적법한 것이다."

　도쿄도지사는 구장의 청구를 기각해 버렸다. 도쿄도지사는 일본 헌법과 법률의 정신에 비추어 볼 때 자치단체의 조례가 지방자치·주민자치의 원리에 따른 것인 이상 그것은 '지교행법'에 위반한 것이라고는 볼 수 없다고 생각했다.

　해가 바뀌어 구장선거가 치루어지게 되었다.

　1979년 4월 22일. "주민의 의사를 교육행정에 반영하기 위해 교육위원 준공선제를 채택하겠다"는 공약을 내걸고 구장선거에 출마한 아오야마(青山) 씨가 당선되어 취임했고, 5월 25일 드디어 조례가 공포되었다.

　조례에서는 '제1회 구민투표를 1980년 10월에 실시한다'고 규정하고 있기 때문에 구는 동 제도실시에 필요한 예산을 1980년 3월

제1회 구의회에 제안했다. 그러나 구의회는 아직 구민투표에 관한 구체적인 계획이 설정되어 있지 않으며, 구체적인 내용에 관해 구민적 합의가 없다는 이유에서 홍보경비를 제외한 실시경비를 대폭적으로 삭감해 버렸다. 그 대신 구의회는 구민투표를 어떻게 실시할 것인가 등에 관한 구체적인 방법 등을 검토해 나갔다.

구의회는 이러한 연구·검토 끝에 1980년 7월 4일 조례의 일부 내용을 개정했는데, 그 내용은 첫째로 우편투표방식을 새롭게 채택했고, 둘째로 구장이 '결과를 존중해야 한다'라고 한 것을 '참고로 한다'로 바꾸었으며, 셋째로 실시 시기를 1981년 2월 말일까지로 한 것 등이다.

그리고 드디어 이 조례에 의하여 1981년 2월 12일에서 25일까지 2주일간 우편 투표 방식으로 제1회의 구민투표가 실시되었다. 투표율은 42.99%였으며, 개표는 2월 27일에 실시되었다.

그런데 나까노구에서 교육위원선임에 관한 사무를 담당하고 있는 나까쎄(長瀨武憲) 씨가 필자에게 다음과 같은 설명을 해주었다.

"일반선거는 전 구민의 생활과 직접 관련된 것이지만 교육 문제는 그 일부분이기 때문에 투표율이 낮은 것이지, 구민투표가 갖는 제도의 취지에 구민들이 동의하지 않았기 때문이라고는 보지 않습니다."

문부성의 중지명령과 구장의 반박

그러나 제2회 구민투표의 실시를 앞두고 1984년 3월 문부성은 구민투표를 중지하도록 하는 권고를 나까노구장 앞으로 보내왔다. 이

권고문의 내용은 다음과 같다.

귀구의 구민투표조례는 '지교행법'의 규정에 의하여 부여된 구장의 전속적인 권한인 위원후보자의 선정권 행사에 관해 의회가 조례에 의하여 법적인 제약을 가하고 있는 것이므로, '지교행법' 제4조 1항의 규정에 위반하는 것입니다. 또한 교육위원의 선임에 있어서 구민투표제도를 도입하는 것은 교육행정의 정치적 중립성을 강력히 요구하고 있는 '지교행법'이 지향하는 바가 아니며, 동법의 취지에 반하는 것입니다. 문부성은 이전부터 이러한 입장을 표명하고, 또한 도쿄 교육위원회를 통해서 귀구에 대한 적절한 조치를 취하도록 요청한 바가 있습니다.

이러한 경위에도 불구하고 귀구에 있어서는 1981년 당초 제1회 구민투표를 실시하고, 위원의 임명을 단행했으며, 다시 이번에 제2회째의 구민투표를 실시하기 위하여 그 예산을 의회에 제출한 것에 대해 심히 유감스럽게 생각합니다.

문부성으로서는 귀구의 위법한 사태를 더이상 간과할 수가 없습니다. 따라서 귀구에 대하여 명에 의해 다음과 같이 권고합니다.

記

첫째, 구민투표조례에 관하여 ;
　　　구민투표조례는 위법한 내용을 포함하고 있다는 것을 인식하고 신속히 대처할 것
둘째, 교육위원의 선임에 관하여 ;
　　　교육위원의 선임은 구민투표를 실시하지 말고 지교행법 제4조 1항의 규정에 의거하여 적법하게 할 것

그러나 나까노구장은 문부성의 이러한 구민투표 중지권고에 대하여 1984년 3월 6일 다음과 같은 반박담화를 발표했다.

교육위원 후보자 선정에 관한 구민투표조례는 주민으로부터 청구를 받아 구의회에서 재차에 걸친 의결과 도지사의 재정(裁定) 및 최종적으로는 의회가 만장일치로 제정한 조례로서 그 내용의 적법성에 의문의 여지가 없다고 생각합니다. 따라서 동 조례에 대하여 위법한 내용을 포함하고 있다고 주장하는 문부성의 입장은 받아들일 수 없으며, 동 조례가 구민과 구의회의 의사에 입각한 자치입법임을 거듭 밝히고자 합니다.

구민의 총의에 의하여 제정된 조례를 성실히 집행하는 것은 구장의 책무입니다. 나는 지방자치단체의 수장의 입장에서, 제2회 구민투표에 보다 많은 주민의 참여를 가능케하여 알찬 결실을 맺게 할 생각입니다.

이러한 결과로서 1985년 2월 13일에서 25일까지 제2회 구민투표가 실시되었다. 그리고 구장은 이 투표 결과를 참고하여 입후보자 중에서 교육위원 후보자를 선정하고, 구의회의 동의를 얻어 교육위원을 임명했던 것이다.

방청자에게도 발언권을 주는 교육위원회

1987년 8월, 제3회 구민투표실시를 앞두고 구장은 6명의 '교육위원 선임문제 전문위원'을 위촉하였는데, 이들이 1988년 1월에 제출한 보고서를 토대로 하여 구민투표제를 다음과 같이 개선하였다.

첫째, 선거결과의 공표방법을 개선하였다. 즉, 제2회의 구민투표까지는 투표결과가 득표순위로 나타났기 때문에 구장이 위원후보자를 선정함에 있어서 실질적인 구속을 받기 쉬웠다. 또한 선거운동이 과열되기 쉬웠고 큰 조직의 비호를 받는 후보자가 유리하다는 등의 비판이 제기되었다.

이러한 지적을 감안하여 투표 결과의 공표방법을 입후보자가 선거인의 50분의 1이라는 수(규정수) 이상의 득표를 하면, 즉 규정수의 득표가 확인된 시점에서 득표의 계산을 정지하고 규정수에 달했다는 것을 공표하기로 했다. 이 결과 과거 2회의 선거 때보다는 입후보하는 것이 보다 쉽게 되었다.

둘째, 투표의 공정성을 확보하기 위하여, '교육위원 후보자선발 및 구민투표추진위원회'를 설치하였다. 이 위원회는 투표운동을 둘러싸고 구민으로부터 제안받은 사항에 대하여 협의하고, 그 결과를 구장에게 제언하는 기능을 수행하도록 하였다.

셋째, 선거공영제를 확대하였다. 즉, 당시까지의 선거홍보로서는 입후보자의 인품이나 사고방식 등을 알기가 어렵다는 지적이 있었다. 이러한 지적에 따라서 입후보자를 소개하는 비디오테이프를 작성하는 등의 공영홍보체계를 확대하였다.

상기한 제도개선의 토대 위에서 나까노구는 1989년 2월 1일부터 13일까지 제3회 구민투표를 실시하였다. 제3회 선거에 있어서 입후보자는 모두 7명이었으나, 이 중 규정수였던 5,000표를 넘는 후보자는 4명뿐이었다. 역시 투표방법은 13일까지 나까노우체국에 도착하도록 투표엽서를 우체통에 넣거나 아니면 커뮤니티센터 또는 구청에 설치되어 있는 투표함에 투표엽서를 넣는 것이었다.

한편 나까노구의 교육위원은 1989년 2월 현재, 조례의 규정에 의하여 위원장은 월 25만 6천 엔, 위원은 23만 4천 엔의 급료를 받도록 되어 있다.

그러면 나까노구가 새로운 교육풍토를 조성하기 위해서 몸부림

치며 실험을 했던 소위 교육위원 준공선제는 나까노구의 교육에 어떤 변화를 가져왔는가? 이러한 물음에 대하여 나까노구의 교육위원회는 다음과 같은 점을 필자에게 제시했다.

첫째, 구민에게 열려진 교육위원회가 되었다는 것이다. 그것은 위원회의 회의개최 일수도 증가했을 뿐만 아니라 매주 금요일 오전에 열리는 위원회에 많은 구민들이 방청을 하게 되었고, 위원회측에서도 이러한 방청자를 위하여 회의자료를 사전에 배부하는 등의 준비를 게을리 하지 않게 되었다는 것이다.

특히, 나까노구의 교육위원회는 매월 마지막 금요일에 열리는 교육위원회의 회의시에 방청자에게도 발언의 기회를 주고 있으며, 시민단체 등과의 대화집회를 갖기 위해 교육위원회가 현장을 찾아다니는 이동위원회를 개최하고 있다는 점도 다른 자치단체의 교육위원회와는 다른 점이라고 했다.

또한 교육위원회의 회의를 방청하고 싶지만 형편상 낮에 시간을 낼 수 없는 학부모나 교사들을 위하여 연 2회에 걸쳐 밤에 교육위원회를 개최하고 있는 점도 다른 곳에서는 찾아볼 수가 없는 것이다.

둘째, 지역실정에 부합한 개성있는 교육행정을 전개하게 되었다는 것이다. 이것은 교육위원회의 방침이 지역의 특성이나 부근의 환경을 고려하여 개성있는 교육활동을 전개하도록 학교의 입장을 살려주는 것이었고, 교육위원회가 학교의 책임경영제를 측면에서 원조해줌으로써 교육의 질과 봉사의 수준을 높이는 결과를 가져왔다는 평가를 얻고 있다고 했다.

셋째, 교육위원회와 학교의 의향을 중요시하는 교육예산구조를 취하게 된 점도 교육위원 준공선제가 가져온 공로라고 자랑했다.

민주주의와 지방자치에 대한 폭력

1993년 11월 30일.

필자가 나까노구의 교육위원선출을 위한 구민투표제도를 시찰한 지도 벌써 5년이 지난 날이었다. 아침에 일어나 신문을 보니 '나까노구의회 교육위원 준공선제 폐지조례 제출'이라는 큰 기사가 실려 있었다.

"아니! 그렇게 의미있는 것이라더니……, 더구나 주민들이 직접 만든 제도인데……" 그러나 나까노구의 교육위원 준공선제도는 우여곡절 끝에 1994년 1월 31일 의회가 폐지조례를 가결함으로써 폐지되고 말았다.

왜 폐지했을까?

사실 제1회 구민투표 때에는 적극적으로 참가했던 나까노의 자

교육위원 후보자(준공선) 구민투표를 주민에게 알리고 투표참가를 권유하는 나까노구의 포스터.

민당(自民黨) 구의원단(區議員團)이 제2회 투표 때부터 적극적인 반대운동을 전개해 왔었다. 문부성의 의견에 발을 맞추어 이미 1984년 3월의 구의회 정례회에서 자민당 의원단은 구민투표조례가 위법이라고 주장하면서, 1985년 2월에 실시할 구민투표실시를 위한 예산이 포함되어 있다는 이유로 예산안을 거부했었다. 그리고 17명으로 구성된 자민당 의원단은 연대서명을 한 반대성명서를 발표하고 이 내용을 일간신문에 끼워서 전 가구에 배포하는 노력도 보였다. 더욱이 이들은 동년 11월에 개최된 정례회의에서 '구민투표조례 폐지조례'를 제출하였다.

'폐지조례'는 본 회의에서 표결 결과 찬성 16표(자민당 17명 중 1명은 의장), 반대 29표(공명당, 공산당, 사회당, 민사당, 신정치그룹)로 부결되었다. 그러나 단독으로 볼 때 최대파벌의 반대 움직임은 구민투표조례의 앞날에 언제 비를 퍼부을지 모르는 검은 먹구름이었던 것이다.

제2회 구민투표를 앞두고 우익단체가 극렬한 반대운동을 전개한 것도 이미 정치적 난투극을 예고한 것이었다. 1984년 3월부터 연말까지 우익단체가 가두방송차를 타고 구청으로 몰려와 마이크 볼륨을 최대로 높인 채 '준공선제 분쇄,' '아오야미 구장 나와라'고 줄기차게 외치며 가두방송을 했다. 그리고 급기야는 준공선제 담당공무원을 인질로 잡고 구장실에 난입해 들어와서는 농성에 들어갔다.

민주주의와 지방자치에 폭력으로 도전한 것이다. 우익단체의 행동은 해가 바뀌어 본격적으로 구민투표운동이 시작되지 디욱 격렬해져 갔다. 입후보자 합동발표회 개최를 방해했고, 공선제로 선출된 현직 교육위원의 자택에 협박 메시지를 보내는 등 악랄한 수법을 다 동원했다.

이러한 분위기 속에서 공선제를 지지하는 구민연합이 주최하기로 되어 있던 역전합동연설회가 중지되는 소동까지 벌어졌다. 이러한 중지소동은 우익단체의 준동에 더욱 활기를 불어 넣었다. 우익단체와 우익정치가는 브레이크도 없이 거꾸로 가는 자동차에서 엑셀레이터를 더욱 힘차게 밟고 있었다. 우리는 일본 정치에 검은 그림자처럼 붙어 있는 또 하나의 정당인 극우파의 정치개입을 이 작은 자치단체에서도 확인할 수가 있다.

그러나 이러한 분위기 속이었지만 그래도 선거운동은 진행되었다. 제1회때의 후보자는 이름만 들어도 알 수 있는 저명인사들이 중심이었는데, 제2회의 투표에 출마한 7명의 후보자들은 주로 자원봉사가, 육성회장, 시민운동가 등 지역에 뿌리를 내려 살면서 지역교육에 관여해 온 사람이라는 특색이 있었다. 그리고 제1회 선거와 또 다른 점은 선거운동의 분위기였다. 후보들은 자신의 '교육관'을 알리는 것뿐 아니라 자민당이 전개하고 있는 투표보이콧운동에도 대응해야 했고, 극우집단의 투표방해 책동에도 대응해야 했기 때문이다.

드디어 투표날. 그러나 큰 문제가 나타나기 시작했다. 투표율이 전회에 비하여 무려 15.62%가 감소해 버렸다. 주민들은 문화선거의 이미지에 반하는 자민당의 조직적인 반대운동과 폭력집단의 방해공작에 혐오감을 느끼기 시작했던 것이다.

그러나 구장(區長)은 물러서지 않았다.

"금번의 구민투표에 있어서는 조직적인 반대운동이 있었습니다. 이러한 분위기 속에서의 투표였다는 점을 고려할 때 구민 4명 중 1명이 투표에 참가했다는 것은 결코 낮은 투표율이 아니라고 생각합니다."

투표결과를 두고 각 신문들, 예컨대 아사히신문은 '나까노구의 실험을 계속 지켜보고 싶다.' 그리고 동경신문도 '실패라고 보는 것은 과소평가한 탓'이라며 사설로서 구장을 지원해 주었다.

당파에 흔들린 주민의 소리

시간이 흐름에 따라 우여곡절은 있어도 교육위원 구민투표제는 나름대로 정착되고 있었다. 투표철의 합동연설회와 가두연설에서 지역사회와 교육의 관계를 논의하고, 선거포스터가 나붙으면서 교육문제가 지역의 가장 큰 화젯거리가 되는 것 그 자체가 이미 교육에 큰 영향을 미치고 있었다.

그런데 예기치 않던 새로운 문제가 또 터졌다. 제3회 투표 결과 '규정수'에 달했던 후보자를 구장이 교육위원으로 임명하기 위해 의회에 동의를 구했으나 거부당한 것이다. 변호사 출신의 후보에게 의회가 부동의(不同議)를 해버린 것이다. 모든 후보에게 반대표를 던진 14표의 자민당과 공명당(8표), 민사당(2표), 그리고 무소속(1표)이 반대표를 던졌다.

구민투표제도가 발족한 이래 의회가 내린 첫 부동의였다. 사실 장의 인사에 관한 동의안에 의회측이 부동의하는 경우란 그리 흔한 일이 아니다.

다음날 요미우리신문은 '정치에 흔들린 구민의 소리'라고 대서특필했고, 아사히신문은 '구민투표제도의 존속이 큰 기로에 섰다'고 썼다. 마이니찌신문은 '정당의 수의 논리'라는 제목하에 구민투표제도가 위기에 서 있다고 보도했다.

이처럼 살얼음판 위를 걷듯 위기 속에서 출발한 제3기 교육위원회도 그 운영은 열린교육위원회가 되었다. 매주 금요일 교육위원회를 방청하려는 주민들은 방청석이 너무 좁고 부족하다며 진정서를 제출할 정도로 열의를 보여주었던 것이다. 밤에 개최한 교육위원회에는 교사·학부모·신문기자들로 입추의 여지가 없을 정도로 성황을 이루었다.

그러나 위기는 다시 도사리고 있었다.

1993년 2월에 치를 제4회 구민투표실시를 위한 예산심의에서 자민당은 법률위반과 낮은 투표율 그리고 교육문제의 정치화 방지를 위해 조례를 폐지해야 한다고 또다시 들고 나온 것이다. 공명당도 조례가 아닌 규칙으로 구민투표를 실시하라고 주문했고, 민사당은 투표방식이 아닌 '교육위원 후보예정자 추천회의방식'을 제안했다.

그렇지만 의회내에서도 현 제도를 그대로 유지·발전시켜야 한다는 주장 또한 만만치 않았다. 일본공산당은 '나까노구가 시행하고 있는 교육에 있어서 주민자치의 실험은 전국적인 주목을 받고 있으며, 오끼나와에서도 나까노구를 뒤따르려는 운동이 일고 있다'면서 구장은 문부성과 자민당의 반자치적 행위에 굴하지 말고 구민과 힘을 합쳐 긍지를 갖고 본 제도를 지켜야 한다고 주장했다. 일본사회당과 구민회의측도 교육자치에 주민참여를 제도적으로 보장한 것에 구민투표의 의미가 있다고 옹호하고 나섰다.

어지러운 논쟁 끝에 자민당은 민사당과 손을 잡고 구민투표실시 경비 전액을 삭감하는 수정동의(修正動議)를 제출했다. 민사당 소속의 한 의원은 구정과 교육현장에 이처럼 혼란을 가중시키는 본 제도를 발본적(拔本的)으로 개선해야 한다는 주장을 폈다.

분주한 논의 끝에 수정동의안은 부결되고 원안대로 예산이 확정되어 1993년 2월의 제4회 구민투표는 가능하게 되었다. 그러나 아사히신문은 다음과 같이 이러한 논쟁의 결과를 요약하고 있다.

"현 조례의 골격을 만든 민사당이 새롭게 반대파로 선회한 것은 '주민자치의 실험'으로서 시작한 구민투표제도의 불안정성을 가중시켰다."

한편 제2회 구민투표를 앞둔 나까노구민을 지원하고 또한 교육위원 준공선제를 전국으로 확대하기 위한 취지에서 전국 각지의 시민운동가들이 1984년 가을 '교육위원 준공선제 추진 전국연락회'를 결성한 바 있다. 이들은 결성 이래 '교육에 지방자치를!'이란 테마로 9회째 전국적인 교류집회를 개최했다. 또한 1992년 10월 31일 나까노구의 '구민연락회'측과 공동으로 나까노구 문화센터에서 '이것만은 밝히고 싶다'는 제목하에 전국 각지의 교육위원회의 모습들을 촌극으로 나타내는 폭소대회를 개최했다. 그리고 다음 날은 지역내의 '리사이클' 운동단체와 소비자운동단체 등 많은 시민단체와 공동으로 구민투표제도의 정착을 위한 바자회이벤트를 개최하기도 했다.

마지막 구민투표

드디어 제4회 구민투표가 임박해 왔다.

열 명의 후보가 입후보했다. 초등학교 교장 출신이 2명, 그리고 방송작가, 이탈리아어 통역사, 회사원, 서도학원의 선생, 가정주부, 컴퓨터 기술자, 자영업자로서 사친회간부, 보이스카웃간부 경력의 회사원 등등이었다. 이들에게 공통된 특색은 모두가 시민운동 체험자들이라는 것이었다.

교육위원회제도의 본질은 평범한 일반 주민의 의사를 직접 교육행정에 반영시킨다고 하는 점이다. 그렇다면 교육위원 후보들이 시민운동가로서의 얼굴을 지녔다는 것은 바람직하고도 긍정적인 것이 아닌가?

그런데 이들의 출신이 다양한 만큼 지원그룹도 다양하였다. 한 현직 교육위원은 '바람의 모임'이라는 시민운동단체가, 컴퓨터기술자 출신은 탁아소의 학부모들이, 가정주부출신에게는 생활협동조합 임원들이 지원을 했다. 그리고 초등학교를 지역의 거점으로 삼겠다고 공약했던 회사원은 초등학교를 순회하면서 집회를 열었고 소비자운동의 멤버들이 지원하고 있었다.

또 한 명의 현직 위원은 소집회를 부지런히 열었고, 선거 종반에 접어들면서 전화와 편지공세를 폈는데 그의 주된 기반은 교육위원회 방청그룹들이었다. 자영업자 출신 후보는 사친회장 시절의 인맥과 거주지역을 중심으로 한 호별방문에 주력했다. 왕년의 교장이요 구의 체육계 지도자였던 후보는 동료들과 옛 사친회의 멤버들이 지원했고, 보이스카웃 간부였던 회사원은 보이스카웃 단원들이, 그리고 통역가인 후보는 탁아소가, 나머지 한 명의 현직 후보자는 옛날 초등학교 교사시절의 제자들이 그 선거기반이었다.

선거운동기간 중 나까노구는 공영제를 지양하면서 다양한 선거홍보 프로그램을 제작했다.

이 중에서 특이한 것은 비디오제작이다. 눈에 보이는 공영홍보로서 제3회 구민투표 때부터 입후보자 소개 비디오를 제작한 것이다. 1인당 제한 시간은 5분. 방법은 후보자가 혼자서 의견을 말하거나 인터뷰형식을 취하는 것 중에서 선택할 수 있다.

그리고 모든 후보자를 한꺼번에 수록한 비디오는 입후보등록이 마감되는 날 오전부터 구청과 지역별 커뮤니티센터에서 방영하고 또한 희망하는 구민에게는 무료로 빌려주기도 한다. 또한 개인별로 녹화한 비디오는 각 입후보자에게 5개씩 대출하는데 용도는 자유롭다.

이밖에도 합동유세라고도 할 수 있는 공동의견발표회 개최와 구청측이 가두선전차로 투표안내방송을 하며, 입후보자 공동포스터(벽보)를 첨부함과 아울러 선거공보문을 일간신문에 끼워 우송했다.

제4회 구민투표를 둘러싼 구내외의 동향을 좀더 살펴보자.

먼저 구민투표를 성공시키려는 나까노구민연락회(구민련)는 선거 직전 '금번 구민투표의 결과가 제도의 존폐를 결정한다'며 겨울비가 오는 차가운 날씨 속에서도 역전광장 등을 돌며 투표참가홍보와 아울러 담화문을 발표했다. 그리고 투표기간 중에 '구민련' 주체의 입후보자 합동의견발표회도 개최하고 또한 2종류의 유인물을 제작하여 일간신문에 끼워 각 가정에 보내면서 투표참여를 독려하기도 했다.

한편 '교육위원 준공선을 발전시키기 위한 전국연락회'는 나까노구의 구민투표를 지원하기 위해 큐슈의 후쿠오카시, 도쿄의 무사시노시, 군마의 마에바시시, 간사이의 고베시에서 지원집회를 열었다.

또한 나까노구내에서는 지역의 문화인과 교수, 그리고 나중에 도쿄도지사가 된 당시 참의원 아오시마 씨를 비롯한 23명의 지도자가 구민투표지지성명을 발표했다.

그런데 이러한 일련의 노력들과 정반대의 노력들 또한 만만치 않았다.

입후보등록 전일 도쿄 교육위원회는 문부성으로부터의 통달(通達 : 통첩)에 의거하여 법률에 배치하는 투표를 중지하라고 구장에게 통지해 왔고, 자민당의 전국대회는 구민투표를 폐지시키는 운동을 보다 본격적으로 추진하기로 결정했다.

자민당은 우편투표가 시작된 2월 3일자의 일간신문에 자민당국민운동본부와 도쿄도지부가 연합하여 타블로이드판 4페이지 짜리의 유인물을 각 가정에 배부했다. 그 내용은 '구민 모두가 힘을 합쳐 구민투표를 거부하자; '투표엽서는 폐기처분하자'는 것이었다. 특히 '자민당 교육위원 준공선 반대 구민행동실행본부'의 이름으로 투표엽서와 똑같은 모양과 색깔의 인쇄물이 각 가정에 배부되었는데, 우편투표에 큰 혼란을 일으키기에 족한 것이었다.

예컨대 정식 우편투표엽서에는 주의사항으로서 '입후부자의 성명은 한 사람만 써 주십시오,' '입후보자가 아닌 사람의 이름을 쓰지 말아 주십시오'라고 되어 있다. 그런데 자민당이 만들어 배부한 가짜 엽서에는 '입후보자의 성명은 한 사람도 쓰지 말아 주세요,' '투표엽서는 찢어 버리세요'라고 적혀 있었던 것이다.

이러한 사태에 대해서 나까노의 구장은 항의성명서를 발표했고 '구민련'도 이에 대응할 방책을 논의했지만, 구민투표 자체가 국가의 법률에 근거한 것이 아니었기에 그저 주민의 양식에 호소하는 이외의 제재방법은 없었다.

드디어 우편투표는 완료되었다. 투표율은 불과 23.83%. 구민투표가 문화투표로서 이 제도가 교육이라는 특정분야에 한정된 선거이므로 일반투표와 비교해서는 안 된다고 하지만 반대파들에게는 제도 폐지의 좋은 빌미가 되었다. 그리고 이러한 빌미는 또 다른 변화를 잉태시키고 있었다.

정치쇼 후보자 추천제도

문부성과 자민당은 즉각 담화문과 성명을 발표했다. '법치주의에 반하는 제도를 조속 폐지하라'는 문부성의 담화문과 '구민의 지지를 받지 못하는 것이 명확해진 이상 폐지하라'는 자민당의 성명이 그것이었다.

이에 대해 구장은 의회에 출석하여 다음과 같이 반박했다.

'어느 아이도 내 아이처럼' 티없이 웃게 하는 사회 그것은 교육자치
와 정치의 궁극적 목표인 것이다.

"주민 4명 중 거의 한 명이 참가했습니다……, 교육·문화
라고 하는 한정된 분야에서 이만큼 많은 주민이 참여했다는 것
자체가 교육문제에 대한 구민의 열의와 관심을 느낄 수 있다는
점에서 큰 의미가 있다고 생각합니다……, 열 명의 후보가 출마
하여 각 장소와 기회를 활용한 보의는 후보자와 구민 간의 의
견교환 그리고 학교, 가정, 지역사회 각자가 교육을 위해 맡아야
할 역할을 다시 정립하는 기회를 주었습니다……, 구민투표 제
도는 주민자치 그 자체입니다……"

이러한 구장의 입장표명에 대하여 이틀에 걸쳐 아홉 명의 의원
들이 질문과 발언을 퍼부었다. 옹호론자와 폐지론자의 설전이 다시
계속되었다.

그러나 1993년 11월 30일. 자민당과 민사당 양파가 '구민투표

를 폐지하는 조례'를 의장에게 제출했다. 이윽고 공명당이 이에 찬동함으로써 일본 유일의 이 제도는 이제 좌초의 날만을 기다리고 있었다.

이 소식을 듣고 달려온 주민들로 의원휴게실은 이미 아수라장이 되었고, 구민연락회측은 나까노역전에서 반대데모를 하고 있었다.

이튿날 일단의 주민들이 구청으로 몰려와 농성에 돌입하면서 서명운동에 들어갔다. 같은 날 밤 '구민련'은 구립(區立)직원연수센터에서 긴급모임을 갖고 '준공선제 고수! 여론확산!'을 의제로 채택하고 유인물을 돌리며 서명운동에 돌입하기로 했다.

3일째가 되던 날. 일본부인회의 나까노지부를 비롯한 구민단체가 '당돌하고도 일방적인 조례폐지를 규탄'한다면서 '미비한 점은 함께 고쳐나가자'고 제의했다. 전국연락회도 이 소식을 접하고서는 '준공선제를 일시에 매장해 버리는 처사는 용납할 수 없다'는 결의문을 구의회 의장과 의회의 각 파벌 대표에게 전달했다.

12월 9일.

야유와 고함소리 그리고 이를 제지하는 위원장의 목소리가 시끌벅적한 의회 운영위원회. 그리고 의회 밖에는 낮 12시 30분부터 약 1시간 동안 500여 명의 구민들이 손과 손을 잡고 구청을 에워싸는 소위 '인간사슬'을 만들어 항의데모를 하고 있었다.

위원회는 휴회에 휴회를 거듭. 그러나 대세는 이미 기울어져 있었다. 난항을 거듭하던 운영위원회는 폐지조례안과 구민투표제도의 존속을 바라는 청원·진정을 함께 상정했다. 그 결과 의회는 구민투표를 대신하여 '구민추천'이라는 새로운 방식을 채택하기로 하는 수정안을 가결시켰다. 그냥 폐지하기보다는 구민추천제도라는 새로운 여운을 남겼지만 그것은 일종의 '정치쇼'에 지나지 않는다.

정치는 변동할 뿐이다.

사회당은 교육에의 주민참가를 보장한 훌륭한 제도라고 옹호했고, 공산당도 주민의 직접청구로 만든 제도를 의회가 멋대로 폐지할 수 없다고 맞섰지만, 대세는 기울어지고 있었다. 따지고 보면 애초에 이 제도가 좋으냐 나쁘냐에 문제가 있는 것이 아니었다. 소위 '좌파' 쪽이 주도하여 만든 것이었기에 '우파'쪽이 반대를 하였고 그것이 끝내는 화근이 되고 있었던 것이다.

만약 자민당측과 문부성이 폐지 근거로 내세운 법률위반이 사실이라면, 그리고 그 해석에 자신이 있다면, 재판소의 판결을 통해 해결해야 될 성격이었다. 그러나 문부성도 자민당도 정도(正道)를 걷지 않았다.

흔히들 잘 되어가고 있는 것처럼 느끼고 있는 일본의 지방정치. 그러나 그 내부를 들어가 보면 이렇게 중앙집권주의와 계파의 이해가 엇갈려 있고 주민이란 그저 4년에 한 번 확인받는 존재일 뿐이다. 본 회의장에 가보면 눈을 감고 하품을 하고 있는 의원들, 그리고 낮잠에 골아떨어진 늙은 의원들. 그들은 논쟁할 필요도, 설명을 들을 필요도 없다. 이미 참석하기 전에 가·부를 계파로부터 지령받았기 때문에 때맞추어 손만 들면 된다.

사실 지방정치란 중앙정치의 씨앗이다.

지방의원은 정치세계의 풀뿌리로서 주민의 정치적 정서를 형성시키고, 그 나라 정치풍토의 성격을 규정하는 기본 인자(因子)가 된다. 그러므로 우리는 한 나라의 지방정치를 보면 그 나라의 정치를 알 수가 있는 것이다.

그런데 나까노의 사례를 볼 때 문득 정치란 세월에 따라 변동할 뿐 발전하는 것은 아니라는 생각이 든다. 그것은 어린아이의 키가 크듯 오늘의 정치가 어제의 정치보다 당연히 발전하는 것은 아니기 때문이다. 다만 오늘의 주민들 그리고 그곳의 정치상황을 구성하는 인자들이 보다 발전된 삶을 영위할 때 어쩔 수 없이 여기에 대응하는 것이 정치인 것이다. 그러므로 발전된 한 나라의 정치도 그 구성원의 태도가 나태해지면 스포츠맨의 근육처럼 점차 이완되는 것이다.

필자는 교육자치시스템을 매개로 하여 일본의 지방의회와 지방 정치의 단면을 살펴보았다. 주민이 제기한 교육자치의 실험이, 그리고 주민의 목소리가 끝내 정당의 파벌싸움에 묻혀 버리는 현장을 살펴보았다.

그러나 우리는 여기에서 나까노구민이 실험하려 했던 '어느 아이라도 내 아이처럼' 돌보는 교육사회의 구현을 지향한 정신만은 눈여겨 볼 필요가 있다.

물론 교육자치제의 목표는 교육권을 국민 각자에게 돌려주어 교육의 제반활동에 국민들의 정신적·물질적 참여를 보장하려는 제도이다. 따라서 이러한 교육자치의 이념을 실현시킬 제도는 각 나라와 지역의 환경에 적합해야 한다.

그러므로 일본 나까노구의 특유한 제도가 나까노구에서는 아주 좋은 결과를 가져왔다고 할지라도 그것이 그대로 우리나라에서도 좋을 것이라고는 말할 수 없다. 그러나 최소한 우리가 나까노구의 준공선제에서 얻어야 할 교훈은, 그들이 보다 발전된 교육을 전개하려고 끊임없이 노력한 모습 그리고 소위 준공선제에 내면화되어 있는 제도의 정신을 섭취해야 하는 것이다.

지방자치 가슴으로 해야 한다

초판 발행 | 1999년 8월 17일
초판 6쇄 | 2015년 2월 20일

저 자 | 강형기
펴낸이 | 박기봉
펴낸곳 | 비봉출판사
출판등록 | 2007-43 (1980년 5월 23일)

주 소 | 서울 금천구 가산디지털2로 98. 2동 808호(가산동, IT캐슬)
전 화 | (02) 2082-7444
팩 스 | (02) 2082-7449
E-mail | bbongbooks@hanmail.net
ISBN | 978-89-376-0250-4 03350

값 10,000원